つながりをリノベーションする時代

Connection Renovation Generation

[買わない]
[恋愛しない]
[働けない]
若者たちの
社会学

田所承己・菅野博史 編

弘文堂

はじめに

　最近「若者のことがよくわからない」としばしば言われます。ファッションにあまりお金をかけない、自動車に興味を示さない、新品よりも中古品を買う、という若者が増えています。また、恋人がいないどころか、欲しくないという20代、30代も最近では珍しくありません。正社員になることすら難しくなっているご時世ですから、公務員などの安定した仕事を求める傾向が高まっていますが、その一方で3年以内に勤め先を辞める若者も3割以上います。

　一見すると、不安定な世の中を生きていくために、若者たちはリスクを冒さず、あえて社会から"退却"しているように見えます。不安だからこそ"守り"に入っているのだと。ですが本当にそうでしょうか？　もしかしたら、若者たちはこれまでとは異なるかたちで"社会"という〈つながり〉を紡ぎ始めたのかもしれません。

　本書ではそれを「つながりのリノベーション」と呼んでみたいと思います。「リノベーション」とは革新や刷新を意味する言葉です。単なる改善や改修を意味する「リフォーム」とは異なり、「リノベーション」とは古いシステムを創造的に破壊して新しいシステムを構築することを意味します。

　本書では、若者を中心にさまざまな場面で見え始めた〈つながり〉の創造的な刷新の様相を6つの領域から解き明かしていきたいと思います。主に大学生のキャンパスライフにおける社会学との結節点として6つの場面を設定し、本論の展開を構成しています。第1部では

ソーシャルメディアや宗教を切り口として「つながりづくり」に目を向け、第2部ではアルバイトや就職活動を題材にして「働くこと」について考えています。さらに第3部では環境や情報分野に関わる課題の解決について議論を行い、第4部では元気がないように見える地域について「ゆるキャラ®」や「家族」という観点から新たな可能性を引き出します。そして第5部では犯罪や労働を素材として「常識」を"刷新"する議論を行い、最後の第6部では政治や人工知能、シェアリング・エコノミーという観点から未来志向の構想を展開します。いずれも社会学の入門として、おさえておきたいテーマです。

また、各章末には「まとめ」「演習課題」「読書案内」を掲載しています。読者のみなさんの学習の整理に役立てていただけますと幸いです。「演習課題」については、随時、設問内容を更新していく予定です。最新データは弘文堂HPにて公開しますので、各該当ページに記載されたURLをご参照ください。さらに、『つながりをリノベーションする時代』Facebookページも開設しています（https://www.facebook.com/tsunareno/）。

本書は主に大学の社会学関連の授業や演習のテキストとして作成されました。ですがそれだけでなく、一般の読者の方々が現代の若者や新しい社会の動向を理解するために参考にしていただけるのであれば、編者としてはこの上ない喜びです。

本書の作成にあたり、編集を担当された加藤聖子氏には、ひとかたならぬお世話になりました。心より感謝いたします。

2016年12月

編者　田所承己・菅野博史

目次

はじめに ———————————————————————————————— ii

第1部　つながりをつくる

第1章　ソーシャルメディアと流動化する人間関係／吉野ヒロ子
1. ソーシャルメディアと「疲れ」——————————————— 002
2. 「つながり」のかたち ———————————————————— 008
3. ソーシャルメディアと「やさしさ」————————————— 012
4. 変化していく「つながり」方とソーシャルメディア ————— 017
[STEP1] まとめ ————————————————————————— 020
[STEP2] 演習課題 ———————————————————————— 022
[STEP3] 読書案内 ———————————————————————— 024

第2章　宗教なき世と人の「つながり」／平野直子
1. 縮む「宗教」、広がる「宗教っぽいもの」—————————— 026
2. 「宗教」から「セラピー」へ、共同体から個人へ ————— 030
3. 現代の「宗教っぽいもの」の諸相 —————————————— 036
4. ゆるやかな「つながり」の功罪 ——————————————— 042
[STEP1] まとめ ————————————————————————— 044
[STEP2] 演習課題 ———————————————————————— 046

[STEP3] 読書案内 ──────────────── 048

第2部　働くことを考える

第3章　コンビニ店を支える労働／居郷至伸

1. イントロダクション─便利な店を支える従業員の横顔 ──── 052
2. コンビニ店を支える労働の姿とは？ ──────────── 056
3. コンビニ店でキャリア形成をする人からみた労働の姿 ──── 062
4. コンビニ店を支える労働が問うていること ────────── 067
[STEP1] まとめ ──────────────────── 070
[STEP2] 演習課題 ─────────────────── 072
[STEP3] 読書案内 ─────────────────── 074

第4章　キャリアとしての就職と大学生活／李　永淑

1. 大学生の就職活動の「常識」とは？ ──────────── 076
2. 現代社会が作り出す「若者」 ───────────── 079
3. 流動化する社会における「大学生活」 ─────────── 084
4. 流動化する社会とキャリア ─────────────── 091
[STEP1] まとめ ──────────────────── 094
[STEP2] 演習課題 ─────────────────── 096
[STEP3] 読書案内 ─────────────────── 098

第3部　課題にとりくむ

第5章　地球温暖化と環境社会学／大浦宏邦

1. 温暖化の仕組みとCO_2排出の現状 ——— 102
2. 家庭のCO_2排出量と削減実験 ——— 106
3. 自主的削減と社会的ジレンマ ——— 111
4. 社会的ジレンマの解決方法 ——— 115

[STEP1] まとめ ——— 120
[STEP2] 演習課題 ——— 122
[STEP3] 読書案内 ——— 124

第6章　情報のオープン化と境界を越えるつながり／田所承己

1. 新しいタイプのつながりを生み出す ——— 126
2. 情報のオープン化＝「パブリック」であること ——— 129
3. 領域横断的なブリッジ ——— 137
4. グローバル時代の社会関係 ——— 142

[STEP1] まとめ ——— 144
[STEP2] 演習課題 ——— 146
[STEP3] 読書案内 ——— 148

第4部　地域で生きる

第7章　地域の活性化は可能か？／浦野慶子

1. ご当地アピール戦国時代の到来 ——— 152

2. ご当地アピールの起源 ─────────────── 156
3. ご当地キャラクターの過去と現在を振り返る ──── 162
4. 元気で幸せな地域づくりに向けて ────────── 168
[STEP1] まとめ ──────────────────── 170
[STEP2] 演習課題 ───────────────── 172
[STEP3] 読書案内 ───────────────── 174

第8章　多様化する家族／渡辺秀樹
1. 流動化する時代の家族 ───────────── 176
2. 家族構成の類型 ─────────────── 180
3. 国際比較から見る家族観の多様性 ─────── 187
4. 家族を支える地域ネットワーク ──────── 190
[STEP1] まとめ ──────────────────── 194
[STEP2] 演習課題 ───────────────── 196
[STEP3] 読書案内 ───────────────── 198

第5部　常識を疑う

第9章　治安悪化説と犯罪不安／山口 毅
1. 地域の治安や安全に対する関心の高まり ──── 202
2. 統計データの社会学的把握 ─────────── 206
3. 不安の社会的背景 ───────────── 211
4. 逸脱の不明瞭さと見方の複数性 ──────── 217
[STEP1] まとめ ──────────────────── 220

[STEP2] 演習課題 ──────────────── 222
[STEP3] 読書案内 ──────────────── 224

第10章　労働を問い直す／佐藤斉華

1. 「働くこと」と「生きること」 ──────── 226
2. 「労働／生存」問題をかたちづくるもの ── 229
3. そもそも「仕事」とは何か？ ────────── 232
4. 「生」を取り戻すために ─────────────── 238
[STEP1] まとめ ──────────────── 244
[STEP2] 演習課題 ──────────────── 246
[STEP3] 読書案内 ──────────────── 248

第6部　未来を問う

第11章　政治参加と若者／山口 仁

1. 政治と民主主義 ──────────────── 252
2. 若者の政治離れ？ ────────────── 256
3. 政治参加の仕方 ──────────────── 261
4. 生活者から市民へ、そして社会をつくる ── 268
[STEP1] まとめ ──────────────── 270
[STEP2] 演習課題 ──────────────── 272
[STEP3] 読書案内 ──────────────── 274

第12章　未来の労働と人工知能（AI）／伊達康博

1. 人工知能、終わりなき「楽」へのあこがれ ─── 276
2. ロボットが巻き起こす厄介なこと ─── 282
3. そもそもテクノロジーは何（誰）のために存在するのか ─── 288
4. 社会学から考えるテクノロジー ─── 291
[STEP1] まとめ ─── 294
[STEP2] 演習課題 ─── 296
[STEP3] 読書案内 ─── 298

第13章　そして、これからの社会／菅野博史

1. シェアする社会 ─── 300
2. シェアリング・エコノミー ─── 305
3. 誰がシェアリング・エコノミーをコントロールするのか ─── 311
4. シェアする社会の可能性 ─── 314
[STEP1] まとめ ─── 318
[STEP2] 演習課題 ─── 320
[STEP3] 読書案内 ─── 322

索引 ─── 324
執筆者紹介 ─── 328

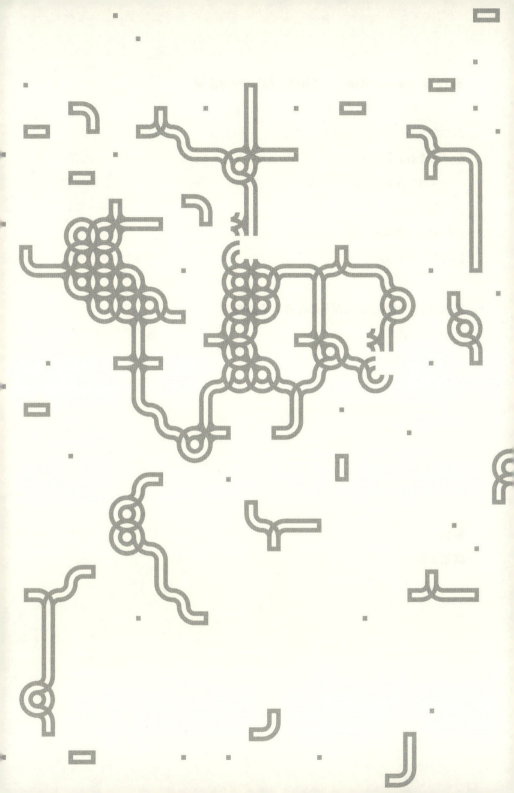

第1部 つながりをつくる

Part 1

　春休みが終わって、今日から大学が始まる。今年からは大学3年生。就職活動もあるし、忙しい1年になりそうだ。
　ポケットのなかでスマホがふるえる。グループラインのメッセージが届いていた。「今どこ?」「カラオケ行こうぜ」……、他愛もないやりとりが続く。メッセージはいつものサークル仲間からだった。
　「ごめん、今からバイトヨ(＿)ヨ」、返信は15分以内を心がけている。大学の近くのコンビニでアルバイトをしている。1年生から始めたバイトももう3年目。
　上京したばかりの頃は友だちができるか不安だった。でもいまは、サークルにバイトの仲間、複数のグループとゆるくつながっている。

第1章
ソーシャルメディアと流動化する人間関係

吉野ヒロ子

1. ソーシャルメディアと「疲れ」

1-1. ソーシャルメディアと人間関係

　この章では、ソーシャルメディア（Social Media）などインターネットを介したコミュニケーションを中心に、現代の人間関係を考えていきます。「ネットのせいで、人間関係が薄くなった」と言う人がいます。テレビや新聞でそう言う人もいますし、学生のレポートでも見かけます。友達がたくさんいて人間関係が薄いように見えないタイプの学生ほど、そういうレポートを書いてくるように思います。

　でも、本当にネットが人間関係を薄くしていると言えるのでしょ

か？　私の考えでは、そう単純な話ではありません。ネットによって本来濃かった人間関係が薄いものに変わった(技術によって社会が変えられた＝技術決定論)というよりも、①ネットの普及より前に人間関係のあり方が変化し始めた、②新しい人間関係にとって、ネットでのコミュニケーションは都合がよく、そのためにネットが普及した、③その後も人間関係は変化しつつ、新しい人間関係にあわせてさまざまなネットサービスが登場している(社会が技術に影響している＝社会決定論)[※1]、と言った方がより正確ではないのかと思います。

※1 情報化社会に関する技術決定論の問題は、佐藤俊樹『社会は情報化の夢を見る』(河出文庫, 2010)に詳しい。
※2 SNSは、ソーシャルメディアのうち、ユーザー同士の「つながり」関連機能を強化した、コミュニティ型の会員制サービスを指す。

　なぜそう言えるのか、人間関係のあり方とネットの関係を社会学的な視点から考えてみましょう。

1-2. ソーシャルメディアとは

　ネットには色々な人と手軽にコミュニケーションできるサービスがたくさんあります。たとえば、2ちゃんねるなどの電子掲示板、アメーバブログなどのブログ、NAVERまとめなどのまとめサイト、Twitterなどマイクロブログ、FacebookなどのSNS (Social Networking Service)[※2]、画像にタグをつけて共有できるInstagram、LINEなどのメッセンジャーサービスが挙げられます。YouTubeやニコニコ動画も動画を見るだけでなく、感想を書き込むことができます。これらをまとめてソーシャルメディアと言います。ソーシャル (social) という言葉は、「社会の」と訳されたり、「社交的な」と訳されたりしますが、ソーシャルメディアは他のユーザーとの交流を楽しむものですから「社交的な」の意味でイメージした方がわかりやすいでしょう。

図1-1 マスメディアとソーシャルメディアの違い

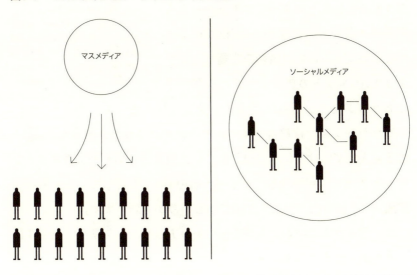

　では、なぜソーシャルメディアには「メディア」とつくのでしょうか。「メディア」とは、もともとギリシャ語の霊媒という意味の言葉が起源です。霊媒とは、あの世とこの世を結ぶ存在であり、転じて情報を媒介するものという意味になりました。マスメディア（Mass Media）といえば、テレビ・新聞・雑誌・ラジオを指しますが、これは不特定多数の人々（マス）に向けて情報を伝達するという意味です。ソーシャルメディアの場合は、ユーザー同士の交流や、不特定多数に情報を拡散する機能があるので、「メディア」の一つと考えます。

　ソーシャルメディアでは、「〇〇を食べた」といった個人的なことだけでなく、大きなニュースがあればそれに対する考察や感想も交わされます。また、ソーシャルメディアで大きな話題になったことはネットニュースやまとめサイトなどミドルメディア[※3]の記事になり、マス

メディアで紹介されることも増えてきました。さまざまな出来事に対する人々の反応をリアルタイムで見ることができるソーシャルメディアは世論※4を形成する役割も担っています。

たとえば、2016年2月に「保育園落ちた日本死ね」という匿名ブログの内容がソーシャルメディアで話題になり、最終的に国会質問でも取り上げられました。そこで安倍首相が、「匿名なので起こっていることを確認できない」と答えたのに対して、実際起こっていることだと示そうとTwitterで呼びかけが行われ、国会前に「＃保育園落ちたの私だ」というプラカードを掲げる人たちが現れました。その結果、待機児童を減らす施策を行おうということになりました。もともと少子化対策は重要な政治課題でしたが、ソーシャルメディアを介した人々の行動が国を動かすような時代になっているのです。

『平成27年度情報通信白書』では、LINEの利用率は全体で32.5％、20代以下で62.8％、Twitterは全体で31.0％、20代以下では52.8％とされています※5。スマートフォン利用者に限定したMMD研究所の「2015年版：スマートフォン利用者実態調査」※6によれば、LINEの利用率は全体で90.3％、20代で93.8％、Twitterは全体で55.2％、20代では68.9％となっています。Twitter Japanは、2015年末に国内でTwitterを月一度以上利用したユーザー数は3500万人と発表しまし

※3「ミドルメディア」については、藤代裕之「誰もがジャーナリストになる時代-ミドルメディアの果たす役割と課題」遠藤薫 編『間メディア社会の〈ジャーナリズム〉』（東京電機大学出版局, 2014）に詳しい。
※4 世論とは、公共の問題について、多くの人々が共有する意見を指す。世論が形成される仕組み、変化する仕組みなどは、社会学でも多角的に研究されている。
※5 総務省「社会課題解決のための新たなICTサービス・技術への人々の意識に関する調査研究」（インターネット調査/13歳以上の男女対象・有効回答者数2000名。2015年3月実施）より。
http://www.soumu.go.jp/johotsusintokei/linkdata/h27_06_houkoku.pdf
※6 インターネット調査/15歳以上60歳未満の男女対象・有効回答者数2750人。2015年11月実施。
https://mmdlabo.jp/investigation/detail_1511.html

た。先進国の中では、日本のソーシャルメディア利用率は比較的低いと言われていますが、それでも多くの人が利用しているのです。

1-3.「ソーシャルメディア疲れ」ってなに？

　このようにソーシャルメディアは、社交の場・情報共有の場・世論が形成される場として大きな役割を果たしています。

　一方で、「ソーシャルメディア疲れ」と言われることがあります。ソーシャルメディアで交流すると、気を遣うことも出てきます。それを「疲れ」と表現するようになったのです。

　国内で「ソーシャルメディア疲れ」について最初に言われるようになったのは、mixi (https: //mixi.jp/) です。mixi は招待してもらえないと入れない招待制 SNS として 2004 年に開設されました。現在は誰でも登録できますが、少なくとも最初は既に知っている人とつながるためのサービスだったわけです。mixi はつながっている友達とメッセージをやりとりするだけでなく、日記を書いたり、友達の日記にコメントできたりする機能や、同じ趣味を持つ人が集まるコミュニティ機能を持ち、若い世代を中心に流行して、2007 年に日本の SNS としては初めて、ユーザー数 1000 万人を突破しました。

　ユーザーが勢いよく増えていく一方、mixi に疲れてしまう人が出てきます。2006 年にネットニュースに掲載された記事[※7]には、mixi で毎日日記を書き、他の人の日記にコメントし、活発に交流をしている人が「疲れた」と言って辞めてしまう事例が紹介されています。

　mixi には、自分のページを見た人の名前と閲覧時間がわかる「あしあと」機能がありました。前述の記事では、人の心には、

※7 岡田有花「『mixi 疲れ』を心理学から考える」(IT Media News 2006/7/21)
http://www.itmedia.co.jp/news/articles/0607/21/news061.html

自分の存在を認めてほしいという認知欲求や、自分が受けた好意を返そうとする「好意の返報性」という仕組みがあるために、「あしあと」やコメントをつけてくれた人にお返ししようと、無理をしてしまうのが「疲れ」の原因だと解説しています。
　ブログでも閲覧者の人数はわかりますが、SNSの場合は誰がいつ見てくれたかまでわかります。知っている人に自分の書き込みを見てもらえればよけいに嬉しくなり、あまり反応がないと寂しくなります。mixi はのちに「あしあと」機能をあまり気にしなくてもよいように修正しますが、逆に「あしあと」で誰が見てくれたかわかることが気に入っていたユーザーには不評で、他のソーシャルメディアが登場したこともあって、かつてほどは使われなくなってしまいました。
　このような状況は、mixi だけではありません。メッセージは読んだ

図1-2　ソーシャルメディアあるある?

けれど返事をしない（＝「既読スルー」した）と思われるのを恐れて、深夜まで無理してLINEをするといったことも「ソーシャルメディア疲れ」の原因になるでしょう。ブログやTwitterやFacebook、Instagramなどでも、自分の投稿への反応や誰かの面白い投稿を見逃したりしていないかチェックし、結局疲れてしまうこともあるでしょう。

　ソーシャルメディアは、友達や似た趣味を持つ人達と楽しく交流するためのものです。誰かからやれと言われてやるものではありません。それなのに、なぜストレスが溜まるまで無理にコメントをしたり、逆に反応がないことを気にしたりして、結局疲れてしまうのでしょうか。

2.「つながり」のかたち

2-1. ソーシャルメディアは「つながり」のかたちを設計できる

　このような「ソーシャルメディア疲れ」の背景には、ソーシャルメディアでは24時間、どこにいてもつながれてしまうということがあると考えられます。さらに、ソーシャルメディアによって「つながり」方が違うので、疲れやすいもの、比較的疲れにくいものがあります。

　ソーシャルメディアの「つながり方」を分類するには色々なやり方があります。たとえば、評論家の濱野智史は、書き込まれたメッセージが読まれる時間に注目して、「同期型」（同じ時間に参加する：チャットやMMROPGなど）、「非同期型」（書かれた時と読まれる時が違う：ブログ）、「選択同期」（つながりたい時が選べる：Twitter）、「擬似同期」（ニコニコ動画）と分け、「同期型」では同じ時間を共有するため

の時間コストが高く、「非同期型」ではライブ感から生まれる盛り上がりに欠けることから、「選択同期」型、「擬似同期」型のネットサービスが今後盛んになっていくと予測しています[※8]。

※8 濱野智史『アーキテクチャの生態系』NTT出版, 2008.

ここでは、「相手が自分の書き込みを見たかどうかがわかるもの／わからないもの」という違いを考えてみましょう。「見たことがわかるもの」としてまず、mixiやLINEが挙げられます。読み手も自分の閲覧が書き手にわかることは把握しているので、反応しないと無視したと思われるかもしれない、というプレッシャーがかかります。

「相手が見たかどうかわからないもの」としてはTwitterやFacebook、ブログがあります。ソーシャルメディアではありませんが、メールもそうです。これらは、「たまたま忙しくて見ていなかった」「他の書き込みに流れてしまって気づかなかった」という言い訳が一応できます。どちらが疲れやすいかというと、「見たことがわかるもの」でしょう。特にコメントしたいことがないのに、無視したと思われたくなくて無理に書き込むのは面倒です。

このようにソーシャルメディアの仕組みを比べてみると、「相手が見たかどうかがわかるもの」は、そうではないものよりも、メッセージの受け手になんらかのリアクションを促す仕組みが組み込まれていると考えられます。ソーシャルメディアでは、「名前」や「プロフィール」、「書き込み」をどう表示するか、公開範囲をどう設定するか、他のサービスとどう連携するかなど、そのソーシャルメディアでできるコミュニケーションのかたちをデザインすることができますから、仮に同じ友達と使うにしても、ソーシャルメディアによってつながり方が違ってきます。その結果、疲れやすいソーシャルメディア、疲れに

くいソーシャルメディアがあると考えられます。

　それなら、なるべく疲れにくいソーシャルメディアを使えばよさそうですが、そうとは限りません。なぜそうなるのか、社会関係資本（Social Capital）論という考え方から説明してみましょう。

2-2.「社会関係資本論」から見たソーシャルメディア

　社会関係資本とは、人脈や人間関係を、富を生み出す資産として捉える考え方です。たとえば、幅広い人脈からは多様な情報が入ってきますから、より有利な進学先や就職先を選びやすくなり、より良い社会的地位につく可能性が高くなります。また、さまざまな社会関係資本から細かな助け合いが発生して、社会の運営コストが下がるという考え方もあります。社会関係資本は社会学にとっても重要なトピックで、ピエール・ブルデュー[9]やアンソニー・ギデンズ[10]など影響力の高い社会学者も、それぞれ違った角度から社会関係資本論を取り上げています。

　アメリカの政治学者ロバート・D・パットナムは、『孤独なボウリング』[11]という本で、アメリカの社会関係資本が1950年代・60年代をピークに、どんどん減っていることをPTAや趣味のサークルなどさまざまな組織の会員数などのデータから検証しています。この本で、パットナムは、社会関係資本を結合型と橋渡し型に分類しています。

　結合型は、メンバーが固定されている排

[9] ピエール・ブルデュー（Pierre Bourdieu）
1930〜2002。『ディスタンクシオン』(1979) 他著書多数。社会階層の問題を中心に幅広く活躍した社会学者。

[10] アンソニー・ギデンズ（Anthony Giddens）
1938〜。『近代とはいかなる時代か』(1990)、『親密性の変容』(1991) 他著書多数。後期近代の個のあり方を中心にさまざまな研究を行う。

[11]『孤独なボウリング』というタイトルは、アメリカでは知らない人と対戦するボウリングのリーグ戦が活発だったが、社会関係資本が衰えていくにつれて参加者が減り、ボウリングが多様な出会いの場ではなくなったことからつけられている。

他的な関係で、何かしてもらったらお返しする、互酬性で連帯を強化するという性質を持ちます。典型的には、お互い助け合うよう法的にも規定されている「家族」が挙げられます。また、かつては地域の共同体も結合型のつながりとして人々の生活の基盤となっていました。

　橋渡し型は、メンバーは固定されていない開かれた関係で、互酬性に縛られていない代わりに、さまざまな人が出入りしますから情報共有に優れています。17世紀から18世紀にかけて、イギリスのコーヒーハウス、フランスのカフェがこうした場になり、民主主義の基盤となったと言われています※12。

　先のソーシャルメディアの話に戻ります。ソーシャルメディアの場合、互酬性は互いのコメントに反応し、認知欲求や承認欲求※13を満たしあうことで成立すると考えられます。そうしてみるとmixiは、投稿にこまめに反応しあう結合型のつながりを促します。同じくリアルの友達とつながるのが基本で、「既読スルー」が問題になったLINEも結合型に近いでしょう。それに対して、相手が投稿を見たかどうかわかりにくく、同時に情報を拡散しやすいTwitterやFacebookは、橋渡し型に近いと考えられます※14。

　若い世代がまず使うソーシャルメディアは、以前はmixi、今はLINEです。どちらも結合型です。なぜ疲れにくい橋渡し型ではなく、結合型なのでしょう。考えられるのは、結合型のつながりが、自分の存在を認めてほしいという承認欲求を満たしあう

※12 コーヒーハウスやカフェ文化と民主主義の関係については、ドイツの哲学者ユルゲン・ハーバーマス (Jürgen Habermas, 1929〜) が、『公共性の構造転換』(1962) などで論じている。

※13 心理学者のアブラハム・ハロルド・マズロー (Abraham Harold Maslow, 1908〜1970) の「自己実現理論」(マズローの欲求階層説) で提示された概念。「自分が集団の中で価値ある存在として認められ、尊重されることを求める」欲求であり、『人間性の心理学』(1954/1970) などで論じられている。

※14 Twitterでも、非公開アカウントで身内だけでつながりあい、誰かが投稿したらとにかく「いいね」やリプライをつけあうようなやり方で使っていると、結合型に近くなると考えられる。

てっとり早い手段であるということです。最初から友達とつながっていて、互いに反応を促しあう仕組み（あしあと・既読）が組み込まれている結合型のソーシャルメディアは、相手から反応してもらえる可能性が高くなります。

　結合型は疲れやすいから悪いというわけではありません。結合型のつながりで承認欲求が満たされ、安心してつきあえる仲間がいるということは、社会生活にとって大切なことです。一方で橋渡し型のつながりで、身内とのつきあいだけでは得られない情報や多様な物の見方を知ることも大切です。どちらか一方に偏るのではなく、バランスのとれたつながりをつくっていけると、人に合わせすぎて疲れ果てたり、孤独感に苦しんだりすることも少なくなるのではないでしょうか。

3. ソーシャルメディアと「やさしさ」

3-1.「キャラ」の使いわけとソーシャルメディア

　「ソーシャルメディア疲れ」は、現在の人間関係のあり方を考えやすいので、レポートや卒論のテーマとして定番です。ただし、「ソーシャルメディア疲れ」をしている学生は減ってきている印象があります。巧く比較できる調査はありませんが、周りの学生に聞くと、昔は深夜までLINEでやりとりしていたけれど、「既読スルー」に慣れたので、今はしていないという声が返ってきます。クラスが固定され、一度人間関係で失敗するとこじれやすい小・中・高校時代[※15]までと比べると、大学では友達づきあいの幅も広がるので、無理しなくなるのかもしれ

ません。日本でもアメリカでも、ソーシャルメディアに書き込んでは短時間で消してしまうという使い方が出てきています[16]。「疲れ」を回避しながら人間関係を維持する技法を、編み出そうとしているのかもしれません。

といっても、ソーシャルメディアでまったく疲れなくなったわけではないようです。2015年に行われた電通総研の調査[17]では、つながりたいけれども、人間関係をリセットしたいとも思う若者の姿を紹介しています。「ふだんの生活で使うことのある」キャラの数の平均値は高校生で5.7キャラ、大学生で5.0キャラ、20代社会人で4.0キャラ。一緒に行動するつながりの数は平均7個なので、若ければ若いほどつながりごとにキャラを切り替えている傾向があると推測できます。

「人間関係をリセットしたくなることがあるか」という問いには、「あてはまる」「どちらかというとあてはまる」と回答した割合は全体で54.7％、使い分けているキャラの数が6.6個と最多の女子高校生で一番高く、67.8％となっています。色々なつながりに属すれば属するほど、投げ出したくなることがあるのかもしれません。

ソーシャルメディアの登録率は、LINEが高校生と大学生で90％前後、20代社会人で80％を切るくらい、Twitterは高校生が80％前後、大学生が70％強、20代社会人が60％です。Twitterの登録者のうち高校生の62.7％、大学生の50.4％、20代社会人の34.5％が複数のアカウントを持っており、平均アカウント数は高校生で3.1個、大学生

---

[15] 若者の人間関係を分析した土井隆義『友だち地獄』(筑摩書房、2008)には、中学生の「教室は たとえて言えば 地雷原」という川柳が引用されている。

[16]「タイムラインに書き込んですぐ消す」という行動は、ダナ・ボイド (danah boyd, 1977～)『つながりっぱなしの日常を生きる』(草思社、2014) p. 103 で紹介されている。

[17]「電通総研『若者まるわかり調査2015』を実施」
http://www.dentsu.co.jp/news/release/pdf-cms/2015038-0420.pdf
インターネット調査/高校生～20代の、首都圏ほか都市部在住の未婚の男女対象・有効回答者数3000人。

表1-1a　キャラとつながりの数

		キャラの数	つながりの数	素でいられるつながりの数	正直整理したいつながりの数	人間関係をリセットしたくなることがある
高校生	男子	4.9(キャラ)	6.7(個)	3.4(個)	2.0(個)	44.3(%)
	女子	6.6	7.7	3.8	2.0	67.8
	平均	5.7	7.2	3.6	2.0	
大学生	男子	4.2	6.6	3.8	2.0	48.4
	女子	5.8	8.3	4.4	1.8	63.0
	平均	5.0	7.4	4.1	1.9	
20代社会人	男子	3.2	5.9	3.3	2.0	48.0
	女子	4.8	7.6	4.0	2.0	60.0
	平均	4.0	6.8	3.7	2.0	
全体						54.7

表1-1b　Twitter利用者の平均アカウント個数

高校生			大学生			20代社会人		
男子	女子	平均	男子	女子	平均	男子	女子	平均
2.7(個)	3.4	3.1	2.6	2.5	2.5	2.8	2.6	2.7

が2.5個、20代社会人が2.7個となっています。Twitterのユーザーは、若い人ほど複数のアカウントを使い分ける傾向にあるようです。

3-2. 複数アカウントを使い分ける理由

　この調査結果を受けて書かれた記事の一つで、Twitterを使い分けている女子高生のインタビューが紹介されています[18]。

　この女子高生は、「本名で登録している『表』アカウント」「中学校からの親友しか知らない匿名の『裏』アカウント」「趣味が合う友達にだけ教えているアニメの情報収

[18] 高橋暁子, 2015. 4. 25,「Twitterアカウントは4つ持ち-本音が言えない女子高生が向かう先」
http://japan.cnet.com/sp/smartphone_native/35063667/

集や、語りに使っている匿名の『裏』アカウント」「黒い気持ちや愚痴を吐き出すための、誰も知らない匿名の『裏』アカウント」と、全部で4つのアカウントを使い分けているそうです。彼女は「クラスに面白キャラがいなかったから面白キャラになった。面白さしか求められていないと思うから、他の部分は他のアカウントで出している」と説明しています。さらに「4つのアカウント全部で私だから、全部のアカウントが必要。使い分けられなくなったらパンクする」とも言っています。

要するに、つながりごとに違うキャラを演じるために、アカウントを使い分けているようです。「面白キャラ」が黒い気持ちを吐いてもいいじゃないと私は思うのですが、それは「求められていない」ので、自重するということなのでしょう。逆に言えば、何を求められているかを意識して、ソーシャルメディアに書き込みをしているわけです。「人間関係をリセットしたくなる」のも当然です。

社会学者は以前から、若い世代のコミュニケーションのキーワードとして「キャラ」に注目してきました。たとえば、瀬沼文彰は、『キャラ論』(2007) で、①「キャラ」によって、容易に「笑い」を生み出し、友人関係をスムーズに楽しむことができる、②「キャラ」は自分で選ぶのではなく、グループ内でかぶらないように振り分けられる、などと指摘しています[※19]。土井隆義も『友だち地獄』(2008) や『キャラ化する／される子どもたち』(2009) で、摩擦が起こらない、傷つかない「優しい」関係を維持するために「キャラ」という枠組を使って、グループ内の人間関係を保つのが若い世代の特徴だとしています。

社会的役割を切り替えながら生活すると

[※19] 瀬沼文彰『キャラ論』(Studio Cello, 2007). 同著の文庫版に『なぜ若い世代は「キャラ」化するのか』(春日出版, 2009).

いうことは、少なくとも近代以降の社会では当たり前のことです。学生ならば、大学に行けば学生として講義を聴き、コンビニのバイトに行けば店員として働くわけです。社会的役割は人々を効率的に結びつける社会の基盤となる仕組みであり、社会学でも重要なテーマ[20]の一つとなっています。

※20 社会学者による代表的な役割論としては、G・H・ミード (George Herbert Mead, 1863〜1931) の『精神・自我・社会』(1934)、アーヴィング・ゴフマン (Erving Goffman, 1922〜1982) の『行為と演技』(1959) がある。

　ですが、若い人の「キャラ」による役割分担は、この社会的役割とは少し異なります。社会的役割は組織の中で定められた役割に従うことで、その組織の目的を達成するものです。私の世代だと、友達との交遊は、社会的役割から解放され「素の自分」になる息抜きの場と捉えられていましたが、今の若い世代は、友達関係で「キャラ」という役割分担をすることが普通になっているようです。

　では、この「キャラ」という枠組みを使って友達関係を構築するというコミュニケーションの背景には何があるのでしょうか。

3-3. 先回りする「やさしさ」

　精神科医の大平健は『やさしさの精神病理』(1995) で、新しい「やさしさ」が登場しているのではないかと指摘します。日本では70年代以降、「やさしさ」がそれ以前より大切なものになるのですが、70年代的な「やさしさ」は、傷を共有することで癒そうとするものでした。大平は「治療としてのやさしさ」という言い方をしています。

　「治療としてのやさしさ」に対して、新しく登場したのが、「予防としてのやさしさ」です。こちらは、相手にとって「重い話」を押し付けることになるかもしれない傷を共有しません。その代わり、傷つけてしまうかもしれない、傷つけられてしまうかもしれない行動を回避

しようとする「やさしさ」です。

「予防としてのやさしさ」は現代の若者の特徴として考えられており、先に紹介した土井の研究も、大平の考え方を踏まえています。「『重い』行動は回避して、楽しく過ごす」人間関係は、3-2. 節で紹介した、女子高生のように、「グループに応じてキャラを変え」、「キャラに応じてアカウントを使い分ける」行動につながると考えられています。

インターネットが人間関係を薄くしたのではなく、「インターネットの普及より前に、人間関係のあり方が変化し始めた」と前述しました。この変化が、先回りして衝突を回避する「予防としてのやさしさ」です。『やさしさの精神病理』が出版されたのが1995年、インターネット公開が1994年ですが、最初の頃はごく一部の人しか使っていませんでした。インターネットの普及より前から変化が起きていたのです。

4. 変化していく「つながり」方とソーシャルメディア

4-1. なぜ「やさしさ」は変わったのか

なぜ「予防としてのやさしさ」が生まれたのでしょうか。それには、工業化・脱工業化（サービス化）に伴い、結合型の社会関係資本の力が弱まったことと同時に、人間関係の選択範囲が広がったことが考えられます。つけ加えると、1990年代に入って「職場」という社会関係資本の力が、雇用の流動化などによって緩んだことも影響しているでしょう。一言で言えば、「社会構造（制度や組織のあり方）が変わったから、人間関係のあり方が変わってきた」ということになります。

人間関係の選択範囲が広がるとはどういうことでしょうか。たとえば、「結婚」を考えてみましょう。現在は「恋愛結婚」が主流ですが、以前は親戚や職場の人から紹介された人との「見合い結婚」が大半を占めていました。国立社会保障・人口問題研究所の「出生動向基本調査」の恋愛結婚の比率を見ると、第二次世界大戦前の1930年代後半では「見合い結婚」が69.0％、「恋愛結婚」は13.4％でした。それが1960年代後半には、「見合い結婚」44.9％、「恋愛結婚」48.7％と逆転し、2000年代後半には、「見合い結婚」が5.3％、「恋愛結婚」が88.0％となっています。結合型のつながりから結婚相手を選んでいたのが、自分の好みに応じて結婚相手を選ぶようになったと言えるでしょう。

　こうした人間関係の変化も重要な社会学のテーマです。社会学の古典であるテンニースの『ゲマインシャフトとゲゼルシャフト』（1887）も、近代化の中で人々のつながり方が、変わってきていることを論証したものです[21]。先の「社会関係資本論」の話で出てきたギデンズなど多くの社会学者は、近代（日本では明治時代以降）・後期近代（だいたい1970年代以降）における人間関係の大きな変化を個人化の一つとして捉えています。「個人化」とは、さまざまな集団（家族・会社など）の力が弱まり、個人の自由が高まるということです。自由になることには良い面もありますが、集団は色々なリスクから個人を守ってくれる機能がありますから、個人化の進行によって、さまざまなリスクに個人が立ち向かわなければならなくなるという面もあります[22]。

> **※21 フェルディナント・テンニース (Ferdinand Tönnies)**
> 1855〜1936。社会学者。ゲマインシャフトとは、家族や友人仲間、地縁など結合型のつながり、ゲゼルシャフトとは企業や大都市などに代表される利害で結びつく機能的な集団を指す。テンニースは、近代化に伴い、ゲマインシャフト中心の社会からゲゼルシャフト中心の社会へ移行していることを論じた。
>
> **※22** この考え方を「リスク社会論」という。ドイツの社会学者ウルリッヒ・ベック (Ulrich Beck, 1944〜2015) の『危険社会』(1988) が代表的な研究である。

4-2. ソーシャルメディアと人間関係

　インターネットが普及したのは、便利だからというだけでなく、人間関係を選択し、つながりたい相手とだけつきあいを続けるのに使いやすいツールだからだと私は考えています。

　つきあう相手を選べる自由は、自分がつきあう相手として選ばれないかもしれない不安と表裏一体の自由です。だから、「空気を読んで」雰囲気を壊さないようにする、「キャラ」で盛り上げるというつきあい方が主流になってきたのではないでしょうか。ただし、これではネガティブな気持ちを発散することができません。「重い話」は相手に負担をかけてしまい、自分が切られてしまうかもしれません。だから、専用アカウントでネットに吐き出す人も出てくるわけです。

　自分の身の回りだけを見ていると、「人と人のつながり方」のような社会生活の基盤は、普遍的で昔から変わらないもののように感じられますが、よく観察してみるとどんどん変化しています。変化によって新しい問題や、それまでになかったビジネスチャンスが生まれます。その「変化」を感じる感覚を磨くために、社会学的な物の見方はとても役立ちます。自分や周りの人のソーシャルメディアの使い方や人間関係のあり方をよく観察し、応用してみて下さい。

STEP 1 まとめ

　この章では、どうして疲れるのにソーシャルメディアでつながろうとするのかということから、現代の人間関係についてどういうことが社会学で言われているのか、その一部を簡単に紹介しました。
　「ソーシャルメディア疲れ」を題材に、この章で取り上げたことをまとめてみましょう。

(1) パットナムの社会関係資本論
　人と人のつながりを「結合型」と「橋渡し型」に分けて、つながりの特徴を考えるというパットナムの考えを中心に紹介しました。

(2)「やさしさ」の変化と若い世代の人間関係のあり方に関する議論
　大平健の「治療としてのやさしさ」から「予防としてのやさしさ」に「やさしさ」が変化したという指摘と、それを踏まえて、若い世代を中心に、「キャラ」を割り振って、互いの内面に立ち入らずに楽しく過ごす友人関係が登場したという瀬沼文彰・土井隆義らの議論を紹介しました。
　また、その背景に、「個人化」と呼ばれる、人のつながり方の変化があることも簡単に触れました。

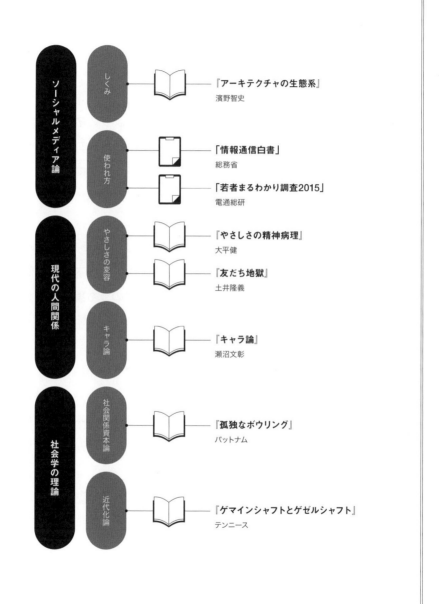

第1章 ソーシャルメディアと流動化する人間関係 | 021

STEP 2 演習課題

1. [グループワーク] ソーシャルメディアの自分史

①各自で、小学校・中学校・高校・大学でどのようにネットを使ってきたかメモに書き出してみる。携帯やスマホ、パソコンを使うようになった時期、家族や友達とのコミュニケーションにどういうアプリやサービスを使っていたか、ネット上の友達がいたかどうか、自分や周辺のSNS疲れやSNS依存の状況など。

②数名ずつのグループに分かれて、お互いに自分のメモを発表しあう。

③グループで、中高でのネットの使い方と、大学でのネットの使い方にどういう差があるか議論し、出てきた論点のうち重要なものを3つ選び、クラス全体に向けて発表する。

2. [グループワーク] 結合型のつながりと橋渡し型のつながり

①各自で自分が属している共同体(家族や親戚／小中高のクラスや部活、塾や習い事などの仲間／大学のゼミや演習、サークル、バイト仲間など)を書き出し、それぞれ結合型か橋渡し型かに分類し、なぜそれに分類したか理由も書く。

②数名ずつのグループに分かれて、お互いに自分のメモを発表しあう。

③グループで、家族・小中高大でのつながりのあり方にどういう共通点があるか、どういう傾向があるかをまとめ、なぜそういう共通点や傾向が現れるかを議論する。出てきた論点のうち重要なものを3つ選び、クラス全体に向けて発表する。

3. ［グループワーク］ソーシャルメディア利用に関する統計調査を調べる

①各自でソーシャルメディアに関連する統計調査をネットで検索し、面白そうな調査を選ぶ。

②グループごとに見つけた調査を報告しあい、一番面白そうな調査の内容を簡単にまとめて、即席のグループ発表を行う。発表する調査がかぶらないように、まとめに入る前に全体で一度調整する。

4. ［ミニレポート］自分と違う年代の「つながり」経験を聞き取る

両親や祖父母、バイト先の人など、色々な年代の人に、1. と同様に、中高生〜20歳前後までのメディア利用状況＆友達とのつきあい方の聞き取りを行い、自分のつながりのあり方と比較しながらまとめる。

5. ［グループワーク］紹介した概念について書かれた論文を調べる

①グループに分かれ、各グループで「個人化」「キャラ」「社会関係資本」「リスク社会」「社会的役割」など、この章で紹介した概念を、互いに重複しないように一つ選ぶ。

②各自で自分のグループで選んだトピックについて書かれた論文や本をCiNii（http://ci.nii.ac.jp/）などで検索し、面白そうな論文を選ぶ。一般語として使われている場合もあるので、「個人化　家族」「個人化　ベック」「個人化　ギデンズ」など関連語をつけた方が良い。

③グループごとに見つけた論文を報告しあい、論文の内容を組み合わせて、グループ発表を行う。「概念の定義」「議論の変遷」「現代の社会で見られる事例」を説明し、各概念によって何がわかるかを結論としてまとめる。

● 演習課題の最新データは⇨ http://www.koubundou.co.jp/files/55184_01.pdf

STEP 3　読書案内

『ケータイ社会論』
岡田朋之・松田美佐編（有斐閣，2012）
「ケータイ」が普及した社会で、人々のつながりがどう変わってきたのか、さまざまなデータから解説しているモバイル文化の入門書です。この章は、今の社会がネットを受け入れやすい性質を持っていることを中心に、ネットと社会の関係を説明しましたが、ネットが人々の暮らしをどう変えたか知りたい人は、ぜひ読んでみてください。

『ソーシャルメディア論』
藤代裕之編（青弓社，2015）
ソーシャルメディアの教科書的な入門書です。歴史、法律や技術などの幅広いトピックから、ソーシャルメディアのあり方が紹介されています。ソーシャルメディアに興味がある人は、まず読むべき本だと思います。

『つながりっぱなしの日常を生きる』
ダナ・ボイド／野中モモ訳（草思社，2014）
アメリカの少年少女やその親、教師など166人へのインタビューをもとに、アメリカのティーンがどのようにネットを使っているのか、家族や友達との人間関係も含めて考察した本です。日本のネット文化とはまた違った世界が紹介されていて、とても興味深いです。

『キャラ論』／(文庫版)『なぜ若い世代は「キャラ」化するのか』
瀬沼文彰（Studio Cello，2007／春日出版，2009）
文中で紹介したように、「キャラ」という観点から若い世代の人間関係を論じた本は土井隆義『友だち地獄』（ちくま新書，2008）などいくつかありますが、駅前などで待ち合わせをしている若者のグループに突撃インタビューするという、珍しいやり方で調査していて、とても面白いです。

『孤独なボウリング』
ロバート・D. パットナム／柴内康文訳（柏書房，2006）
社会関係資本論の代表的な著作です。かなりボリュームがありますが、主張は明快なので見かけよりも読みやすいです。いきなり全部読もうとせずに、社会関係資本という考え方を説明している第1章をまず読み、あとは面白そうな章を読んでみるのも良いでしょう。

第2章
宗教なき世と人の「つながり」

平野直子

---

1. 縮む「宗教」、広がる「宗教っぽいもの」

1-1. 薄まる「宗教」の存在感

私たちの周りの「宗教」

　私たちの周囲には、宗教に関わる施設がどのくらいあるか知っていますか？　身近なところでは、神社や寺、教会が思い浮かぶでしょう。文化庁発行の『宗教年鑑』では、2013年の全国の神社（正確には、神社を持つ宗教団体）の数は81,235、寺（同様に、寺を持つ宗教団体）の数は77,329となっています[※1]。どちらも、同時期の全国のコンビニエンスストアの数

[※1] 文化庁編『宗教年鑑(平成26年度版)』文化庁, 2015.

（49,323軒）より圧倒的に多いのです※2。

あるいは、街中で「天理教」「創価学会」「立正佼成会」といった、宗教団体の名前が入った看板を目にすることもあるでしょう。これらの団体の多くは、「新宗教※3」と呼ばれる江戸時代の終わり以降に創設された宗教団体で、活発な信仰活動で知られています。一番信者数が多いと言われ、2016年現在、与党「公明党」の母体となっている創価学会は、Webサイトで信者の数を827万世帯としています。次に多いと見られる立正佼成会は、前述の文化庁の調査で信者数約309万人と答えています。これらの数字は団体の自己申告で多めに見積もられており、実際にアクティブな信仰活動をしている人はもっと少ないのですが、それでもこうした数百〜数十万人の信者を抱えると称する新宗教団体が、少なくとも20〜30はあります。

※2 一般社団法人日本フランチャイズチェーン協会「CVS統計年鑑動向（2013年1月〜12月）」2014.
http://www.jfa-fc.or.jp/folder/1/img/20140120102728.pdf.

※3 新宗教
既成宗教に対して、比較的成立時期の新しい宗教。宗教社会学では、特に江戸末期以降に生まれたものを指す。社会変動期に庶民の欲求に応えるかたちで生まれ、多くは俗人の教祖によって組織される。

「信仰を持つ人」の減少

こうした数字を見てどう思われるでしょうか？ コンビニより宗教施設のほうが多く、またちょっとした自治体に匹敵するような数のメンバーを抱える宗教団体が数十もあることになります。しかし、大学生でこのことを実感できる人は多くはないでしょう。それは各種の社会調査から明らかです。図2-1を見てください。統計数理研究所が2013年に行った「第13次日本人の国民性調査」で、「あなたは何か信仰や信心を持っていますか？」という質問に、「持っている、信じている」と答えた人は全体の3割弱、28%にすぎませんでした。大きく見

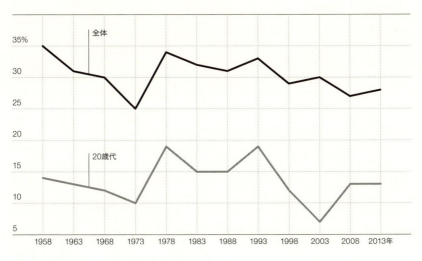

図2-1 「信仰や信心」を持っている人の割合

出典)統計数理研究所「日本人の国民性調査」より筆者作成

ると、その割合はゆるやかに低下しているようです。20歳代の若者で「信じている」と答える割合はさらに低く、わずか13%です[4]。自覚的に「信仰を持っている」人は日本社会では少数派で、若年層ではさらにその傾向が強いのです。

また、石井研士は、2003年に國學院大学のチームが20歳以上の人々に対して行った全国調査で、「教団に帰属している」と答えた人がわずか8.8%であったことを指摘しています[5]。みなさんが「日本社会における宗教」と言われて、ピンとこないのも無理はありません。

1-2.「宗教っぽいもの」は信じられている

しかし、社会調査は若者と宗教について、別の興味深い傾向も明ら

[4] 統計数理研究所「国民性の研究」, 2015.
http://www.ism.ac.jp/kokuminsei/table/index.htm.
[5] 石井研士『データブック現代日本人の宗教』新曜社, 2007.

図2-2 「奇跡」「お守り・お札の力」「あの世」を信じる割合（若年層）

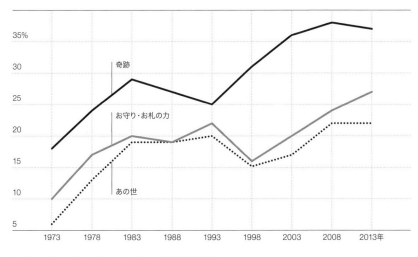

出典）NHK放送文化研究所「日本人の意識」調査結果より筆者作成

かにしています。図2-2はNHK放送文化研究所が行っている「日本人の意識」調査の結果です。

　図2-1では、信仰を持っている人は緩やかに減少し、特に若年層で信仰を持っている人が少ないということがわかりました。しかし、図2-2からは、「あの世」のような宗教に含まれる考え方や、神社や寺からもらう「お守り・お札」の力を信じる若者（ここでは10代と20代）が、1973年の調査と比べて大きく増えていることがわかります。「あの世」を信じる割合について言えば、1973年に6％だったのが、2008年には22％まで上昇しています。「奇跡」を信じるという若者は、1973年に18％だったのが2008年には38％と、20ポイントも増えているのです[6]。

※6 NHK放送文化研究所編『現代日本人の意識構造（第7版）』NHK出版、2010、および、NHK放送文化研究所編『現代日本人の意識構造（第8版）』NHK出版、2015。

「宗教」の存在感が社会から薄れる一方で、「宗教っぽいもの」を信じる若者は増えている。このことをどう考えたらいいのでしょうか。

2.「宗教」から「セラピー」へ、共同体から個人へ

2-1. 意味を求める人々
人が宗教に求めてきたこと

　そもそもこれまで、私たちは「宗教」に何を求めてきたのでしょうか？　その際、重要なカギとなるのは、宗教が「意味の枠組」や「世界観」を与えるものだという考え方です。つまり、宗教が持つ教えや神話は、人々が自分の身に起こった出来事を意味づけるための「枠組」、もしくはより体系だった「世界観」を与えてくれるものなのです[7]。安定した日常生活を営むには、出来事が〈なぜその時、他でもない自分に起こったのか〉を理解している（と思っている）必要があります。そうでないと、人は世の中を、いつ、何が起こるかわからない、無秩序で不安定なものに感じ、自分にはどうすることもできないという無力感におそわれます。

　たとえば皆さんが、「部活の試合で負けた」「テストの点が悪かった」といった時、そうなった理由が全くわからなければ、希望を失ってしまうのではないでしょうか。私たちは、従来のやり方が通用しない場合、「練習が足りなかった」「ヤマがはずれた」など、その結果に至った要因を探し、どうすれば失敗

[7] Meredith B. McGuire, *RELIGION: The Social Context* (5th Edition), Wadsworth Thompson Learning, 2002（メレディス・B. マクガイア/山中弘他訳『宗教社会学』明石書店, 2008）.

せずに済んだのか、どうすればより快適な日常を過ごせるのかを考えます。そのためには、「試合やテストは公平なルールの上で、成果を競うものである」「結果は努力次第で変わる」といった解釈の「枠組」が必要です。宗教に限らず、自分の身に起こった出来事を理解するために、私たちは意味の枠組を持ち、それが通用することで、生活に自然な秩序が生まれます。しかし人生には、この世の中で通用している意味の枠組では、対応しきれないことも起こります。病気になったり、天災で財産をなくしたりすれば、「なぜ自分が！」「どうしてこんなことに！」と叫ぶものです。

　そんな時、(神と呼ばれる) 大いなる存在や、「あの世」「彼岸」を含む包括的で体系だった宗教的「世界観」が重要な役割を果たします。人智を超えた存在に裏付けられた意味の枠組や「世界観」によって、人々の叫びに応えるのです。マックス・ヴェーバー※8は宗教のこうしたはたらきを、「苦難の神義論※9」と呼びました※10。

※8 マックス・ヴェーバー
(Max Weber)
1864～1920。社会学者、経済学者。戦後日本の社会思想に多大な影響を与えた。著書に『プロテスタンティズムの倫理と資本主義の精神』他多数。

※9 苦難の神義論
宗教の教義が人生の苦難の意味を説くこと。

※10 Max Weber, Gessammelnte Aufsätze zur Religionssoziologie 1, 1920-21 (マックス・ヴェーバー/大塚久雄他訳『宗教社会学論選』みすず書房, 1972).

集団で共有される「意味」と「世界観」

　ここで強調したいのは、宗教的であれ、それ以外であれ、個人が自分の体験を意味づける枠組は、ある集団の中で既に共有されているものであるということです。つまり、意味の枠組や「世界観」は社会的なものなのです。たとえば皆さんが、部活や勉強で失敗した時、無意識に学校の先生や親が言っていた、あるいはテレビなどで聞いたことのある話から、失敗の理由を意味づけてはいませんか。

宗教の持つ意味の枠組や「世界観」は、聖職者の説教や信仰者どうしの会話に表れます。その意味の枠組は、使われるたび人々の内に刻みこまれ、将来に受け継がれていきます。宗教上の儀式にも、意味の枠組や「世界観」を再確認させるはたらきがあります。儀式の中で人々は、さまざまな象徴や決まり文句、身ぶりを用い、共同体がもつ「世界観」に身を持って入り込み、再確認していくのです。

社会変動における宗教の役割

ところで社会に大きな変動が起こると、それまでの社会生活上のルールが通用しなくなり、人々は突発的な出来事の連続の中で不条理感や無力感、無意味感にさいなまれやすくなります。こうした状態は、社会学ではしばしば「アノミー※11」と言います。社会学者のピーター・L. バーガー※12は、宗教は人々を苦しめるアノミー的状況に対抗する、大きな力になると述べています※13。

さらに、宗教が人々の苦難に対応するものであることを別の方向から説明するのが「相対的剥奪※14」です。「剥奪」とは、ある個人が「あって当然のものが、奪われている」と感じることを意味します。経済的な安定や健康、和やかな人間関係などを「自分は周りと比べて（＝相対的に）持っていない」と感じ、その要因がこれまでの意味の枠組では説明がつかない時、人は新しい枠組に接近します。その際の選択肢に、宗教があるのではないかという考え方です。

※11 アノミー
社会の規範が崩壊し、無秩序になること。フランスの社会学者エミール・デュルケームが近代に移行する社会の過程を論じる際に使用した言葉。

※12 ピーター・L. バーガー
(Peter Ludwig Berger)
1929〜。社会学者・神学者。著書に『現実の社会的構成』がある。

※13 Peter L. Berger, The Sacred Canopy, Doubleday & Co., 1967（ピーター・L. バーガー／薗田稔訳『聖なる天蓋-神聖世界の社会学』新曜社, 1979）.

※14 相対的剥奪
自分が持っていて当然と感じるものと、実際にもっているものとの間のずれ。他者や他集団との比較によって生み出され、社会不安と結びつきやすい。

2-2. 宗教団体の乱立-神々のラッシュアワー

苦難を通した「つながり」-20世紀日本の宗教ブーム

　実は日本には、宗教社会学の研究者から世界的に注目された時期があります。1950年代、「神々のラッシュアワー」と言われた時期です。現在多くの信者を抱える新宗教団体が成長したのはこの時です。

　1945年、敗戦により、日本は大きな社会変動を経験します。それまでの秩序やルールが通用しなくなったのです。その上、1950年代の経済成長で、多くの人が故郷を離れ、都市で働くようになりました。あたりまえの日常生活が消え、不安や悩みが絶えなかったこの時、人々を惹きつけたのが新宗教でした。言い換えれば、この時期の新宗教団体は、日本社会のアノミー状態に応えて大きくなったと言えるのです。

　あるいは、新宗教の成長は当時の人々が感じていた「剥奪」の感覚に応えていたとも言えるでしょう。日本の宗教社会学者は、人々が「剥奪」の感覚を覚えやすい領域をまとめて、「貧・病・争」と表現します。「貧」は経済的な困難、「病」は健康上の悩み、「争」は人間関係の不和を指します。この時期、新宗教団体に集まった人々は、まさにこのような悩みを抱えていました。

新宗教の「心直し」

　戦後の社会変動の中で不安を抱えた人々に対し、新宗教団体は神仏の教えにしたがい心の持ち方を変えることで、状況がよい方向へ向かうと説きました。この考え方は、「心直し」と呼ばれます。新宗教の集会では、しばしば信者の「体験談」が語られます。それは、生活上の問題に宗教的な意味づけをほどこし、「心直し」でよい方向に向かうという物語です。こうした集会は、多くの教団で「教えが人々の生活を

向上させる」という世界観を共有する基盤となりました。

　さらに、新宗教団体では、よりよい生活を送るうえで何をなすべきか具体的に教えられます。たとえば「お題目を唱える」「先祖をまつる」といったことです。このように信者の生活スタイルに関わる教えは、故郷を離れた都市生活者に新たな指針を与えるものとなりました。

　以上のように、「神々のラッシュアワー」で成長した新宗教団体は、社会変動に伴う苦難を通じた新しい共同体でした。しかし21世紀になって、これらの教団は若い世代の減少に悩まされています。この現象はいったいどのような社会の変化を反映しているのでしょうか。

2-3. 現代人の悩みと「セラピー」

「セラピー文化」と現代社会

　社会変動にさらされ、「貧・病・争」に苦しんだ昭和時代と違い、21世紀の日本社会には悩みがないのでしょうか。あるいは、悩みはあっても、その解決の仕方が変わってきたのでしょうか。これについては、「セラピー文化[15]」に関する議論が参考になります。ロバート・N・ベラー[16]は1980年代前半、アメリカ中産階級の人々の価値観を探るために大量のインタビューを行いました。「セラピー的」な態度とは、この調査で見出された人間関係や物事に対する考え方の一つで、彼はそれが広く現代アメリカ社会を覆いつつあると指摘しました[17]。

　「セラピー的」であるとは、どういうことでしょうか。心身や生活に問題を感じる人

---

[15] セラピー文化
ネットワークビジネス、自己啓発セミナーといったかたちで現れる、社会に広がる心理学的・心理療法的な考え方。

[16] ロバート・N・ベラー
(Robert N. Bellah)
1927〜2013. 宗教社会学者。タルコット・パーソンズを師として社会学、極東言語学を専攻。著書に『社会変革と宗教倫理』、『善い社会』等。

[17] Robert N. Bellah, *Habits Of Heart*, University of California Press, 1985(ロバート・N・ベラー/島薗進訳『心の習慣』みすず書房, 1991).

が、解決のために専門家の元を訪れたり、必要な知識を学んだりする。解決手段が提示されれば自分でそれを選択し、対価を払って利用する——そんなイメージです。自分の問題のありかを見つめ、解釈し、対処方法を主体的に選び、自分の責任において効率よく対処する。こうした「セラピー的」な態度は、現代日本社会でも、自律した社会人の望ましいあり方として高く評価されます。前述の新宗教における「心直し」も、問題を解釈し、状況の改善を志す態度ではありました。しかし「セラピー的」な態度の場合、問題を意味づけ、解釈するのに必要なのは、大いなる力を含む世界観でも、それを語り伝える共同体でもありません。必要なのは道具としての知識——より望ましいのは、権威ある専門家の知か、科学的に根拠のある知——です。そして現代社会では、「セラピー的」なふるまいに必要な情報や知識は、対価を払えば本や雑誌、インターネット、各種のサービス業がどんどん提供してくれます。

　現代社会の特徴は、こうした「セラピー的」な態度が、さまざまな生活領域で個人のあり方のモデルになっているということです。人間関係に悩んでいる時も、体の不調に悩んでいる時も、自ら問題の所在を把握し、適切に対処することが期待されています。そうした人間像が、よき父親や母親、よき夫や妻、よき友人や隣人、よき患者や福祉の受け手とされがちです。社会のさまざまな領域に、「セラピー的」な人間観を基盤とした現象が見られる現代社会は、「セラピー文化」と呼ばれ、研究対象となっています[18]。

---

[18] ここでは「セラピー文化」に関する議論のうち、「生活の悩みや困難を解決するにあたっての、現代に特有の態度」という観点だけを取り上げている。「セラピー文化」をより広い視点で論じたものに、小池靖『セラピー文化の社会学』(勁草書房, 2007)などがある。

「つながり」は消えていくのか

　「セラピー的」な態度を求める社会では、自分の心や状況を扱う高いスキルと責任感が要求されていると言えます。これはなかなか厳しい要求ですが、個人にとっては自由で便利な側面もあります。たとえば新宗教的な「心直し」が、一つの共同体に深く関わりながら行われるのに比べ、「セラピー的」なやり方は、自分の必要に応じて関わり方を調整していけるのですから、気楽なものと言えるでしょう。

　しかし、ベラーはこの「セラピー的」な態度が、人間関係全般に広がることを懸念しました。ギブ・アンド・テイクが成り立つ関係の範囲内だけでしか問題を他人と共有しない「セラピー的」な態度は、個人化を加速させてしまうと考えたからです。もしかしたら、これこそ現代日本に起こっていることかもしれません。つまり、（新）宗教離れは、悩みを通じた共同体が減少していることの一側面であり、そのかわりに広がったのが、「セラピー的」な態度であるということです。

　現代社会から悩みや苦難がなくなったわけではありません。ただ、それに対するふるまいには変化が起こっているようです。では、「セラピー的」にふるまう現代日本人は、悩みや苦難にどのように向き合っているのでしょうか。

---

3. 現代の「宗教っぽいもの」の諸相

3-1. セラピー文化の中の「スピリチュアル」

　ここでいよいよ、第1節最後の問い（p. 30）に立ち戻ってみましょ

う。宗教を信仰する人は少なくなっているのに、「宗教っぽいもの」を信じる人が増えているのは、何を意味しているのかということです。

ここでは二つの事例から考えてみます。一つは、「セラピー文化」の中で、「宗教っぽいもの」が商品として流通している様子。もう一つは、宗教に由来するシンボルや儀式・儀礼が「伝統」と読みかえられ、人々に利用されていく例です。どちらの事例も、かつては宗教の中にあった営みが、宗教の外でなされ、さらにそれを通して現代社会にゆるやかな「つながり」が生まれる様子が見えてきます。

消費されるスピリチュアル

最初に、二つの新聞記事を見てみましょう。2005年と2007年にそれぞれ『朝日新聞』に掲載されたものです。

『アロママッサージ700円、占星術20分3千円、癒やしの絵1枚6千円……。2月20日の日曜日。東京・浜松町の産業貿易センター浜松町館の3階、約1700平方メートルの展示フロアいっぱいに150のブースが並んだ。「第14回東京スピリチュアル・コンベンション」(略称「すぴこん」)。霊視、タロット、瞑想、気功、ヨガ、整体……様々な癒やしやセラピーの手法を駆使するプロやアマが一堂に会する見本市だ。入場者は約2千人。20代〜40代の女性が目立つ。人気のブースには長い列ができていた。

「仕事先がつぶれ、お金もたまらず、ビジョンが描けない」と東京の女性(35)は霊視占いに相談。「自分を認め、自分を見つめ直せ」と言われ、「参考になりました」。「パワーストーン」

を手にした埼玉の女性（33）は「この石を持つと安心感があります」』（スピリチュアリティー　こころのいま　オウム事件から10年［上］『朝日新聞』2005年3月15日夕刊）

『派遣社員の女性（31）はタロット占いと「オーラ写真」を試した。恋愛関係のもつれを機に、自分とは何なのかと思うようになり、初めて来た。「皆さん、自分のことが知りたいんじゃないですか」手や腕にアロマオイルをもみこんでマッサージをする「アロマヒーリング」を受けていた女性（33）も、2年前に離婚したころから、何のために生きているのかと悩み始め、スピリチュアルな世界にひかれたという。「それまでは、自分に向き合わなくてもやっていけたんですけどね」』（「霊性」につながり求め　占い、ヒーリング…自分に向き合える『朝日新聞』2007年1月8日朝刊）

　どちらも、「スピリチュアル・マーケット」というイベントについての記事です。2000年代半ば、全国で一年に数十回も開かれていたこのイベントには「宗教っぽい」サービスや商品が並び、多くの人が集まりました。当時は、同様のイベントが他にも開かれ、「スピリチュアルブーム」と言われました。現在、この「ブーム」は下火ですが、この時人気を得たサービスや商品の多くは、エコロジーや心身の健康に対する関心と結びつき、今も支持者を得ています。
　実は、「宗教っぽいもの」がブームと言われた時代は、1990年前後にもありました。当時その領域は「精神世界」と呼ばれ、心身の癒しや「自己の成長」に関わるサービスや商品が関心を集めていました。

図2-3 「スピリチュアル」なセラピーを受ける人々

2000年代のブームはその流れを引き継いだものですが、今度は「スピリチュアル」という言葉が使われ、特に若い女性のあいだに広がっていきました。ちなみに宗教の研究者や当事者の一部は、これらの「宗教っぽいが宗教ではない」ものの領域を、従来の宗教と区別するため、しばしば「スピリチュアリティ[19]」と呼びます。

※19 スピリチュアリティ
キリスト教などの組織的な伝統宗教からは離れ、個々人が霊性に目覚めるような新しい文化運動・宗教現象を指す。「精神性」とも同意。

現代社会の中のセラピー文化

ところで皆さんは、前述の引用に出てくる商品やサービスが、たいへん「セラピー的」であることに気づかれたでしょうか。さまざまな悩みや問題を抱えた人々が、解決を求めて「セラピスト」の元を訪れ、

対価を払ったうえで問題について語りあいます。「霊視」によるカウンセリングからパワーストーンの購入まで、問題解決のための手段は無数に提示されており、自由に選ぶことができます。

　しかし、ここで提供される悩みや苦難への対処法は、公的な資格をもつ専門家によるものでも、科学的な根拠に基づいたものでもありません。かわりにこの世を超えた大いなる力の存在が語られます。消費者の多くは商品やサービスへの興味をきっかけに、その背景にある意味の枠組や「世界観」に触れます。「宗教っぽい」商品やサービスの売買を通して、意味の枠組をゆるやかに共有した売り手と買い手が、「スピリチュアル」の世界を作り上げていくのです。

　こうした商品やサービスには、宗教っぽい「世界観」があるものの、受け手は消費者としてそれらを利用するだけでよいというのが、かつての（新）宗教との違いです。前述の記事中からは、受け手の背景に経済的な悩みや病気、人間関係のトラブルなど、簡単には解決しがたい人生の諸問題があることがわかります。このような「剥奪」の感覚に、意味づけと解決のための実践を提供していたのがかつての新宗教でした。しかし現在は、「宗教っぽいもの」に対する認識をゆるやかに共有した人々が、「セラピー」の枠組の中、イベントやセミナー、メディアを通じた消費活動により、それを行っているのです。

3-2. 個人の「特別な体験」を彩る宗教文化
聖地巡礼とは
　「宗教っぽいもの」が宗教の外で利用される、もう一つの例は、宗教上の儀礼やシンボルが「伝統」「文化遺産」に読みかえられ、特別で価値ある体験を求める人々に利用されていることです。

ここでは、事例として「巡礼」を取り上げます。巡礼とは、かつて特定の宗教によって意味づけられた「聖地」に信者が自らの足で向かい、定められた儀礼を行うことを意味しました。聖地には宗教施設が建ち、信者はそこで祈りを捧げ、経文を唱えるなどの儀礼を行います。

　第1節で、宗教を信じる人の割合は減る傾向にあると書きましたが、実は一部の巡礼地や霊場めぐりには、以前にも増して多くの人が集まっています。日本最大の巡礼地とされる四国遍路を例に見てみましょう。2015年に開創1200年を迎えた四国遍路は、四国をほぼ一周する道を、88ヶ所の仏教寺院に参拝しながらたどるものです。弘法大師への信仰と深く結びついた巡礼で、長いあいだ民衆から親しまれてきました。現代になって巡礼者は増えており、2002年のある統計では約25年間で4倍を記録しています[20]。21世紀に入ってからは、若者や外国人の姿も多く見られるようになりました。

　これは、現代社会での弘法大師信仰の広がりを表わすものでしょうか。四国遍路の研究者である浅川泰宏の見方はそうではありません。1990年代後半から、テレビのドキュメンタリー番組や映画、ドラマ、本といったメディアで四国遍路が取り上げられることが増え、「宗教的なシンボルや儀礼を通して日常と区別された、特別な空間をたどる」という四国遍路のイメージが、従来の巡礼者とは違う層にも広く普及しました。新たに四国遍路に向かった人の多くは、特に弘法大師信仰そのものに関心があるわけではなく、特別な空間で日常とは違う体験をすることで、これまでにない感動や気づきを得ることを期待しています。そのために、四国一周をあえて徒歩で歩き通すことを選ぶ人も多くなりました[21]。

[20] 佐藤久光『遍路と巡礼の社会学』人文書院, 2004.
[21] 星野英紀・浅川泰宏『四国遍路-さまざまな祈りの世界』吉川弘文館, 2011.

弘法大師信仰は、仏教という「伝統」の一角として、その感動や気づきをより意味深く、価値あるものとして彩ります。現代の巡礼者が書いた遍路記では、聖地を訪れた感動によって生き方を見直したり、悩みが癒されたりした経験が数多く語られています。

※22 岡本亮輔『聖地巡礼』中公新書, 2015.

現代の巡礼者

現代の巡礼者が、遍路で出会う出来事や心身の変化を解釈したり意味づけたりする時、土台となるのは弘法大師信仰の「世界観」ではなく、メディアで得たイメージです。岡本亮輔は、こうした巡礼者が期待する特別な体験や気づきが、ガイドブックや巡礼記の本、Webサイトに書かれているものをなぞっていると指摘します[※22]。

これは、現代の巡礼者の体験が「にせもの」であることを意味しているのでしょうか。むしろ、現代の巡礼者たちは信仰に基づく世界観は持たずとも、メディアを介して意味の枠組や「世界観」をゆるやかに共有し、巡礼空間の中でそれを確認しあい、再生産していると考えることもできるのではないでしょうか。

4. ゆるやかな「つながり」の功罪

ここまで見てきたように、現代社会では宗教を信仰する人が少なくなる一方、「宗教っぽいもの」はさかんに人々の中に取り入れられ、若い人々にも受け入れられています。従来の宗教のように、強く結びつ

いた共同体の中で、確固とした「世界観」が共有されているわけではありません。しかし現在でも「宗教っぽいもの」は人々の中にあり、さまざまな出来事に意味や価値を与え得るようです。

　重要なのは、現代においては消費を通じた「つながり」が大きな役割を果たしているということです。共通の関心に基づいて商品やサービスのやり取りを行う人々が、同じような「世界観」や意味づけの枠組をゆるやかに共有し、たとえ初めて会った人どうしでも、それについて語り合ったり共感することができます。しかしその「つながり」は特定の場面に限られ、十分な満足や感動が得られたら（あるいは得られないようなら）、いつでも離れることを選択できるものです。

　ベラーが「セラピー」が支配的な社会について懸念していたのは、それが効率的で個々人に大きな自由を与える一方、「人間にとって、あるいは社会にとって、何が本当に必要なのか」ということを深く話しあう機会を社会から失わせるということでした。この問題意識をもとに、本章の事例について、以下のように問うてみることができます。

　「宗教っぽいもの」の市場を通した共有が作り出すゆるやかな「つながり」から、個人のその場限りの満足以上のものを生み出すことができるのでしょうか？　身軽で効率的な「つながり」のあり方が選択されがちな社会で、われわれが代わりに失うものは何か、考えてみる必要があるでしょう。

STEP 1　まとめ

　第2章では、現代社会における個人化の問題を、宗教という面から見てきました。宗教はかつて人々に、悩みや苦しみがなぜ起こるのかを説明し、世界を秩序立てて見せてくれる、意味の枠組や「世界観」を提供していました。また、それにしたがって生きていくための具体的な方法なども示していました。これらは信者たちのあいだで共有され、共同体の中で受け継がれてきました。

　現代社会でも人の悩みや苦しみは尽きませんが、人々は宗教には集まっていません。かわりに、さまざまな「宗教っぽいもの」が、市場を通じてゆるやかに共有され、利用されています。たとえば、「セラピー」的なサービスの中で、この世を超えた不思議な力などを含む「世界観」が語られたり、それに基づく商品が売られたりすることがあります。また、現代的な巡礼のように、伝統的な宗教文化を個人的に自由に利用して、感動や気づきを得ようとする試みもさかんです。

　宗教の共同体は、悩み苦しむ人々を力強く支えてくれるものですが、生活全体を覆うような「世界観」や人間関係によって、個人を強く拘束する面もありました。一方、「セラピー」による問題解決や、宗教文化の個人的な利用は、必要な時だけ対価（お金など）を払って近づいて、用がなくなれば離れればよいので、気楽で自由なものです。

　しかし、人生の苦難に関わる場面にまで、身軽で効率の良い「つながり方」を求めていくことで、私たちが失うものは本当に何もないのかということを、考える必要があるでしょう。

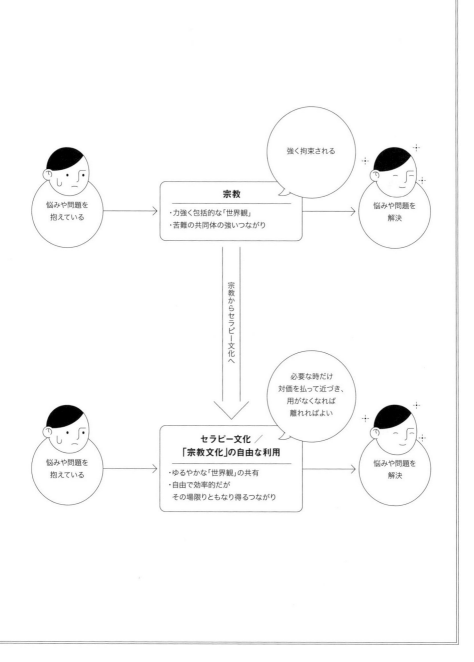

STEP 2　演習課題

1. [グループワーク] 身近な「セラピー」を探す
① 各自の携帯電話やスマートフォンを使って、自分たちが日ごろ悩んでいること（たとえば、「人とうまく話せない」「やる気がでない」「将来が不安」など）について検索してみる。
② 検索の結果出て来たサイトを見せあい、それらが「セラピー」的なかたちをとっているかどうか、検討する。
③ それらのサイトを見て、それぞれ納得できたかできないか、その理由は何か、発表しあう。

2. [グループワーク]「ゆるやかなつながり」とその可能性
現代社会には、例に挙げたスピリチュアルの世界以外にも、アニメやアイドル、スポーツといったファンのコミュニティなど、趣味や楽しみを通じた、さまざまなゆるやかなつながりがある。これについて、以下の3段階で話し合う。
① 各自、自分や身近な人が関わっているものを挙げる。
② そうしたつながりの中で、以下のような関係になった人が何人いるか考える。(1) お互いの家族や学校、仕事のことを知っている。(2) 知り合うきっかけになった趣味以外のことについてもよく話す。(3) 悩み事の相談などをする。
③ もし上のような関係を求められたらどう思うか、考えを述べ合う。

3. ［グループワーク］宗教やセラピーが問題となる場合

現代社会で若者が宗教に集まらなくなった理由の一つに、オウム真理教事件など、1990年代以降に宗教に関する大きな事件が起こったことが挙げられる。これについて、以下の3段階で意見を交換しあう。

① 宗教が関わる事件について、各自インターネットのニュースなどから事例を探す。

② 探した事例をもとに、苦しむ人を支えるものであるはずの宗教が、その中や外の人にとって問題になるのはどういう時かを話し合う。

③ ①と②をもとに、「セラピー」のカウンセリングやセミナーであれば、こうした問題は起こらないのか、問題が起こる可能性があるとすればどういう時か、意見を交換し合う。

4. ［ミニレポート］事例研究「臨床宗教師」

現在、災害の被災者や病気で人生の最期を迎えようとする人々の中で、「臨床宗教師」として働く宗教者たちがいる。彼らについて、以下の手順でレポートにまとめる。

① インターネットを用いて、活動の目的や成立の経緯について、資料を収集する。

② 図書館の新聞・雑誌データベースにアクセスし、臨床宗教師の活動についての記事を集める。

③ 集まった資料から、彼らの活動が従来の宗教もしくはセラピーと同じ点、違う点、を論じる。

● 演題課題の最新データは⇨ http://www.koubundou.co.jp/files/55184_02.pdf

STEP 3 読書案内

『宗教社会学』
メレディス・B. マクガイア／山中弘他訳（明石書店，2008）
宗教が「意味の体系・世界観を与えるもの」であると考えてきた宗教社会学の議論の流れが、第2章「意味と帰属の供給」に読みやすくまとめられている。

『セラピー文化の社会学──ネットワークビジネス・自己啓発・トラウマ』
小池 靖（頸草書房，2007）
「セラピー文化」の諸相のうち、ここでは触れられなかった心理学的知識の人々への普及や、「自己啓発」の領域などが詳しく説明されている。

『聖地巡礼』
岡本亮輔（中公新書，2015）
現代の巡礼が人々にとってどのようなものとして共有されているか、従来との違いは何か、興味深い事例を用いわかりやすく書かれている。

第2部 働くことを考える

待ちに待った夏休み。
旅行にサークル合宿、
お金のかかるイベントが増える季節だ。
まずは資金稼ぎ。
アルバイトのシフトを増やしてもらおう。
生活費だけじゃなくて、
遊ぶお金だってもちろん欲しい。
「ブラックバイト」なんていう言葉があるけど、
つらくてもバイトがやめられない気持ち、
なんとなくわかる。
でも、バイトばかりもしていられない。
そろそろ本格的に就職のことも考えなくちゃ。
エントリーシートには自己PR文が必要らしい。
書くことないなぁ。
ボランティアとか、やっておけばよかった……。

第3章
コンビニ店を支える労働

居郷至伸

---

1. イントロダクション―便利な店を支える従業員の横顔

1-1. 統計データにみるコンビニ店員

　コンビニは日々の生活を過ごすうえで、便利さを提供するばかりでなく、もはや私たちにとって必要不可欠な店であると言えるでしょう。それでは、コンビニ店はどのような働き手によって支えられているのでしょうか。読者のみなさんはコンビニ店で働くということに対して、どのようなイメージを持っているでしょうか。まずはコンビニ店に関する統計データからその特徴をみておきましょう。
　民間のリサーチ会社や厚生労働省が大学生を対象にアルバイトに関

図3-1　従業者に占める「パート・アルバイト」比率

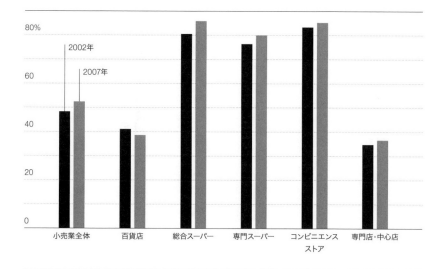

する実態を調査したデータからは、就業先としてコンビニ店が上位にきていることが示されています[※1]。

実際に、コンビニは学生アルバイターを含めた期限に定めのある非正規雇用形態で働く人たちの割合が高いということが、店の従業員構成について調べたデータ（経済産業省「商業統計表」）からも明らかです。図3-1が示しているように、コンビニ店で働く従業員の8割以上が非正規形態で就業する者で構成され、総合スーパーや専門スーパー（ドラッグストアや酒のディスカウントストアなど特定の商品種の売場構成が高い店）と同程度です。この「商業統計表」では、コンビニ店を含めた小売業

[※1] たとえば、厚生労働省が2015年に行った「大学生等に対するアルバイトに関する意識等調査結果について」では、週1日以上、3ヶ月以上のアルバイト経験がある大学生などを対象とした1,000人の回答者のうち、コンビニ店経験者はトップの15.5％、続いて学習塾（個別指導）(14.5％)、スーパーマーケット(11.4％)、居酒屋(11.3％)という結果が出ている。

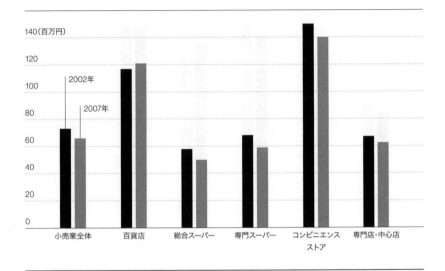

図3-2　売り場面積1m²当たりの年間商品販売額

に分類される各業態における、売り場面積 1 m²あたりの売上高と、従業員一人当たりに換算した販売額についても把握することができます。

　図3-2 からは、まず、コンビニ店が小売業態の中でも非常に生産性が高いことがうかがえます(百貨店を抜き、小売店の中では最も高い)。しかし、店内で働く従業員が各々どれだけ店で扱う商品を販売したかという観点からみると、百貨店さらには総合スーパーとは大きく水をあけられ、地域の商店街を構成する個人商店を典型とする「専門店・中心店」と大差がない水準であることがわかります（図3-3)。

　コンビニ店での労働に関するこれらの統計データからは、店で働く従業員がその働きぶりほどは売上として店に貢献していないように見えます。売上高を生産性の指標として読み取ろうとした場合には、他の業態と比べて劣っているという印象を抱くかもしれません。

図3-3 従業員一人当たりの年間販売額

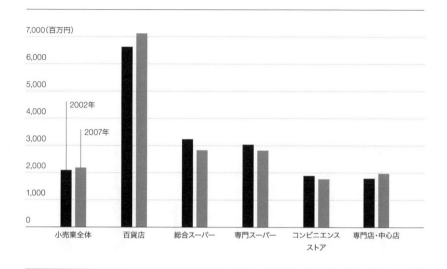

1-2.「ブラック」なコンビニ店?

　アルバイトをしている店で、仕事内容や給与、勤務時間シフトといった労働条件に関してトラブルを抱えたことのある学生は決して少なくありません。厚生労働省による「学生等に関するアルバイト意識等調査」(2015)では、トラブル経験について21の項目を立てて対象学生に回答させています。図3-4はトラブル経験の多い上位7項目を取り上げてグラフ化したものです。日本の労働社会における問題のある働かせ方を「ブラック企業」と表現し、是正を求める動きが広まっています。そして、正社員のみならず非正規のアルバイトでも（にもかかわらず）過酷な労働条件の強要が拡がっている状況を「ブラックバイト」と形容して、社会的な注目を集めるようになりました。

　この節では、コンビニ店を支えている学生アルバイトを含む非正規

図3-4 アルバイトのトラブル経験

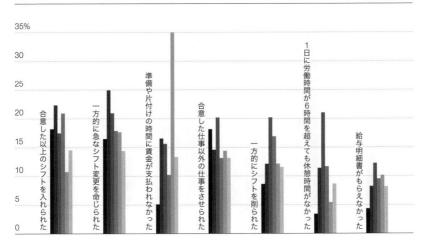

　従業員の働きぶりにある、影の側面に触れてみました。それでは、このような働き方の特徴や問題性は、社会学的にはどのように説明されているのでしょうか。次節で触れるとともに、コンビニ店で実際に働いた経験のある人の話を紹介しながら論点を探っていきましょう。

2．コンビニ店を支える労働の姿とは？

2-1.「マック職」としてのコンビニ労働？　それとも…

　前節を踏まえて、コンビニ店で働くことの輪郭はどのように描けるでしょうか。アメリカの社会学者、ジョージ・リッツァ[※2]はハンバー

ガーチェーン店で働く非正規労働者が職場に組み込まれていくメカニズムを「マクドナルド化」という概念を用いて理論化しています※3。

彼によると、店員は雇用者から示されるマニュアルに従ってさえいれば、感情や経験、知識のやりとりを必要としません。店員は自らの判断で物事を決めるより、マニュアルに従う方が理に適っているとすら思っており、何の不満も抱かず、「脱人間化」されると述べます。そして、店の雇用者は店員を低賃金でいつでも入れ替え可能な状態で働かせることで利益を得ていると言います。この様子はハンバーガーチェーン店の労働形態に限らず、世の中のいたるところに見出すことができ、現代社会が抱える問題点として彼は人々に注意を促しています。

以上のような、ハンバーガーチェーン店で働く非正規労働者が職場に組み込まれる際の特徴は、コンビニ店でのアルバイト労働にも当てはまるのでしょうか。データとともに今一度検討してみましょう。

※2 ジョージ・リッツァ
(George Ritzer)
1940〜．社会学者。マクドナルドの経営理念である「合理化・効率化」のプロセスが現代社会に浸透していることを指摘し、「社会のマクドナルド化」と名づけた。

※3 George Ritzer, *The McDonaldization of society*, Pine Forge Press, 1996（ジョージ・リッツァ/正岡寛司監訳『マクドナルド化する社会』早稲田大学出版部, 1999）．

2-2. コンビニ店員の仕事

コンビニ店でアルバイトをしたことのある人はご存知のように、従業員として働くために予め高い技能を身につける必要はありません。仕事の手順はマニュアルに従えば、誰でも簡単にできるレベルに設定されています。このことは、1-1.の図3-3でみた従業員一人当たりに換算した売上高（生産性）は低い、というデータと整合します。

しかしながら、店内で扱う業務は、商品の品出し、陳列、レジ打ち、

清掃といった基本業務の他に、ファストフードやコーヒーの販売、公共料金の支払いやネット注文の商品対応といった各種サービスの提供もあります。これらのさまざまな業務を来店客の求めに応じて速やかに行わなくてはなりません。来店客とのやりとりについて、コンビニ店で働くある学生アルバイターが以下のように語っています[※4]。

※4 学生アルバイターの語りは、筆者自身が行ったインタビュー調査によるもの。2-3. で紹介しているAさんとBさんの語りも同じ調査から得られたもので、2001年から2005年にかけて実施した複数回の調査で得られたデータの一部である。

「お客さんがレジ前で行列つくっているような時は、ひたすら客をさばくって感じになりますけど、余裕がある時はこちらから話しかけたりします。お客さんって接客がよいと、よく来てくれるんですよね」

この話から、来店客への対応は常に型通りというわけではなく、状況に応じて店員の判断で接し方を変えていることがわかります。以上のようなコンビニ店員の仕事ぶりからは、リッツァが記したような「マクドナルド化」が起きていると断じることができません。

2-3. 店員の勤務シフトにみる特徴

では、コンビニ店で働く人たちは「マクドナルド化」のように、いつでも入れ替え可能なかたちで雇われているのでしょうか。

コンビニ店のように年中無休かつ24時間営業で商売を成り立たせるためには、地域にある他の商店よりも多く人手を必要とします。みなさんのような若年層が減少している中で、このような働き手を所定の曜日と時間帯に欠勤することなく確保すること自体、決して簡単なことではありません。この点を踏まえて、再びアルバイトのトラブル経験の割合について示した図3-4の項目に注目してみましょう。コン

ビニ店でのトラブル経験として割合の高い項目が「合意した以上のシフトを入れられた」「一方的に急なシフト変更を命じられた」の2つが他の項目よりも、そして、他のアルバイト経験よりも高い割合を示しています。つまり、店で働く人たちを雇用する側(店長やオーナーと呼ばれています)からすれば、店員に働き続けてもらいたいという要望を抱いていることがトラブル発生の背景にあると言えます。

店長やオーナーと、雇用期間をめぐり問題となった人たちの話を紹介しましょう。いずれもコンビニ店で非正規従業員として働いている(た)人へのインタビュー調査の際、当時を振り返り語ったものです。

【インタビューデータ1】(Aさん:当時大学4年生、女性)
——店を辞めようと思った理由について
「(店で約1年働いていたけれども)、あまり給料が上がっていなかったというのもあるし、3年生になるから大学の勉強をしようと思ったのも辞めた理由としてあります。店長からは、土日だけでも、と言われました。でも、(店長から)『他に仕事を教えるから』という感じで教育されはじめていたのを薄々感じていたし、<コンビニでバイトをやっている子>という立場から<シフトに入っている時間帯のリーダー>にされそうになったので、そうなると辞めづらくなるし。何か問題があった時に責任負わされるのはイヤだったので、(店長には)『辞めます』と(言いました)」[括弧内筆者補足。以下同じ。]

【インタビューデータ2】(Bさん:当時20代フリーター、男性)
「以前にバイトしていた店は、店長からバックヤードの監視カメラで自分が店内で働いている様子をずっとチェックされていて、自分の

こと信用してないんだなって感じだったし、そのくせ自分は店内で働かないし、それで嫌気がさして辞めようと思ったんです。でも、その店長がなかなか辞めさせてくれなかったんです。『お前が辞めるんだったら、代わりの人間を紹介してちゃんと育ててからにしろ』って。この人の言うことなんか真に受けないで、辞めることはできたと思います。自分は落ち度なんかないし、迷惑かけずに働いていたという自負はありました。でも、何か嫌な感じで辞めちゃって、ある時、街で一緒に働いていた連中とか店長にバッタリ会ったりした時なんかは気まずい思いをするだろうし、それは避けたいなと思っちゃったんですね。実際その店で働いていた時期も買い物している時とか、ちょくちょく会ったり見かけたりしましたし」

　以上に紹介した語りに加えて、AさんとBさんそれぞれに関連する情報を補足しながら読み取れることを記しておきましょう。
　低賃金でありながら店の責任的立場で働かせようとする店長の意図を見抜いて離職を決断したAさんは、当時下宿生活をしていました。そして大学卒業後は生活の場を移すことを考えていました。語りの文中にあるように、3年生になり大学での勉強に軸足を置くこと、学業を優先するうえで責任を伴う立場で働き続けることは、Aさんが望む職場内での役割や期待する関わり方とはかけ離れていたのです。
　一方、Bさんは高校卒業後、カーレイサーになることを夢見つつ、薄々無理だろうと気づきながらも実家で暮らしていました。そして自身の趣味である車に必要なお金を稼ぐために、地元のコンビニ店で働いていました。彼にとって、コンビニ店近辺は生活の足場でもあったわけです。それゆえコンビニ店の同僚や雇用者との関係は、彼の日常

にも影響を及ぼすものと意識されていたと言えるでしょう。

　このように、自分の都合に沿わない働き方を要求され離職したAさんと、渋々ながら店に残ったBさんでは、雇用者側の思惑とズレが生じた時の行動が異なります。しかし、発話文中の「教育」や「育てて」という言葉から、コンビニ店が店員に対する教育や育成を必要とする職場であり、それが二人の働き方に影響を及ぼしたことがわかります。

2-4. この節のまとめ

　このように、実際にコンビニ店で働いていたことのある人の語りを踏まえると、マクドナルド化論では説明できない働き方・働かせ方の特徴が浮かび上がってきます。コンビニ店では、簡単な仕事に携わる程度に人を用いて短期間で他の誰かと入れ替えればよい、というわけにはいかないようです。リッツァは、単純労働が社会に拡がる問題を強調するあまり、店で働く側と働かせる側の相互の関係、さらには働き手が豊かにある時代とは異なる社会における労働の姿を論じ損ねているのです。

　コンビニ店にみる労働の姿を的確に捉えるには、店員経験者の話だけでなく、店員と接し、働かせている側の取り組みに注目する必要があります。この章の冒頭の文章にあるように、コンビニ店の多くはフランチャイズ店として営まれ、セブン・イレブ

※5 日本のコンビニ店はフランチャイズチェーン(FC)が非常に多く、セブン・イレブンやローソン、ファミリーマートの約9割がこの形態である。FCとは、フランチャイザー(セブン・イレブンやローソンの本部)が、他の事業者(フランチャイジー)との間で店の経営に関する契約を結ぶことで成立する。フランチャイズ本部は自己の商標、サービス・マークなど店の営業の象徴となる標識や、経営のノウハウなど、店の商品を販売するために必要となる権利をフランチャイジーに与える。フランチャイジーはその見返りとして一定の対価を本部に支払い、フランチャイザーの指導および援助のもとに事業を行う。3節で紹介しているCさん(p.62)は、このような本部とフランチャイジーの継続的な関係により営まれる店の経営者のもとで働いている。

ンやローソンといった企業の社員とは就業上の立場が異なる人によって支えられています[※5]。

　そこで次節では、コンビニ店で店員の勤務時間の調整や育成を行いつつ、現在は店長としてキャリア形成を図っている人に焦点を当ててみましょう。そして、店長の話を踏まえてどのような論点が浮かび上がってくるのか、探求していきましょう。

3．コンビニ店でキャリア形成をする人からみた労働の姿

3-1. コンビニ店でキャリアを積むCさん

　コンビニ店で働く人の中には、非正規従業員の店員ばかりではなく、店員の管理や教育を行いながら自らも店内で働き、生計を立てる人もいます。彼らは店の運営責任者の立場で、学生を含むアルバイト店員を必要な労働力として組み込む役割を担います。この節では、現在コンビニ店で店長を務めているCさん（30代男性、妻子あり）に注目してみます。まずはじめに、Cさんがこれまでコンビニ店でどのようなキャリアを積んできたのかを述べておきましょう[※6]。

　Cさんは、2001年2月に首都圏の郊外に新しく開店したコンビニのオープニングスタッフとして採用されました。この店は、大手フランチャイズチェーン企業の本部との間にフランチャイズ契約した者（オーナー）によって営まれる加盟店であり、当

[※6] Cさんについては居郷至伸「コンビニエンスストア-便利なシステムを下支えする疑似自営業者たち」本田由紀編『若者の労働と生活世界-彼らはどんな現実を生きているか』（大月書店, 2007）でも触れている。また、現在の状況については、2016年3月に筆者が実施したインタビュー調査のデータに基づく。

時は高校生アルバイターとして働いていました。大学へ進学した際にこの店を一度辞めましたが、まもなくして再び学生アルバイターとして勤務します。その後、Cさんは大学を中退、フリーターとしてこの店で働いていたところ、2005年に店のオーナーが二つめのフランチャイズ加盟店を営むことになります。これに伴い、Cさんは副店長としてその店で働くことになりました。オーナーは最終的に7店舗を経営することになり、Cさんは各店舗で副店長、さらには店長として店員の管理や育成を担うようになります。その後、本部とのフランチャイズ契約期間が満了し、オーナーが廃業したのを期に、今度は同じフランチャイズチェーンの別のオーナーのもとで働くことになります。現在はこのオーナーと交わした契約のもと、固定給で店長（ストアマネージャー）として働いています。Cさんによれば、本部が設ける制度のうち、Cさんを雇っているオーナーが管轄する14店舗を指導するため、ストアコンサルタント資格の取得を目指しているそうです。

　以上が、Cさんの現在の職業的地位に至るまでの概要です。Cさんにとってコンビニ店とは、生計を立てながら職業人としてのキャリアを形成していく重要な場であると言えます。もちろん、Cさんが語る内容をもって、世の中のコンビニ店すべてで起きていることとして一般化することはできません。ですが、店員を使う立場の者からみると、コンビニを支える労働とはどのような特徴をもち、いかなる問題や論点を見出すことができるのか、把握するうえでとても参考となります。続けて、Cさんの語りを紹介しながら見ていきましょう。

3-2. 店で働く従業員への教育、関わり方

　Cさんは、仕事の進め方や来店客への対応など、アルバイト店員と

して働いていた時の経験が役立っていると言いつつ、具体的な接し方について以下のように語っています。

　「本人のミスであっても、頭ごなしに叱ったりしません。割り箸の入れ忘れとか、店で発券したチケットの領収証の方を間違って渡してしまった場合なんかで、お客さんからクレームの電話がかかってくることがあります。そんな時はミスした本人を連れて自分が謝りに行きます。自分がやってしまったっていう自覚はありますけれど、そこで『お前のミスだろ、一人で客の家まで届けに行ってこい！』ってしてしまうとミスしたショックを引きずったまま嫌な気分で働き続けることになります。ミスしても僕がフォローしてくれる、自分を助けてくれるって思ってもらえれば、この人が店長の店なら嫌なことあっても働こうかなって気持ちになってくれると思うんですよね」

　店員と接する際に気をつけていることとして、勤務時間・曜日の編成にも配慮すると言います。高校生や大学生はテスト期間中は働けないという事情の他に、友人との約束で予定していたシフトの変更を申し出ることもあるそうです。そのような時は、可能な限りその申し出を認めるようにしていると言います。「バイトよりも学校の友人関係を優先したくなるのは無理もないこと」と言うCさんの対応は、前節で紹介したコンビニ店でのトラブル事例とは対照的にみえます。
　Cさんの心情としては「正直使えないな」と思う店員であっても、とりわけ高校生や大学生のアルバイト店員に対してこういった対応を取らなくてはならない理由として、次の事情があると言います。

「集客が見込めるところって、比較的地域住民の年齢層が高い場合が少なくないんです。ニーズがあるところに出店するのは当然のことだと思うんですが、逆にお店で働いてもらう人の採用に苦労することがあって…。高校生とか大学生を募集しても、近くのコンビニとかと奪い合いになっちゃって。だから、実のところ人が足りない店もありますし、やっと採用した人にすぐ辞められちゃうってことにだけはならないように、どう接したら働き続けてもらえるかなって考えてます」

Cさんの語りから、コンビニ店に対する消費者のニーズに応えた出店であっても、働き手の確保という点では難しい場所に立地しているというジレンマを読み取ることができます。店の運営に必要な働き手となる若者が少なく、労働力の供給が追いつかないというわけです。Cさんの店員に対する接し方の背景には、経済活動にとっては合理的なコンビニ店の立地も、店長として働き手を管理・育成する立場にとっては不都合な環境であるという事情が横たわっていたのです。

3-3. Cさんの語りから浮かび上がる問題

採用した当初は期待通りに働かない店員でも、時間をかけて根気強く接し、要望にもできる限り配慮することで、自分が不在の時にも、責任を持って任せられる店員に育てることができるとCさんは言います。それは店の経営にとってプラスであるばかりでなく、Cさんが店内で働く時間を抑え、長時間労働とならないようにすることにもつながるはずです。ところが、Cさんは以下のような理由から、せっかく育てた店員をシフトに入れるには制限があると言います。

「オーナーとは、僕が店長で働く店の人件費を月110万円程度に抑

えるという約束を交わしています。この額に設定すれば売上が伸び悩んでいる店でも利益が出る計算になります。それで、この金額の範囲を超えた部分は、自分が店員として働くようにします。どの時間帯にも二人入れるとなると、人件費の上限を軽くオーバーしちゃいます。僕自身のひと月あたりの就業時間については、オーナーが設けていますけれど、忠実に守っていると店の経営が苦しくなっちゃうんで」

Cさんの話に補足すると、近隣にフランチャイズの店が出店するとコンビニ店の来店客数にも変化が生じます。売れ行きがよいとなると、他のフランチャイズ本部が周辺に新たな店を構えて来店客を引きつけようと競争することもあります。このような変化への対応策という意味からも、支出を抑える手立てとして人件費に上限を設けているというわけです。Cさんは実際に月当たり200時間を超えて働くことも珍しくなく、300時間以上になる月もあると言います。Cさんによれば、さらに人件費を切り詰めるやり方もあると言います。

「利益を出そうと思ったら、これはルール違反ですけれど、できるかぎり自分が店頭で働くようにすれば人件費は浮きます。でも、そのぶん本来、店の中の仕事を店員に任せて自分がやらなくてはいけない仕事、たとえば商品の発注の精度を高めるとか、店全体の改善点のチェックとか、そういった仕事が疎かになりますから売上は落ちます。けれど経費は抑えられるわけですから、店としての儲けは出るんですね」

実際にこのようなやり方で働いている人がCさんの知り合いにはいると言い、その人はCさんより労働時間が長くなっています。人件

費をはじめとして出費を切り詰めるだけ切り詰めて経費を浮かせる方法を選択しない理由を、Cさんは続けて語ります。

「自分が親身になって教えて接してきた人たちが成長していく姿を見るのが働きがいになっているんですね。オーナーが経営している店の中には、店員が全然仕事ができなくて、ひどい状態に陥った店もありましたが、僕がその店の店長になって立て直したこともありますし。育てた人もいずれは都合で辞めていくことになると思います。でも、辞める時は気持ちよく辞めてほしいし、そういう辞め方ができると、その先もお客さんとして利用してくれますし、知り合いを店員として紹介してくれることもありますからね」

こう語るCさんは、ストアコンサルタント資格取得を当面の目標として、そしてその先に思い描く職業人としてのキャリア形成を目指して、今日もコンビニ店で働いています。

4．コンビニ店を支える労働が問うていること

4-1．マクドナルド化ではないコンビニ労働が抱える問題とは

前節で示したCさんの話から、マクドナルド化「しない」、あるいはマクドナルド化「できない」労働によってコンビニ店は支えられていると言えます。Cさんの働きぶりから把握できることを踏まえて、本章で述べたコンビニ店での労働のあり方に見出せる問題点や論点を

示しておきましょう。

　Cさんは、1節で紹介した学生アルバイトのトラブルとして挙げられていたような（図3-4）、店員の勤務シフトを強引に変更したり、多く入れたりというようなやり方を用いていませんでした。というのも、単純な仕事を指示した通りにさせるだけの働き手として学生アルバイトを用い、新たな店員と入れ替えて使い捨てるようなことをしてしまっては、働き手の確保すらできず、店の運営に差し障りが出てしまうからです。つまり、マクドナルド化「できない」事情がCさんの働く店にあったわけです。と同時に、店員がCさんの指示がなくても自らの判断で仕事ができるようにすることは、店の経営にとってプラスであるし、Cさん自身の働きがいにもなっていました。これがマクドナルド化「しない」理由として、Cさんの語りから読みとれることでした。

　マクドナルド化「できない」そして「しない」コンビニ店の労働は、しかし、大きな問題を抱えています。従業員教育を大切にし、実践に努めても、人件費の都合でCさんの長時間労働は改善されません。むしろ、Cさんの長時間労働は、店員の育成に努めているために起きているとすら言えます。それどころか、Cさんは、育成を自身のやりがいと受けとめ、長時間労働を積極的に引き受けてしまっています。

4-2. コンビニ店を支える労働の社会学的な検討に向けて

　このような問題には、個々のコンビニ店が向き合い、改善に向けた努力が求められるでしょう。しかし、個店を支える働き手の自助努力では解消されない要因が絡んでいることにもまた注意を向ける必要があります。コンビニ店を取り巻く社会状況を再確認しておきましょう。

コンビニ店が増加する一方で、労働力人口は減少しています。人手を多く必要とするコンビニ店は、周辺に新たな店ができることで収益が絶えず変動していきます。店を取り巻くこういった動きは、個々のコンビニ店でコントロールできません。このような個店でコントロールできない事象が、Cさんや学生アルバイトを含む非正規店員の労働のあり方に影響を及ぼしているのです。

便利な商店としてのコンビニ店は、他のタイプの小売店にはない魅力と競争力を持っています。コンビニ店が成功を収めた秘訣について、フランチャイズ展開する本部に焦点を当てた研究やルポルタージュが数多く出版されています[7]。また、企業の成功モデルという位置づけに留まらず、高齢化が進む地域住民の生活に欠くことのできない、社会インフラとしての機能を担うことが期待されています[8]。

消費を充足する手段として、また、生活を支えるインフラとして、コンビニ店の仕組みに注目するのもよいでしょう。ですが、そのコンビニ店を支える労働に目を向けて、働き手がいかにそのシステムに組み込まれ、そこにはどのような問題が横たわっているのか関心を寄せるならば、私たちは利用者の立場のみで考えていては不十分です。

コンビニ店が適切な労働時間と賃金を得られるような職場となるには、コンビニ店を取り巻く社会を見る目が求められます。社会学的思考を働かせて、章末の課題（p.72）に取り組んでみてください。

---

[7] たとえば以下の文献は、大学で社会学を学び、現在フリーランスのライターとして活躍する著者によって書かれており、読みやすい。
吉岡秀子『コンビニだけが、なぜ強い？』朝日新聞出版, 2012.

[8] 日本のコンビニ店を製造・物流・小売間のシステムの仕組みに焦点を当て詳しく研究している川邉信雄は、2011年に発生した東日本大震災でのコンビニ店が担った機能に注目し、単なる小売の一業態にとどまらない意義を論じている。
川邉信雄『東日本大震災とコンビニ』早稲田大学ブックレット「震災後」に考えるシリーズ3, 早稲田大学出版部, 2011.

STEP 1 まとめ

　この章では、コンビニ店で働く人たちに注目し、統計データやインタビューデータから浮かび上がる労働の特徴と問題、そして社会学的な思考からいかなる論点を見出すことができるのか探ってみました。学生アルバイトの就業先として上位に位置づくコンビニ店の労働は、統計データによれば非正規形態の働き手が多く、生産性は低いというものでした。

　このような数値上の特徴にみる労働が社会に拡がっていくことの問題を説いた理論として、リッツァのマクドナルド化論を紹介しました。しかしながら、コンビニ店員として働いたことのある学生アルバイターやフリーター、そして、店員を管理・育成しながらコンビニ店でキャリア形成を図る者の話からは、マクドナルド化論で説明のできない労働の具体的な姿が浮かび上がることを示しました。

　そして、コンビニ店を支える労働が抱える問題の背景には、個々人ではコントロールすることのできない変化や社会的要因が関わっていることについても触れました。この社会的要因に注目することが、コンビニ店を支える労働から導き出される論点に向き合ううえで重要となることを最後に述べました。

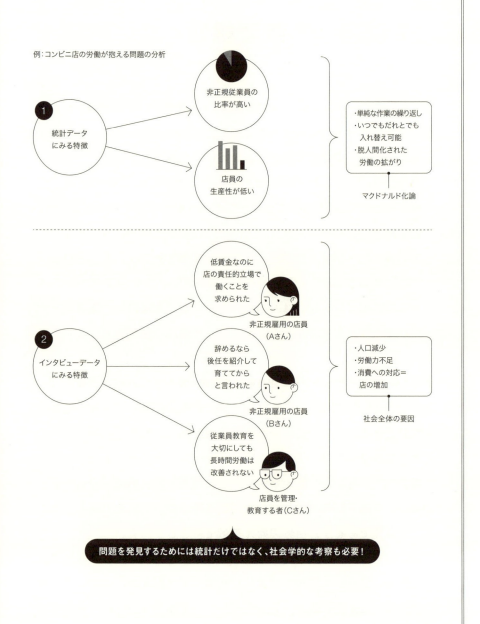

STEP 2 演習課題

1. [グループワーク] アルバイト経験を踏まえたブラックバイト問題を考える

① 「ブラックバイト」に該当する働き方とは具体的にどのようなことを指すのか、文献検索機能などを用いて把握する。

② 自身や友人のアルバイト経験を振り返り、トラブルになった（なりそうになった）ことを含めて具体的にどのような仕事をしたかを書く。

③ 数名程度のグループに分かれて、②の内容を提示し合う。そして①で把握した「ブラックバイト」に該当する事例はないか、あるとすればどのような理由で言えるのか、検討する。また、「ブラックバイト」に該当しない経験は、いかにして可能であるのか、議論し、その内容の要点を各グループでまとめ、授業内で発表し合う。

2. [グループワーク] コンビニ店員の就業形態・働き方について考える

コンビニ店だけでなく、企業は働く側の都合に配慮して人材を確保するやり方を模索している。多様な正社員のあり方もその一つだ。

① 検索機能を用いて、「地域限定正社員」と入力し、どのような企業で導入しているか取り組み事例の内容を簡潔にまとめる。

② コンビニ店で同様の取り組みは可能と思うか、そもそも導入することは必要であるか、自分の考えをメモ書きしておく。

③ 数名のグループに分かれて、上記の①と②で書いたことを各自で出し合う。コンビニ店員の望ましい就業形態（働き方）について、事例とコンビニ店の違い、店員を雇う側、雇われる側それぞれの立場

から考えられるメリット、デメリットを踏まえて話し合う。
④話し合った内容の要点を各グループでまとめ、授業内で発表する。

3．[グループワーク] 生活インフラとしてのコンビニの未来とは？

①以下に記すコンビニ店に関する今後の予想・方向性について、それぞれ賛成か反対か、理由を踏まえてノートに書き記しておく。
（1）コンビニ店で扱うサービスを更に拡充する。実際に個々の住宅に商品を配送し、必要な日用品はないか「御用聞き」をする他、介護施設を兼ねたケアサービスを提供するコンビニ店も登場している。
（2）人手不足がますます深刻になるため、無人店舗にするという方向性も考えられる。自動で商品を発注するシステムや、来店客が自ら精算する方法など、テクノロジーの進化により普及は可能であろう。
②数名程度のグループに分かれて、①で書いたことを共有する。
③左記の1.および2.で取り組んだ内容を踏まえ、コンビニ店の将来はどうなるかを話し合い、内容をまとめてグループごとに発表する。

4．[ミニレポート] 非正規雇用に関するデータ、文献を調べ論考する

①コンビニ店以外の産業の非正規労働者の割合を調べる。厚生労働省など、インターネットで閲覧可能な統計データも利用するとよい。
②『厚生労働白書』や『労働経済白書』で述べている、非正規労働者の増加に対する政策について、要点をまとめる。
③非正規労働者の割合が増している状況に対して、あなたはどのような見解を持っているか。①と②の内容、上記の1.～3.で書いた内容やグループ発表で共有した事柄に言及しながら論じる。

● 演習課題の最新データは⇨ http://www.koubundou.co.jp/files/55184_03.pdf

STEP 3 読書案内

『マクドナルド化と日本』
ジョージ・リッツァ／丸山哲央編（ミネルヴァ書房, 2003）
本章で紹介した、リッツァのマクドナルド化論は果たして日本社会に適用可能なのか、彼と日本の理論研究者を交えた国際シンポジウムの記録や関連論文が掲載されています。マクドナルド化論のモチーフとなっているマックス・ヴェーバーの合理性概念と照らし合わせた再検討、日本の企業活動の実際（日本のマクドナルド社やトヨタの取り組みなど）と照らし合わせた場合の理論的妥当性についてなど、幅広く検討されています。リッツァの邦訳本と合わせて読むと一層理解が深まる本です。

『自壊社会からの脱却―もう一つの日本への構想』
神野直彦・宮本太郎編（岩波書店, 2011）
大きな変動期にある日本で求められる社会構想について、さまざまな分野の専門家による論考が収められた本です。労働に関しての論文では、濱口圭一郎「『ジョブ型正社員』という可能性」が掲載されています。日本の労働が抱える問題は、正社員と非正社員の間にある賃金や保障、教育訓練の機会の格差にあり、是正に向けてジョブ型正社員というアイディアを提唱しています。「自分の職務を大事にしたい、自分の時間を大事にしたい、自分の住む場所を大事にしたいと考える」(p. 116) 人に向けた具体的な提案として、興味深い論が示されています。

『ワークルール・エグゼンプション──守られない働き方』
脇田滋編（学習の友社，2011）
タイトル名にある「ワークルール・エグゼンプション」とは、「労働に関するさまざまな法からの適用除外」を意味します。フランチャイズ加盟店の経営者のように、労働関係の法律が適用されない中で働く人は意外に少なくありません。アニメ・クリエイターやホステス、建設業の個人請負労働者といった具体的な事例の紹介や、労働法を無視した雇用慣行が広まる中での適切な「働くルール」についての論考が示されています。

第4章
キャリアとしての就職と大学生活

李 永淑

1. 大学生の就職活動の「常識」とは？

1-1.「キャリア」をめぐるゆらぎ
　皆さんは大学に入学した当初、どんな気持ちだったでしょうか？ 慣れない環境で期待と不安に胸を膨らませながら、「まだ4年ある」と思いましたか？ あっというまに進級し、2年生で早々に就職活動に意識を向けざるを得ない状況でしょうか？ 3年生ならば、就職関連のセミナーに参加して、エントリーシートや自己分析シートの書き方の研究を始めているでしょうか？ 髪を黒く染めてリクルートスーツを購入し、就職に役に立つかもしれないとインターンシップやボラ

ンティア活動に参加する人もいるかもしれませんね。

　実はこれらは、私が今まで学生たちから聞いてきた話です。そして補足すると、多くの人が人知れず、「自分らしく人生を歩みたい」という思いと、就職活動に関するさまざまな「常識」に従わざるを得ない現実との間で悩んでいました。結果的に、ほとんどの学生は後者を選択しました。ところが、彼らの多くが就職後3年以内に離職しています。もちろん、離職自体が悪いわけでもなく、やむを得ない理由や事情によるものもあります。しかし、日本においては転職が「キャリア」として評価されにくく、再就職が困難である現状を無視できません。

1-2.「自由」な就職活動と自己責任

　就職先は「自由」に選んで「自由」に決定します。しかし、その選択結果に対する責任は、選択した本人に委ねられます。自由に人生を選べなかった時代に比べると、自由を謳歌できる現代は、「良い社会」になったかもしれません。しかし私たちは、自由という開放感と引き換えに、「自己責任」というリスクを与えられたとも言えるのです。

　ジグムント・バウマン※1は、現代社会は自由や開放、さまざまな選択肢が増えたと同時に、不安定性や不確実性ももたらし、その結果、あらゆる選択の責任はすべて個人が負わされていると指摘します。バウマンは、このように流動的で変化し続ける社会状況を「リキッド・モダニティ（液体的近代、自由に伴う流動性）※2」という概念で表しました。不透明で見通しが立たない現代社会は人生設計を難しく

※1 ジグムント・バウマン (Zygmunt Bauman)
1925〜. 社会学者。「固定化と液状化」といった比喩を用いてポストモダン社会を巧みに考察する。著書に『近代とホロコースト』、『リキッド・モダニティ』等がある。

※2 詳しくは、Zygmunt Bauman, Liquid Modernity, Polity Press, 2000（ジグムント・バウマン／森田典正訳『リキッド・モダニティ-液状化する社会』大月書店, 2001）. を参照。

し、それを解決することは容易ではないと言います。大学生にとってそれは、皆と同じような就職活動に取り組むことが「正解」だと思って実践した結果を、個人の選択で「好きなように」取り組んだ結果として、自己責任で引き受けなくてはならないという、厳しい現実と言い換えることができるのかもしれません。

1-3. ○○力を持つと大丈夫!?

　このような状況では、大学での学びよりも就職活動に関する「学び」に関心を抱くようになるのは自然な流れなのかもしれません。就職活動に有利と考えられる何らかの「力」を持つことが、就活を乗り切るための「常識」となるならば、なおさらでしょう。

　実際に、企業から求められる人材像として、「コミュニケーション能力」「人間力」「就業力」などの要件がよく聞かれます。文部科学省も、2010年2月25日に大学設置基準を改正し、教育課程内外を通じた「社会的・職業的自立に関する指導等（キャリアガイダンス）」を制度化し、従来の大学教育では重要視されなかった、職業意識の形成や職業人の育成を求めました。これは、学生の就職難や、企業からの「○○力」を求める声、学生の質の低下等に対する批判に対応したものでしょう。

　しかし、「○○力」とは具体的にはどのような力なのでしょうか？　そして、「○○力」を持てたら、万事解決なのでしょうか？　一方で、社会から認めてもらえない「○○力」は何の役にも立たないのでしょうか？　たとえば豊泉[※3]は、文部科学省が2008年の中教審答申で、生きる力を学習指導要領改訂の「基本的な考え方」の中心

※3 豊泉周治「「生きる力」の再定義をめぐって」『季刊 人間と教育』No. 59, September, 2008, pp. 4-12.

に据えて「次世代を担う子どもたちの主要能力」とし、その理念の国民的な共有を求めていることに対して問題を指摘しています。改訂では「競争」「自己責任」「他者との切磋琢磨」、そのために常に更新が求められる「知識・技能」といった「生きる力」が、生き残るための「主要能力」として個人に要求されました。しかしそれは「学力低下」ばかりでなく、「いじめ・不登校」や「フリーター・ニート[※4]」など、自立して「一定の役割を果たす」ことができない子ども・若者の問題はすべて「生きる力」の問題（「生きる力」の不足）ということになります。その結果、主要能力（具体的には言語力）を育成する教育の必要性が強調され、「学力低下」や「いじめやニート」として現れている日本の子ども・若者の「生きにくさ」の要因は、社会の側に問い返されることもなく、「自己責任」として、もっぱら「生きる力」の不足とみなされることになる（豊泉，2008：pp. 4-7）、というのです。

※4 もともとは1999年にイギリス政府機関・社会的排除防止局が作成した調査報告書『BRIDGING THE GAP』の中の「not in education, employment or training」という部分の頭文字を取って『NEET』と略した、同国の労働政策における用語。

2．現代社会が作り出す「若者」

2-1. 今の若者は「甘い」のか？

「最近の若者は甘い」と言う声を聞くことがあります。たとえば、ニートや引きこもり状況にある人たちは、「若いのに働かない」、「いつまでも実家で親に甘えている」と批判されるかもしれません。子どもが就職できなかったり、就職できたとしても非正規雇用だったりした場合

は、親が「頑張りが足りない」と批判することもあるでしょう。果たしてその原因は「本人が甘いから」というだけなのでしょうか？　そして本人は本当に甘えているのでしょうか？　本節では、社会構造※5という切り口から「若者は甘いという常識」を批判的に考えてみましょう。

> ※5 ギデンズ(2012)によると、「個人や集団の間での相互行為の様式」をいう。つまり、私たちの社会生活は、行き当たりばったりのかたちで起こるわけではなく、ほとんどの活動は構造化されており、規則的・反復的なかたちで組成されているという考え方。詳しくは、Anthony Giddens, *Sociology Fifth edition*: A Brief but Critical Introduction, Macmillan, 2006(アンソニー・ギデンズ/松尾精文他訳『社会学』而立書房, 2009), 参照。
> ※6 内閣府『平成27年版子供・若者白書』より
> http://www8.cao.go.jp/youth/whitepaper/h27honpen/pdf_index.html
> ※7 詳しくはWebサイトを参照。
> http://www.sodateage.net/

2-2.「若者」はどのようにつくられたのか？

ところで、「若者」とは誰のことを指すのでしょうか？

1990年初頭くらいまでは、「16歳〜24歳」が若者であるとされていました。しかしその後、若者の年齢の幅は拡大します。法的には若者の年齢は規定されていませんが、たとえば「平成27年版子供・若者白書※6」では、34歳までのデータが掲載されています。若者就労支援を実施している「認定特定非営利活動法人　育て上げネット※7」では、若年者就労基礎訓練プログラム「ジョブトレ」の対象を「15〜39歳」としています。なぜ、若者の対象年齢は拡大したのでしょうか？

1990年代に入ると、日本ではバブル経済が崩壊して景気が低迷し、多くの問題を抱えることとなりました。当時の若者は、「就職氷河期」と呼ばれる渦中にあり、なかなか正規雇用に就くことができず、「フリーター」と呼ばれる人たちが増えていきました。いわゆる、「ロスジェネ※8」と呼ばれる世代であり、彼らの生きた時代は「失われた10年」と呼ばれる経済低迷期間にあたります。そして、2001年に誕生した小泉内閣で、派遣労働者を取り扱える業種の範囲を拡大した規制緩和な

どが実施された結果、派遣労働者が増えたことと平行して、若者を捉える範囲も広くなっていきました。それは、「15歳〜24歳の間に高等教育を修了し、就職、結婚、子どもが誕生して家を購入、定年まで勤めあげて退職金と年金をもらって余生を過ごす、という人生を描くことが困難な若者」の増加の現れだと言い換えることもできるでしょう。

※8 日本のバブル経済崩壊後の超就職難の時代に学校を卒業し、就職活動をした世代。この時代は「就職氷河期」とも呼ばれ、アルバイトや派遣社員などを転々とする「フリーター」が多く出現した。朝日新聞では、このように安定した収入がなく生活の基盤を確立することができず将来への希望を失う世代を「ロストジェネレーション」と呼んだ。
※9 藤田孝典『貧困世代−社会の監獄に閉じ込められた若者たち』講談社現代新書, 2016.

このように、「自立した人生のスタート」を切ることができる年齢の上限が24歳ではなくなり、若者を「卒業」する年齢がどんどん引き延びていくにつれて、若者を捉える年齢の上限もあがっていきました。

2-3.「若者神話」からみる若者の労働環境

現代の若者を「貧困世代(プア・ジェネレーション)」と総称した藤田[※9]は、よく語られる5つの『若者論』の誤りを指摘しています。それは、①働けば収入を得られるという「労働万能説」、②家族が助けてくれるという「家族扶養説」、③元気で健康であるという「青年健康説」、④昔はもっと大変だったという「時代比較説」、⑤若いうちは努力すべきで、それは一時的な苦労だという「努力至上主義説」、です。

働きさえすればなんとかなるのか?

藤田は「ワーキングプア問題」を例に、若者たちはいくら働いても「しんどい」状況であると指摘しています。たとえば「働く」=「生活できる」という図式は、「生活できる賃金がある」前提で成立しますが、

今の労働市場ではいくら働いても十分な収入に届かない仕事が増えています。また、いつ失業するかわからない不安定な非正規雇用も増えています。総務省の調査[※10]では、「正規の職員・従業員」は3,311万人、「非正規の職員・従業員」は2,042万7,000人となっており、単純に換算すると、正規雇用者は約62％、非正規雇用者は約38％にもなります。正規雇用者の場合であっても、それが「安心して安定的に働き続けることができる仕事内容」でない場合は辞めざるをえなかったり、無理をして働き続けたとしても心身を壊してしまったりする可能性があります。社会保険などの福利厚生もない職場も増えています。

[※10] 総務省『平成24年就業構造基本調査』より
http://www.stat.go.jp/data/shugyou/2012/
[※11] 厚生労働省『平成26年国民生活基礎調査の概況』より
http://www.mhlw.go.jp/toukei/saikin/hw/k-tyosa/k-tyosa14/index.html

経済的に助けてくれる家族を持つ若者はどれくらいいるのか？

　また、藤田は「たとえ働かなくても、若者たちには父母や祖父母がいるので多少お金に困ったとしても、家族が手を差し伸べてくれるのではないかという神話もある（p. 69）」と述べています。

　厚生労働省の調査[※11]によると、全世帯平均の所得金額は528.9万円、児童がいる世帯での平均所得は696.3万円ですが、過去最も高かった1996（平成8）年の781.6万円からは減少傾向をたどっています。2012（平成24）年の貧困線（等価可処分所得の中央値の半分）は122万円（名目値）となっており、相対的貧困率（貧困線に満たない世帯員の割合）は16.1％、子ども（17歳以下）の貧困率は16.3％です。相対的貧困率が高いほど、経済格差が広がっていることを意味しますが、近年では就職後ではなく、進学の時点で家族に頼ることが難しい若者

も増えているといいます。たとえば、独立行政法人日本学生支援機構（JASSO）の調査[※12]では、大学学部（昼間部）の35％の人が「家庭からの給付のみでは修学不自由・困難」と回答しています。「大学全入時代」

※12 独立行政法人日本学生支援機構（JASSO）学生生活部学生支援推進課『「平成26年度学生生活調査結果」の概要』より
http://www.jasso.go.jp/about/statistics/gakusei_chosa/2014.html

と言いますが、国立大学も私立大学も学費は上昇し続けており、家庭が経済的に恵まれない場合は、奨学金を借りたり、アルバイトをしたりしないと大学に進学することは難しいでしょう。ちなみに奨学金の多くは給付ではなく貸与、つまり借りているものなので、収入が不安定であっても返済しなくてはなりません。つまり、卒業と同時に「借金」の返済がスタートします。

　また、「昔の若者は、もっと苦労しながら親に頼らず自力で進学して、ちゃんと自立していた」という意見もありますが、かつての高度成長期の就職状況や終身雇用制度などが「常識」だった時代の若者と、現在の先行きの見えない不安定な雇用状態を生きる若者を単純に比較することはできないでしょう。

見えづらい若者の健康状態

　そして藤田は若者の健康はいま、急速に脅かされていると警鐘を鳴らしています。近年、長時間労働やパワーハラスメントが横行した結果、精神疾患等を発症する若者が増えていますが、「若いから大丈夫」という社会の常識を若者が「理解」していればいるほど、「一人で（個人で）頑張る（無理をする）」ことになります。すると、ダメだった場合は、自分の頑張りが足りなかったと自身を責め、社会もそうだと考えます。そして、「頑張らない若者」や「精神疾患を患った若者」の存

在を社会はなかなか許しません。たとえば、見た目は「普通」なので、周囲も気づかず、知っていても「若者だから元気なはずだ」と考えると、「頑張りが足りない」「甘えている」と、かえって厳しい反応を示すかもしれません。また、今まで普通に生きてきた本人と家族にとっては突然「精神障害者」となった現実は認め難く、なんとか頑張って治そうとしたり、診断を否定して隠そうとする場合もあります。しかしそこで無理をすれば、本人や家族は追い詰められ症状はますます悪化してしまうでしょう。しかし、障害を受け入れたとしても一般企業への就労は難しく、「通常の事業所で雇用されることは困難だが、雇用契約に基づく就労が可能な人」を雇用する就労継続支援A型で働いても、支払われる工賃は月額68,691円（2012年度平均工賃）です。「通常の事業所で雇用されることは困難で、雇用契約に基づく就労も困難な人」を対象とした就労継続支援B型ですと、工賃は月額14,190円（2012年度平均工賃）です[13]。

※13 厚生労働省『障害者の就労支援対策の状況』「平成24年度平均工賃（賃金）の実績について」より
http://www.mhlw.go.jp/bunya/shougaihoken/service/shurou.html

3. 流動化する社会における「大学生活」

3-1. 大学生だからできること

　若者が自分らしいキャリアを築くことは現代では不可能なのでしょうか？　本稿でこの大きな問いに対する「答え」にたどり着くことは困難です。そこで、若者の範囲を大学生に絞り、一人の大学生の事例からそのヒントを考えていきたいと思います。

3-2. 大学生活で遭遇した「引っかかり」

　タカコさん（仮名）は格差問題などに関する「国際」という領域に漠然とした憧れがあったと言います。
　「大学は高校の指定校推薦で進学しました。国際学部があって実家から通えて、希望の条件に合っていました。うちは母子家庭で経済的に厳しくて、私は4人きょうだいの末っ子なんで。入学して、『国際ボランティアサークルに行く』と言う友達に、なにそれ？　行く、行く！　って感じでついて行きました。海外に行くきっかけが欲しかったんです。大学に入って初めてパスポートを取りました」
　9月にサークル活動で訪れたタイが、タカコさんにとって初めての海外渡航でした。
　「2年生の先輩に『相手のことを一番に考えなさい』みたいなことを言われ続けて、最初は納得してました。ところが、『スキルアップのために来たんです』と発言した友達が、『そんな思いで来たの？　失礼だよ』と先輩にすごく怒られて。そして『他にもそんな人いるの？　手を挙げて』って。それがすごく嫌で気持ち悪かった。助けるって何？　たかが2週間でしょ？　じゃあ、あなたは100％相手のことを思ってるって言えるの？　何を基準に？　って思ったんです。そして中学生の時に保健室の先生に相談した時のことを思い出しました。『あなたのためを思っている人はたくさんいるよ。そんな風に考えちゃダメだよ』って言われたんですが、それをわかっていてもうまくできない自分の苦しみを伝えたかったのに、汲み取ってもらえなかったんです。そこで、〈人を思う〉とか〈人のため〉って軽々しく言っちゃっていいのかなっていう思いを先輩に言いましたが、全然わかってもらえませんでした。一方でボランティアが楽しいと感じている自分に罪悪感もあって、12

月に退部しました。そんなモヤモヤの中、大学4年間で受けた授業のうち自分にとって一番影響力が大きかった授業と出会ったんです」

※14 社会的少数者、社会的少数派などに訳されるが、たとえば女性など、数的に少数でなくても、差別や構造によって社会的に立場が弱かったり、差別や偏見の対象となったりする集団を指す場合もある。

「〈貧困とマイノリティー※14〉がテーマの授業で。貧困は聞くけどマイノリティーってなんだろう？　って感じで受講しました。講義だけじゃなくて、日本とアメリカでのボランティア体験、ディスカッション、レポートなどかなりハードでした。今でも授業内容や友達の発言、先生の表情まではっきり覚えています。私がサークルで感じたような〈モヤモヤ〉を持っている人が何人もいて、これは面白い授業になりそうだって感じました。

私、ボランティアって相手は100％嬉しいって思ってたんです。それがこの授業で自分が今まで思ってきたことが打ち砕かれる感覚にハマりました。大学って高校の授業とやっぱ違うなって。私、自分に自信がないんですよ。確固たるものもない。自分なりに熱いものはあるつもりでも、自分の中に全然落とし込めてなくてわかんないって悩んでたんで、自分の価値観が壊されて辛いというよりは、『え、何だこれ？どういうこと？』みたいな連続の中、自分が崩れていく感覚がめっちゃ楽しくて。でも、日記には、『もう知らん』とか『考えるのやめた』とか書いてありました（笑）」

そしてこの授業で、その後のキャリアに影響を与える考えに出会ったと言います。

「授業を通して、実は私もマイノリティーを排除している側の一人なのかもしれないと思ったんです。全然知らない間に自分もそういう中にいるんだ、えぇ!?　まじかよ、みたいな」

しかし、2年生になると一気に燃え尽きてしまったそうです。

「大学には最低限しか行かず、あとは遊ぶのとバイト。で、バイト代がたまってボランティアツアーみたいなのでカンボジアに行ったんですが、引率の人がいい感じにちゃらんぽらんで。何かやりたいことあるの？ って聞かれて国際系とか進めたらいいなって答えたら、『まあ、いい塩梅でやりな』って言われたんです。その時にあぁ、自分の塩梅で。確かに、ってガスが抜けました。今までは『国際やりたいってすごいね、偉いね』ばかり言われてたんで。2年生ってだんだん周りも就活とか将来の話が出てくるので」

3-3.「就職活動をしたくない大学生」の就職活動

ゼミは、平和学のクラスを選択したタカコさん。

「そのゼミのキーワードにも〈マイノリティー〉があったんです。ゼミでは『そもそも普通ってなんだろうね』みたいなところから始まったんで、1年生の時に出会った考えが再び燃え上がりました。このゼミに入らなかったら進路は変わっていたでしょうね。ゼミは2年生からですが、友達は『あのゼミは就職率がいい』『楽だ』とか、『きついじゃん、そのゼミ。勉強自体は楽しそうだけど、もう就活とか始まるし』って感じで選ぶ人もいました。そんな中で私は、1年生の時に出会った色んな葛藤を捨てたら楽になるかなとか、葛藤を忘れた人はうまく色んなことやっていけるんだな、とか思ってました」

そして、3年生になると同級生の様子が大きく変わったと言います。

「久しぶりに、1年生の授業で一緒だった子たちと会ったら、授業の話は一切出てこないんです。その代わりに、あそこのインターンは就職に有利だとか良かったとか。就活のために平和学のゼミを辞めた人

もいました。サークルの仲間も『どの企業みてる？』しか話が出なくなりました。でも、中には違和感を感じながら、頑張って就活している友達もいました。毎月 20 万くらい奨学金借りて大学に来た子で。でも、『こういう状況だから絶対就職して安定した給料が欲しいけど、就活がちょっと苦しい』ってキャリア相談員みたいな人に言ったら、『そういう思いは捨てなきゃダメ。就職失敗したら負け組だから』って言われたって。すごく苦しそうでした。夏休み明けたら教室の頭がみんな真っ黒になっててびっくりしました。飲み会の話題も前までは『仕事はやりがいだよね』『今まで学んできたことが活かせる仕事に就きたいよね』だったのが、『あの企業は株が下がってきてる』とか『やっぱ一部上場とかじゃないとね』ってなって。就職決まった友達の悪口も始まったり。すごく戸惑いました」

そんな中、タカコさんはどのように「就活」に関わったのでしょう？
「逃げ道を探しました。一時期、グーグルの検索履歴は〈就職しない楽しい人生〉でした（笑）。NPO※15系の求人はすごく見ましたが、即戦力を主とするので新卒の募集はなかなかなくて。大学院への進学や休学なども考えましたが、経済的に無理で。結局、就職説明会に行ったんですが、『よくわからない、どうしよう』って化粧品のサンプルもらってすぐ帰って。で、公務員を目指しました。でも勉強するうちに、『何かを生み出す側になったら、そういう中で生まれる暴力のこととか忘れそうだ』ってすごく思っちゃったんです。4 年間大学で学

※15 NPO
Non-Profit Organization の略称で、さまざまな社会貢献活動を行い、団体の構成員に対して収益を分配することを目的としない団体の総称。特定非営利活動促進法に基づき法人格を取得した法人を、「特定非営利活動法人（NPO 法人）」と呼ぶ。2016 年 3 月 31 日現在の認証 NPO 法人は 50,870 団体、2016 年 5 月 6 日現在の認定・仮認定 NPO 法人は 897 団体。詳細は内閣府の Web サイトを参照。
https://www.npo-homepage.go.jp/

んだことや葛藤を忘れそうな気がして。実際公務員になったらそうなるかなんてわからないですが、そんな気がしちゃったんです。そうしたら勉強できなくなっちゃって。もう、フリーターだって思いました」

そんな苦しいタカコさんを救ったのは、母親の存在でした。

「子ども4人のうち、大学行かせて一番良かったと思っているのはタカコだって言われたんです。何だかわからないけど、一番楽しそうに色々やってるのが見えたからって。母にそう言われたこともあって『大学の4年間を忘れるのは嫌だ』って思ったんだと思います。でも友達からは、『タカコって前から国際やりたいって、ちょっと違ってたよね』って言われてびっくりしました。4年生の1年間で、友達が減ったなってすごく思ってます。私の考えに対して『お金にならないじゃん』みたいなことを言われた時はショックでしたが、かえって気持ちが燃えたかもしれません」

3-4. タカコさんの選択

4年生になり、タカコさんは一つの決断を下します。

「生き延びる方法を探した時に、青年海外協力隊※16（以下、協力隊）ってありかなって思って応募を決めました。春期募集に落ちたら秋期募集にもう一度出して、ダメならもう一年間就活やって就職しようって。卒業後3年以内なら新卒扱いしてくれるって聞いたんで。幸い春期で受かりました。就活に関してギリギリまで葛藤してま

※16 青年海外協力隊
日本政府のODA（政府開発援助）の一環として、独立行政法人国際協力機構が実施する事業。開発途上国または日系人社会からの要請に見合った技術・知識・経験を持ち、「現地の人々のために活かしたい」と望む人材を募集し、選考、訓練を経て派遣する。現地の人々とともに生活し、働き、彼らと同じ言葉で話し、相互理解を図りながら、彼らの自助努力を促進するように活動することを特色とした草の根レベルのボランティア。青年海外協力隊の年齢は20歳～30歳で、アジア・アフリカ・中南米・大洋州・中東地域へ派遣される。詳しくはJICAのWebサイトを参照。
http://www.jica.go.jp/volunteer/

したが、正直就職せずフリーターでやっていけたかって考えたら、社会的にきついかなって気にしている自分がいました。協力隊に落ちたら私も〈魂を売ってた〉かもしれません。生きていくためには捨てなきゃいけないことがすごくあるんだなって今やっと思うので。もちろん、協力隊の活動の中でも葛藤すると思います。でも、大学で見つけた〈自分の中の加害者性〉っていうことを常に意識できるような環境にいたかったんです。そこはちょっと譲れないかなというのはありました」

　今後、国内研修を経て協力隊員として派遣されることになるタカコさんですが、大学生活と就活を振り返って思うことは何でしょうか？

「何かをやれる環境にあるなら、自分のやりたいことをやればいいと思います。それが無駄だって言う人もいるかもしれませんが、無駄にするかしないかは自分次第だと思います。でも私も今、やれてることがやりたいこととイコールかと聞かれたら全然わからない。ただ、何かやりたいことを見つけるというより、やりたくないことを見つければいいんじゃないかって思ってて。これが嫌とか自分には不向きとかなら見つけやすいと思うんです。私はそんな風に排除していった結果、今の感じがあるんです。スーツ着たくないとか（笑）」

　最後に、今後の夢を語ってくれました。

「協力隊への参加が決まり、残りの大学生活の過ごし方を考えた時、1年生の時の授業でお世話になった、路上生活者の自立支援をやっているNPOのインターンに応募しました。NPOの成り立ちや、働く人たちについても知りたいって思って。協力隊から帰ってきてどうなるかわかりませんが、将来的には日本国内で、NPOとかで働きたいという気持ちがあります」

4. 流動化する社会とキャリア

4-1.「自分」との向き合い方、「自分」との出会い方

　タカコさんは一見、強い学生のように見えます。しかし、彼女は多くの葛藤を抱え、悩んでいました。そして、自分のこともよくわからないと言います。しかし、大学生活を通じてさまざまな価値観や物の見方に出会ったり、現場を訪れたりしていました。その結果、自分自身の中の譲れないもの──タカコさんの言葉を借りるならば「やりたいことはわからないけど、やりたくないことはわかるので、（それを）排除していった結果」が浮き彫りになっていきました。しかし、その過程は楽しいばかりではなく、苦しいことの方が多く、皆と同じように動けば楽になるのではと思うかもしれません。しかし、本章の最初で確認したように、流動化する現代社会では残念ながら「正解」はありません。そして、皆と同じようにした結果が、自分の思うような結果でなかった場合、その責任はすべて個人が引き受けなくてはならない社会構造が横たわっています。「自分らしく生きる」ことも面倒で辛いですが、「人と同じように生きる」ことも決して楽ではないのです。

4-2.「キャリア」とは何か？

　タカコさんのケースが「正解」というわけではなく、誰もが彼女のようにできるわけでもありません。また、先にも触れた通り、経済状況や家庭環境が非常に厳しいため、大学に籍を置いていても安心して学ぶことが難しい学生もいます。しかし、彼女が大学生活において就

活だけに没頭せず、長い人生（キャリア）を通じて大切にしたい方向性を獲得した経験は、大学という場所の意味と大学生であることの意義について考えさせてくれるのではないでしょうか？

※17 加藤容子他『わたしのキャリア・デザイン-社会・組織・個人』ナカニシヤ出版, 2014.
※18 Donald E Super, A life-span, life-span approach to career development. Journal of Vocational Behavior, 16, 1980, pp. 282-298.

　キャリアという言葉は、職業（ワーク・キャリア）だけではなく、家庭や余暇、学生生活やその他さまざまな人生全般を含んだ広い意味（ライフ・キャリア）としても用いられます。心理学者の加藤[※17]は、どちらのキャリアも個人が自分の経験をどのように意味づけるのかによるものであり、キャリアは経験と意味付の「連続」であると指摘しています。そして、働き方が多様化し、仕事以外の人生も取り入れる考え方も含まれるようになり、キャリアは複層的で複線的に発達するという考え方が現れてきたと言います。たとえば、アメリカの教育学者、ドナルド・E・スーパー[※18]が示した、「ライフ・キャリア・レインボー」というモデルがあります。スーパーによると、私たちは年齢を重ねながら生涯を通じて家庭人、余暇人、市民、子ども、職業人などの役割を一つ以上、複数並行して演じながら生きています。そして都度、どの役割（ライフ・ロール）に重点を置くか悩み、選択し、決断しながら生きています。どのライフ・ロールに、どれくらいのエネルギーをかけたかによって、自分らしく生きられたり、両立がうまくできずバランスを崩したりといった場面が出てくると言います。

　「ワーク・キャリア」に囚われ過ぎず、「ライフ・キャリア」を見渡せる「鳥の目」をもつことは、流動的な社会の中で長い人生を「いい塩梅で」歩いていくために必要な視点と言えるでしょう。

4-3.「いい塩梅」を育む場としての大学

　それでは、「いい塩梅で」歩いていくための複層的・複線的なライフ・キャリア観はどのように形成することができるのでしょうか？　さまざまな方法が考えられますが、皆さんにとって最も身近で有効な手段に大学があります。具体的には授業でしょう。授業を通じて、教員やクラス内の議論等からさまざまな考え方や情報に触れることができます。終了後は授業で紹介された文献からさらに多様な考えを広げられますし、実際の現場に出かけると生身の感覚で多くの考えに触れたり確認したりすることができます。そして、多くの考え方を知るということは、多くの「答え」を知ることになります。一つしか知らない場合は、それが「答えじゃなかった」場合、どうすることもできませんが、それ以外の「答え」を知っていると、次の行動や選択に向かうことができます。また、多様な考えや他者と関わりあうことで、「答え」を知るだけではなく、「答え」の見つけ方、作り方を鍛えることができることも忘れてはなりません。

　大学は、「正解」を憶えることよりも、自分で問いを見つけ、その問いの周辺の関係性を探り、社会で常識と言われている「正解」について新たな、もしくは異なる「正解」を見出していく学びが求められます。たとえば教育社会学者の苅谷[※19]は、物事を一面的に捉えるのではなく、その複雑さを複数の視点から把握することで、常識的な物の見方にとどまらない、つまり思考停止に陥らないで、考えることの継続・連鎖を生み出すような思考の運動を呼び起こす「知的複眼思考法」を提唱しています。大学における授業や、たとえば本書で取り上げられている社会学といった領域は「知的複眼思考」を鍛える格好の機会だと言えるでしょう。

[※19] 苅谷剛彦『知的複眼思考法』講談社+α文庫, 2002.

STEP 1 まとめ

　この章では、若者を取り巻く労働環境について取り上げました。事例から、若者が抱える「生きづらさ」と、現状からかけ離れた若者をめぐる「常識」が社会的にどのようにつくられたのかを確認しました。
　これらの問題への対策例として、教育現場における「○○力の育成」という方法と、大学生の就職活動を事例に、その限界を検討しました。また、バウマンの「リキッド・モダニティ」という概念を紹介し、流動的な現代社会は、見通しが立てにくく不安定であること、自由ではあるが選択の結果は個人に委ねられる構造であることを確認しました。そのうえで、実在の大学生の事例から、「ありのままの自分としてどのようにキャリアを積んで行けるのか」という問いに対し、「大学生だからできること」を切り口に、その可能性を模索しました。それを踏まえ、ワーク・キャリアだけを捉える（虫の目）ではなく、ライフ・キャリア（鳥の目）として人生を捉える視点を確認しました。
　また、ライフ・キャリア・レインボーというモデルから、私たちのキャリアが生涯にわたり複線的かつ複層的に発達することを捉えました。そして事例の学生のような「鳥の目」獲得のためのプロセスは、苅谷の提唱する「知的複眼的思考法」を鍛えるプロセスになぞることができ、その場数を踏める場が大学にあることを言及しました。
　就活や単位取得だけではない大学の価値と大学生という特権、そしてあなただけのキャリアを交差させることで生まれる問いに対して、自分なりの答えを探ってみてはいかがでしょうか。

大学生の抱えるキャリアのゆらぎとジレンマ

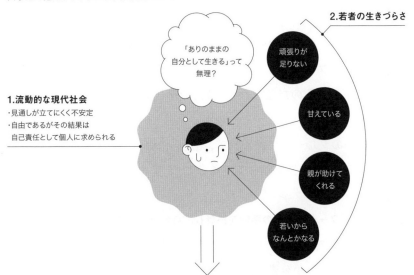

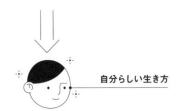

第4章 キャリアとしての就職と大学生活

STEP 2 演習課題

1．[グループワーク]「大学生だからできること」とは何か
①大学はライフ・キャリアの礎を築く場所として、どのように活用することができるのだろうか？ 各自で複数のアイディアを書き出してみる。
②数名ずつのグループに分かれて、お互いに自分のメモを発表しあう。
③グループで「大学生だからできること」をまとめ、クラスで発表する。

2．[グループワーク] 本文の事例を検討し、自分の考えを発表する
①各自が本文で紹介した「タカコさん」の事例について自分の考えと、なぜそう思うのかを書き出し、自分の意見をまとめる。
②数名ずつのグループに分かれて、互いの意見を発表しあう。
③グループでの意見、考えをまとめてクラスで発表する。発表の際には発表タイトルを付ける。

3．[グループワーク] NPO、社会的企業の求人情報を調べ、自分のキャリアを考える
①各自で、働くうえで自分が大切だと考えることをその理由も含め、優先順位をつけて3つ書き出してみる。
②NPO法人ETICが運営するソーシャルビジネス・NPO・ベンチャーに特化した求人サイト「DRIVEキャリア (http://drive.media/career)」から、関心のある募集情報を調べてみる。

③（1）なぜ、その仕事に関心をもったのか、（2）NPO 等と民間企業の違いは何だと思うのか、（3）①で書き出した 3 つの考えは、関心を持った求人内容とどれくらいかけ離れているのか、もしくは同じなのかを確認し、その理由を書き出してみる。これらの内容を A4 一枚以内のレポートにまとめ、クラス内で発表し、議論する。

4．[ミニレポート] 自分と違う年代の「キャリア」経験を聞き取る

両親や祖父母、バイト先の人など、さまざまな年代の人に、学生時代と就職活動、その後の仕事や人生について聞き取りを行い、自分の学生生活や就職に関する考えと比較しながらまとめ、提出する。

5．[グループワーク]「ボランティア」「NPO」「社会的企業」について書かれた論文を調べる

①各自で「ボランティア」「NPO」「社会的企業」について書かれた論文を CiNii（http://ci.nii.ac.jp/）などで検索し、論文を選ぶ。

②選んだ理由、感想、共感した内容、疑問に思った内容を整理し、「ボランティア」「NPO」「社会的企業」の今後の可能性と課題について自分の意見をまとめた A4 一枚以内のレジュメを作成する。レジュメを事前に配付したうえで、クラス内で発表する。

③全員が一つ以上の質問やコメントをすること。

● 演習課題の最新データは⇨ http://www.koubundou.co.jp/files/55184_04.pdf

STEP 3 読書案内

『小児がん病棟と学生ボランティア―関わり合いの人間科学』
李 永淑（晃洋書房，2015）
「小児がん病棟」という未知なる世界でのボランティアサークルに参加するようになった大学生たちの活動の実践研究。学生時代と卒業後に行ったインタビューでは、彼らがどのように無関係な他者と関わり合い、悩み、笑い、自身のキャリア形成に繋げ、現在も発展中なのかがリアルに現れています。患者や家族、医療者たちといった活動に関わった人々からのインタビューからは、「ボランティア」という同一の場に対する捉え方が立場によってさまざまに違っていることが表れていて、「常識」とは何か、誰にとっての「常識」なのかについても考えさせられます。

また、日常生活の中で出会った「モヤモヤ」を、社会学の理論を用いてどのように「スッキリ」させることができるのか――皆さんが大学で学んだ知識は生きたツールであることにも触れています。

『裸でも生きる―25歳女性起業家の号泣戦記』
山口絵理子（講談社，2007）
著者の山口絵理子さんの人生を綴ったノンフィクションです。彼女はイジメを受けたり非行に走ったりして居場所がなかった青春を過ごし、強くなりたいと「男子柔道部」に入部、偏差値40から3ヶ月で「一流大学」へ合格します。そして夢だった国際機関で途上国援助に携

わりますが、途上国に行きたがらないエリート校出身スタッフたちに矛盾を感じます。そこでアジア最貧国バングラデシュに渡り、腐敗にまみれながらもたくましく生きる人々とジュート（麻）に出会い、ジュートを使ったバッグメーカーを起業します。数々の失敗や挫折、裏切りに遭いながらも、途上国発ブランド「マザーハウス」を軌道に乗せていく彼女のがむしゃらな姿は、私たちの「キャリア」を大いに励ましてくれます。

『知的複眼思考法─誰でも持っている創造力のスイッチ』
苅谷剛彦（講談社＋α文庫，2002）
自分なりの問題を立てるにはどうすればよいのか。立てた問題をどのように展開していけば、それまで隠れていた、新しい問題の発見につながるのか。そして、どうすれば、ステレオタイプにとらわれない、自分の頭で考える視点を得ることができるのか。本書は、ありきたりの常識や紋切り型の考え方にとらわれずに物事を考えていく方法であるという「知的複眼思考法」を、本の読み方、文章の書き方、問いの立て方と展開の仕方、複数の視点による物事の捉え方の具体的な事例をもとに説明しています。大学における日々の授業で実践でき、大学での学び方、授業の受け方に新たな可能性を開いてくれるでしょう。

Part 3

第3部
課題にとりくむ

今年ももうすぐ文化祭だ。
サークルではたこ焼き屋を出店することになった。
2日間の文化祭で大量のゴミが出る。
この間の渋谷のハロウィンパレードのときも、
大量のゴミがまちに溢れかえる様子が
ニュースで流れていたけど、
翌日の朝には参加者による清掃活動が
行われたらしい。
文化祭には学生だけじゃなく、
毎年地域の住民の方も来てくれる。
こんなときしか交流の機会はないけど、
文化祭のゴミも
このまちの自治体で処理されるわけだから、
大学と地域の垣根を越えて
一緒に解決する方法を見つけられないかな。

第5章
地球温暖化と環境社会学

大浦宏邦

---

1. 温暖化の仕組みと CO_2 排出の現状

1-1. 地球温暖化とは?

CO_2の温室効果

　秋は学園祭のシーズンです。模擬店が所狭しと並ぶ光景は今も昔も変わりません。そぞろ歩きは楽しい反面、あとに残る大量のゴミも気になるところです。ある大学では4日間に10tものゴミが排出されたとか。大量のゴミには処分費用がかかりますし、焼却の際に出る二酸化炭素 (CO_2) は、気候変動の原因にもなります。

　空気中には現在 400 ppm ほどの CO_2 が含まれています。空気 1 m^3

あたり 400 ml ほどですから、500 ml の ペットボトルに八分目ほどの量ですね。 CO_2 は赤外線を通しにくい性質をもつため、地球の表面から熱が赤外線のかたちで逃げるのを妨げる働きをもっています。この働きを温室効果といいます。空気中の CO_2 濃度が上がると、より熱が逃げにくく

※1『グスコーブドリの伝記』
イーハトーブ火山局のブドリが故郷を冷害から救うため人工的に火山を噴火させようとする話。

※2 IPCC：Intergovernmental Panel on Climate Change（気候変動に関する政府間パネル）
パネルはこの場合「専門家（=温暖化問題を研究する科学者）会議」というほどの意味。1988年設置。

なり地表の温度が上がります。寝る時に掛け布団の枚数を増やすと、熱が逃げにくくなって暑くなるのと同じ原理ですね。既に19世紀にはスウェーデンの化学者スヴァンテ・アレニウスが、当時盛んに使用されていた石炭の燃焼で空気中の CO_2 が増えると、地表の温度が上がることを予測しました。日本でも、宮澤賢治が温室効果のアイディアを取り入れた童話、『グスコーブドリの伝記』[※1]を書いています。

温暖化対策の歴史

1985年にオーストリアのフィラハに気候学者が集まり、二酸化炭素の排出が気象災害を引き起こす可能性を警告しました。1990年、IPCC[※2]によって21世紀の終わりまでに地球の平均気温が6度ほど上昇する可能性が指摘されています。

1992年の国連環境開発会議では、IPCCの報告書を受けて気候変動枠組み条約が採択されました。これは、CO_2 などの温室効果ガスの削減について話し合うことを定めた条約です。

1995年には、気候変動枠組み条約の締約国の第1回会議がドイツのベルリンで開かれました。第1回締約国会議（Congress of Parliament 1）を略してCOP1とも呼ばれます。COP1では、温暖化対策に

図5-1　主要国のCO_2排出量推移

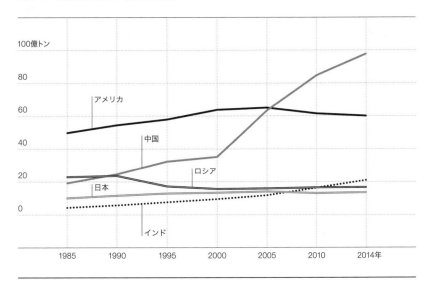

　積極的なEU、経済への影響を心配して消極的な日米、先進国の責任を追及する途上国グループ、石油販売の減少を恐れる産油国などの間で激論が交わされた末に「先進国が先に削減目標をつくる」ことが合意されました。この削減目標を具体化したのがCOP3、いわゆる京都会議です。激論の末、2008年から2012年までの先進国の温室効果ガス排出量を1990年に比べて平均5.2%減らすことが合意されました（日本は6%減）。この合意事項をまとめたものが京都議定書です。
　京都議定書の約束期間は2020年に終了しますが、その後の温暖化対策については、2015年のCOP21でパリ協定として合意されました。パリ協定では中国やインドなどの新興国・途上国や、2001年に京都議定書を離脱したアメリカも削減や抑制の対象になりました。世界全体で2050年までに温室効果ガスの排出を80%削減し、将来的には

図5-2　日本のCO₂排出量推移

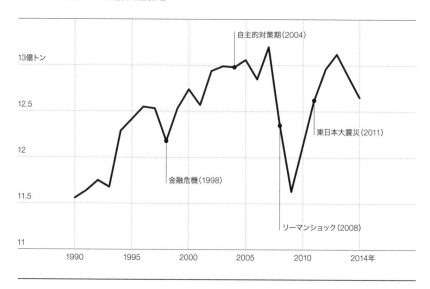

実質ゼロにすることが掲げられています。

1-2. CO₂排出量の現状

　世界の CO_2 排出量は国際エネルギー機関（IEA）の推計で 2013 年に 322 億 t に達しています[※3]。図 5-1 に排出量上位 5ヶ国の推移を示しました。みなさんも最新のデータを探してみてください。中国の伸びが際立っていますが、近年の経済発展に加えて人口が 13 億人と多いためで、一人当たりの排出量では 7t ほどです。一人当たり排出量ではアメリカが 16t、日本が 10t で中国を上回っています。

　日本の CO_2 排出量の推移は環境省のサイト[※4]でも確認できます。日本の CO_2 排出量をグラフにすると図 5-2 のようになり

[※3] CO_2 emissions fuel combustion で IEA のデータを検索
[※4] http://www.env.go.jp/earth/ondanka/ghg/2014sokuho.pdf

ます。1990年から2007年までは増加傾向ですが、2009年にかけてリーマンショックの影響で急減しました。その後、景気の回復と東日本大震災後の原発停止の影響で増加し、2013年に再びピークを迎えています。2014年の排出量は12億6,000万tで1990年対比9.4%の増加です。

京都議定書では日本は6%減らすことになっていたのですが、2014年時点では9%ほど増えてしまっています。特に増えているのは商業・サービスなどの業務部門（98%増）と家庭部門（44%増）です。運輸部門は5%増加、産業部門は15%の減少です。業務部門や家庭部門の削減が急務と言えるでしょう。

2．家庭のCO_2排出量と削減実験

2-1．排出量の計算

ガスやガソリンからの排出量

では、みなさんの家庭ではどの程度のCO_2が排出されているのでしょうか。この節では、表5-1のCO_2排出量計算シートを使って月当たりの排出量を概算し、それを減らすことを試みてみましょう。

炭素12gを含む燃料が燃えると、酸素32gと結び付き、44gの二酸化炭素が発生します。炭素の重さの約3.7倍のCO_2が発生することになりますね。このことからCO_2の排出量が計算できます。

たとえば、ガソリン1Lには0.63kgの炭素が含まれています。これを燃やすと$0.63 \times 3.7 = 2.3$kgのCO_2が発生します[※5]。ちなみに直

表5-1 　CO_2排出量計算シート

種目	使用量	係数		排出量
電気	kwh	× 0.58kg/kwh	=	kg
ガス	m^3	× 2.2kg/m^3	=	kg
水道	m^3	× 0.99kg/m^3	=	kg
ガソリン	L	× 2.3kg/L	=	kg
		合計		kg
		年換算		t

注）車、バイクを使わない人はガソリン使用量を0 L とする

径 20 cm の風船に CO_2 を詰めると 10 g ほどになるため、ガソリン 1 L を燃やすと風船 230 個分の CO_2 が発生します。このことから、皆さんの家庭で車やバイクに月に何Lのガソリンを使うかがわかれば、ひと月に何 kg の CO_2 を排出しているかがわかります。同様に都市ガス 1 m^3 は 0.59 kg の炭素を含んでいるので、これを燃やすと 2.2 kg の CO_2 が発生します[※6]。1ヶ月あたりのガス消費量を 2.2 倍すれば、都市ガスの消費によって排出された CO_2 の量がわかります。

※5 http://www.env.go.jp/council/16pol-ear/y164-04/mat04.pdf
※6 http://www.tokyo-gas.co.jp/csr/report_j/5_environment/data06.html

電気や水道からの排出量

　家庭用電気は今のところ、約 9 割が火力発電、約 1 割が水力発電によってつくられています。原発は 2016 年現在、ほとんど止まってい

ますので、発電所では、概ね天然ガスや石炭を燃やして発電することになります。この時排出される CO_2 は、電力量 1 kWh あたり 0.58 kg と推計されています[7]。家庭で 1ヶ月に使用した電力量は、電力会社から送られてくる明細書に記されていますので、これを 0.58 倍すれば、電気の使用によって排出された CO_2 量がわかることになりますね。

※7 http://www.env.go.jp/press/files/jp/28621.pdf の代替値より
※8 http://www.metro.tokyo.jp/INET/KEIKAKU/2012/03/DATA/70m3t200.pdf より推計
※9 電気、水道からの排出量は厳密には地域によって異なるが、目安の値は得られる。

水道も明細書が送られてきます。水を使って CO_2 排出というとピンとこないかもしれませんが、浄水場で水をきれいにしたり、下水を処理したりするのに 1 m³ あたり 1.7 kWh の電気が必要となります（東京都水道局の場合[8]）。この電力消費から CO_2 が 0.99 kg 排出される計算になります。水道の明細は 2ヶ月に 1 度送られてくる場合が多いので、1ヶ月分の消費量を知るには 2 で割った値を使用してください。

排出量計算シートは電気、ガス、水道、ガソリンの 1ヶ月あたりの使用量を記入し、それに前述の数値をかけて合計することで家庭の CO_2 排出量がわかるようにつくられています。みなさんも自分の家庭の CO_2 排出量を求めてみてください[9]。

ちなみに私の環境社会学のクラスでの調査では、2013 年から 2015 年までの 3 年間の平均で 1 世帯あたり、電気 281 kWh、ガス 17 m³、水道 34 m³、ガソリン 17 L の消費量でした（各年 9 月、のべ 242 人分のデータ）。これより、CO_2 の排出量は電気 163 kg、ガス 37 kg、水道 34 kg、ガソリン 39 kg、合計 273 kg となります。電気が 6 割を占め、家庭での大きな排出源となっていることがわかります。

2-2. CO_2排出削減実験

　CO_2排出量を減らすには、どうすればよいでしょうか。私のクラスでは受講者から削減方法についての具体的なアイディアを募り、1ヶ月間実行するというかたちで、削減実験を毎年実施しています。受講生のアイディアの一部を表5-2に示します。「使わない時は部屋の電気を消す」、「夜更かししないで早く寝る」、「近所は徒歩や自転車で」といったさまざまなアイディアが出てきました。これらのうち実行できそうなものを2〜3個選び、実際に実行してもらいました。

　こういう削減の方法を自主的方法による削減（自主的削減）と言います。みなさんも実行してみると自主的削減でどの程度減るものなのか、効果や課題を実感できるでしょう。削減実験を1ヶ月実施して、翌月の明細から電気、ガス等の使用量を報告してもらうと、電気212 kWh、ガス26 m³、水道35 m³、ガソリン9Lとなっていました（3年分平均）。この数値からCO_2の排出量を求めると236 kgとなります。実験前からは37 kgの減少で14％の削減ができました。図5-3は、実験前後の排出量を図示したものですが、電気とガソリンからの減少が大きく、ガスはかえって増えていました。合わせて実施したアンケートによると、電気はエアコンの使用が減ったこと、ガソリンは電車や自転車に切り替えたことが大きかったようです。ガスは涼しくなってシャワーやお風呂の使用が増えたようでした。

　感想を見ると「思ったよりできた」「習慣にすると苦にならなかった」という声が多く見られました。習慣化することで自主的削減は成果があがるようです。他方、「忘れていた」「つい夜更かしをしてしまった」といった感想も半分近くありました。生活習慣を変えることは案外難しいようです。このあたりが自主的削減の課題と言えるでしょう。

表5-2　削減アイディア集（できそうなものを1ヶ月実施）

分類	アイディア	アイディア
電気	使わない時は部屋の電気は消す	コンセントをこまめに抜く
	夜更かししないで早く寝る	テレビをつけっぱなしにしない
	冷蔵庫の開閉はすばやく行う	パソコンをつけっぱなしにしない
	エアコンはなるべく控える	温度を下げ過ぎたり、上げ過ぎたりしない
ガス	ガスはできるだけ強火にしない	早めに火を消して余熱を使って仕上げる
	シャワーは10分以内にする	シャンプー、リンスの時はシャワーを止める
	風呂が沸いたらすぐ入る	—
水	水を勢いよく出しすぎない	食器を洗う時、水をためて使う
	歯を磨く時に水を止める	洗濯はまとめてする
ガソリン	ゆっくりアクセルを踏んで燃費をよくする	急ブレーキをかけない
	自家用車より電車、バスを利用する	近所に行く時は徒歩や自転車でいく
	車でのドライブを減らす	—
家族の協力	風呂は家族で続けて入る	家族はなるべく同じ部屋で過ごす
設備	忘れないように張り紙をする	照明をLEDにかえる
	省エネ型のエアコンや冷蔵庫を使う	—

図5-3　削減実験の結果（3年分の平均）

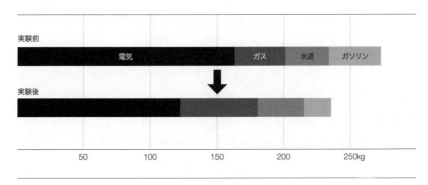

3. 自主的削減と社会的ジレンマ

3-1. 自主的削減を成功させるには？

自主的削減の三条件

削減実験のように、「一人ひとりの心がけ」によってCO_2やゴミを減らす方法が自主的削減です。温暖化対策やゴミ対策というと、この自主的削減を思い浮かべる人も多いでしょう。

この自主的方法による削減が成功する条件については、環境心理学者による研究が進められています[※10]。それによると、
① 削減の必要性が認識されている（必要性の認識）
② 削減の具体的方法が知られている（具体的方法の周知）
③ 手間やお金があまりかからない（コスト感の低さ）

以上の3つの条件が揃った時、自主的削減が進みます。この三条件は非常食の備蓄など防災行動をとる条件とも共通しますが、必要性がわからないと対策する人は少数です。必要性を認識していても、具体的に何をすればいいかわからなければ人は行動できません。また、方法がわかっていても、手間やお金がかかる行動は後回しにされがちです。環境保全の行動も、必要性を認識し、具体的な方法を知ったうえで、そのコストが低いとなった時に初めて実行に移しやすくなります。

私の授業では、気候変動の被害について講義を行い、削減の必要性を認識してもらいました。さらに「アイディアを出してもらう」ことで具体的方法を提示し、「できそうな方法を選ぶ」ことでコスト感の低い方法を実行

※10 杉浦淳吉『環境配慮の社会心理学』（ナカニシヤ出版, 2003）など

してもらいました。こうして自主的削減の三条件を揃えることで14％削減という結果が得られたのでした。

コスト感の壁

　14％削減という数字は比較的大きく見えますが、この結果は環境社会学の受講者が1ヶ月という期間を区切って得られたものです。日本全体で同様の成果を1年単位で出すには、全国民にCO_2削減の必要性を認識してもらい、コスト感の低い具体策を周知しなければなりません。これは相当高いハードルです。特にコスト感を下げるハードルは高そうです。どうして人は自分にプラスになることを後回しにするのでしょうか。行動経済学者のダニエル・カーネマンはその理由として、将来よりも現在を重視しがちな人間の特性を指摘しています[※11]。

　たとえば、「いま1万円」と「1ヶ月後に1万5000円」、もらうなら、あなたはどちらがいいですか？　授業では、「いま1万円」と答えた人が多く、1ヶ月後の2万円と比べても変化はなく、今の1万円と1ヵ月後の3万円を比べて、やっと1ヶ月後の3万円を選ぶ人が多数になりました。平均すると、今の1万円と同じ値打ちを持つのは1ヶ月後の2.7万円であることがわかりました。この結果は、1ヵ月後の1万円には、今の1万円の2.7分の1の価値しかないことを表しています。

　防災の場合は、「今の自分」と「将来の自分」、それぞれの利益を比較します。後者を重視すれば、「今の自分」の利益を犠牲にしても防災行動がとられるはずですが、「将来の自分」の利益は「今の自分」の利益の2.7分の1の価値しかありません。このことが、「今の自分」の利益を削って防災行動をとることをためらわせる要因です。

※11 友野典男『行動経済学-経済は「感情」で動いている』光文社新書, 2006.

「今の自分」と「将来の他人」

※12 http://www.env.go.jp/earth/ipcc/5th/pdf/ar5_wg2_spmj.pdf

防災の場合は、防災行動をとらないことで困るのは将来の自分ですが、環境問題の場合、CO_2排出やゴミの増加で被害を受けるのは主に将来の他人になります。IPCCの第5次評価報告書[※12]では干ばつ、巨大台風、洪水による気象災害の増加、熱射病や熱帯感染症による健康被害の拡大、海面上昇による住居の喪失などが温暖化によって生じると予測されていますが、被害を受ける可能性が高いのは自分というよりも該当地域に住んでいる他人ということになります。

このように環境問題では、通常「今の自分」の利益と「将来の他人」の利益が比較対象になります。左記のように「今」と「将来」では、「今」の方が大幅に優先されます。ここではさらに、「自分」の利益と「他人」の利益の比較が加わります。自分に特に不利益がなければ他人のために行動する人は結構いるのですが、コストがかかると他人のために行動する人はずっと少なくなります。「自分」と「他人」の比較でも「自分」は大きく優先されるのです。

したがって「今の自分」と「将来の他人」の比較では、「今の自分」の利益が二重の意味で優先されます。このことが、コスト感のある環境対策がとられにくい大きな原因となっているのです。

3-2. 社会的ジレンマ

「今の自分」は、「将来の他人」より二重に優先されやすいことをみてきました。こうして各自が自分の利益を優先してお互いに損失を与え合うと、結果として全員が損をするという事態が生じるかもしれません。単純化した次のようなゲームを考えて見ましょう。

図5-4　社会的ジレンマの例

二人がグーとパーを出し合うゲーム
・現状の持ち点は1点
・グーは双方に影響を与えない
・パーは自分に+1、相手に-2点

自分＼相手	グー		パー	
グー	1(点)	1(点)	-1	2
パー	2	-1	0	0

　二人がグーとパーを出し合うとします。グーは双方に影響を与えませんが、パーを出すと自分に1の利益があり相手に2の損失を与えます。皆さんだとどちらを出すでしょうか。現状の持ち点は1点です。両方がグーを出せば得点に変化はありません。自分がパーを出し、相手がグーを出せば自分は2点、相手は−1点になります。自分がグーで相手がパーなら、自分が−1点で相手が2点です。

　両方がパーを出すと、どうなるでしょうか。自分がパーを出すことで1の利益がありますが、相手のパーから2の損失をこうむりますので現状の1点から差し引きして0点になります。相手も同様に0点です。

　「最初はグー、じゃんけんほい」の要領で、実際に隣の人とゲームをしてみてもいいでしょう。相手がグーの時は、自分がパーの方が得をします。相手がパーの時も、自分がパーの方が得をします。そんなわけで、パーを出す人が多いかもしれません。しかし、二人ともパーを出すと、二人ともがグーを出した時よりも双方が損をしてしまいます。そう思ってグーを出そうと考える人もいるかと思いますが、相手にパーを出されると損なので、結局パーを出すかもしれません。企業が値引き競争をしている時に、自社だけが値引きしないと顧客を奪われてしまうので、値引きせざるをえない状況に似ています。

このゲームでは、個人の利益を追求したり、損失の回避を図ろうとしたりすると、※13 大浦宏邦『人間行動に潜むジレンマ』化学同人, 2007.
その結果として全体の不利益（二人とも0）が発生してしまいます。このように個人の利益の追求が全体の不利益をもたらすような状況を社会的ジレンマと言います。環境問題はこのゲームの人数の多いバージョンと言えるでしょう※13（二人の場合を特に囚人のジレンマと言います。囚人のジレンマは社会的ジレンマの一種です）。

4．社会的ジレンマの解決方法

4-1. 3つの方法
自主的方法
　上のゲームで皆がグーを出すようになるには、どうすればいいでしょうか。まず、「みんなでグーを出そう」「パーを出すのは、やめとこう」と呼びかける方法があります。これが自主的削減に相当する方法です。人数が少ない時は比較的有効ですが、人数が多い時はパーを出す人が増えます。「自分一人くらい」という心理が働きやすくなるのでしょう。

規制的方法
　パーを出すことを禁止する、あるいはパーを出した人に罰を与えるといった方法も考えられます。この方法は規制的方法と呼ばれます。歴史的には、1960年代の公害問題は規制的方法で克服されてきまし

た。深刻な健康被害の発生を受けて1967年に公害対策基本法が制定され、1971年には同法が改訂されました。合わせて、水質汚濁防止法や大気汚染防止法といった環境汚染を厳しく規制する法律ができることで、日本の海や空は美しさを取り戻していったのです。

※14 http://www.arb.ca.gov/regact/2014/zev2014/zev14isor.pdf
※15 今泉みね子『フライブルク環境レポート』中央法規出版, 2001.

　温暖化対策に規制的方法を取り入れた例としては、米国のカリフォルニア州が導入した自動車の燃費規制が挙げられます。カリフォルニア州では、一定の燃費性能を持たない車はCO_2を出しすぎるという理由から、販売が規制されています。この基準は、年々厳しくなる予定です[※14]。

経済的方法

　削減実験のあと、「削減量に応じてポイントがつくとやる気がでる」という意見が見られました。この方法は、環境に良い行動に対して経済的な動機付けを与えるという意味で、経済的方法と呼ばれています。

　ドイツでは飲料の購入時に容器代（デポジット）を含んだ金額を徴収し、容器を返却すると返金してくれるという方法が広く実施されています。これはデポジット制と呼ばれますが、容器の返却に経済的な動機付けを与えることで、空き缶散乱の防止、リユース容器の回収に効果をあげています。さらにドイツでは、経済的方法の一種として、近郊の電車やバス、トラム（路面電車）が安い価格で乗り放題になるレギオカルテ（地域定期券）という切符を発売し[※15]、公共交通機関の利用を促すことで、自動車の利用回数を減らしています。

　規制的方法は、環境に悪い行動（将来の他人の不利益になる行動）が今の自分の不利益になる仕組みですし、経済的方法は環境に良い行

動（将来の他人の利益になる行動）が、今の自分の利益になる仕組みと解釈できます。いずれも、「将来の他人」の利益と「今の自分」の利益を結び付けることで、自主的方法の欠点をカバーしています。

4-2. ジレンマ対策の問題点

規制的方法の問題点

　規制的方法や経済的方法にも課題があります。規制的方法の最大の問題は、人気がないことです。この方法は「今の自分」に不利益を課すため、導入に際しては常に抵抗に直面します。公害対策基本法も導入当初は経済界の反対に合い、「経済に悪影響は及ぼさない範囲で公害を抑える」という規制色を薄める条項が入っていました。その後、環境汚染が一段と深刻になったため、この条項が削除されるに至りました。

　温暖化対策についても、規制的方法の導入には「経済への悪影響が大きい」として反対されることが多いです。日本でもアメリカでもCO_2の排出量に上限を設ける提案がされることがありますが、主に経済界の反対によって実現をみていません。

経済的方法の問題点

　私の授業の受講生に実行してほしい削減策を聞いたところ、人気があったのは、削減すると褒美やポイントがつく経済的方法でした。何円分のポイントがつくとやる気がでるか聞いてみると、10 kgあたり200円程度（1トンで2万円程度）という答えが最も多くみられました。

　日本の家庭では、ざっと年3億トンほどのCO_2が排出されています。10％減らすには年3000万トンの削減が必要ですが、1トンあた

り2万円分のポイントをつけようとすると、年6000億円の財源が必要になります。これは少なくない額で、捻出は容易ではありません。一般に、経済的方法の導入には、財源の手当てが重要な課題となってきます。

　ドイツの都市で導入されているレギオカルテ（地域定期券）の場合は、市の税金から補助することで安い販売価格を実現しています。税金の使用には反対意見もありましたが、自動車が減ることで排気ガスや騒音が減り渋滞が緩和する一方で、街中を散策する観光客が増えるといった利点が認識され、現在では合意を得ています。

　規制的方法、経済的方法はともに有効な方法ですが、導入には負担も伴います。そこで結局、自主的方法に頼るということになりがちです。日本の温暖化対策が、長年自主的方法中心で、「国民の努力」や「一人ひとりの心がけ」が強調されてきたのには、そのような事情がありました。パリ協定が拘束力のある「議定書」ではなく、自主的な取り組みである「協定」となったのも同じ事情によります。

温暖化懐疑論

　これに関連して、「温暖化はウソだ」という主張がされることもあります。CO_2以外にも気候変動の要因はある、本当は寒冷化している、シミュレーションは不正確だ、といった理由が挙げられることが多いのですが、こうした温暖化に疑いを差しはさむ議論は温暖化懐疑論と呼ばれます。実際にはCO_2は温室効果を持ちますので、他に気候変動の要因があったとしても、CO_2の増加は気温を上昇させる要因になりますし、現在何日か寒い日があっても、将来的な気温上昇を否定する論拠にはなりません。正確に何度上がるかは予想できなくても、被害

の起きる上昇幅になる可能性が高いことは予測されています。

※16 舩橋晴俊編『加害・被害と解決過程』講座環境社会学 第2巻, 有斐閣, 2001.

　温暖化懐疑論の論拠は総じて弱いのですが、それでも規制の導入や負担の増加を避けたい人にとっては都合の良い考え方なので、繰り返し語られる傾向があります。歴史的には、公害の原因企業が、自社が原因であることを否定する主張を行ってきました。足尾銅山鉱毒事件では農作物への鉱毒被害は風土病であると主張されましたし、水俣病では日本海軍が投棄した爆薬や、魚が腐敗した時にできるアミンが原因であるとする主張がされてきました[16]。

　こうした「原因の否定」の主張には、原因企業の責任や負担を回避させる効果がありますが、温暖化懐疑論にも同様の効果があります。それは長い目でみると、対策の遅れや被害の拡大を招く可能性があることに留意する必要があるでしょう。

懐疑論を越えて

　日本では自主的方法中心の温暖化対策が取られてきた結果、2014年の段階で、CO_2 排出量が 1990 年比 9％増となってしまいました。パリ協定では、アメリカや中国の参加を促すために、自主的な目標を各国が掲げる方法が採用されています。しかし、各国の目標が達成されたとしても、世界の気温上昇を 2℃未満に抑えることは難しいことが指摘されています。

　CO_2 削減にはエコカーなどの新技術の普及も期待されますが、現状ではまだまだ高価で、政策による後押しが必要です。温暖化問題の行方は、懐疑論を越えて有効な方策を導入できるかどうかにかかっていると言えるでしょう。

STEP 1 まとめ

　この章では地球温暖化問題を中心に、環境問題が生じる社会的メカニズムをみてきました。

(1) 温室効果を持つ CO_2 排出量の増加により、気候の温暖化が予想されています。2015年に合意されたパリ協定では、将来的に CO_2 排出量を実質0にすることを目指しています。

(2) 家庭で使う電気、ガス、水道、ガソリンの量から CO_2 排出量が推定できます。これらの消費量を減らすために、CO_2 削減実験を行ったところ、1ヶ月に14％減という結果が得られました。

(3) 「一人ひとりの心がけ」によって CO_2 排出量を減らす方法を、自主的方法による削減と言います。自主的方法は、コスト感が壁になりがちです。これは「今の自分」の利益が、「将来の他人」の利益より二重の意味で優先されるためと考えられます。自己の利益を各自が追求した結果として、全員が不利益をこうむる現象を社会的ジレンマと言います。環境問題は社会的ジレンマの一例です。

(4) 社会的ジレンマを回避する方法には自主的方法の他、非協力行動を規制する規制的方法や、協力行動に褒美を出す経済的方法が存在します。温暖化対策として規制を導入することには、経済界が反対しがちですし、経済的方法には、褒美のための財源が必要になります。これらの困難のため、結局、自主的方法による削減に頼りがちですが、自主的方法は効果が限られます。今後、適切な政策の導入ができるかどうかに温暖化の行方がかかっていると言えるでしょう。

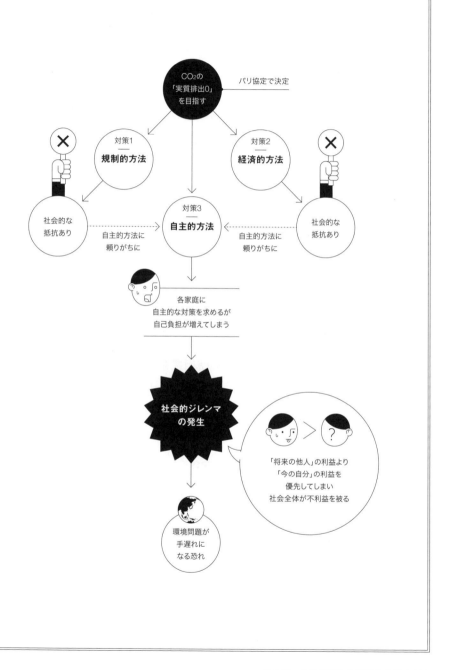

第 5 章　地球温暖化と環境社会学

STEP 2 演習課題

1. [グループワーク] 近年の CO_2 排出量動向調査
① グループごとに世界の CO_2 排出量推移、CO_2 排出量国別ランキング、一人当たり CO_2 排出量ランキング、日本の CO_2 排出量内訳などの分担を決め、スマートフォンを使って、その動向を調査する。
② なるべく新しいデータを探して、クラス全体に向けて発表する。

2. [グループワーク] 自宅の CO_2 排出量調査
① 授業の前に前月の電気、ガス、水道、ガソリンの使用量を調べておく。表5-1を用いて、それぞれからの CO_2 発生量を計算し、グループごとに平均を求める。
② 電気、ガス、水道、ガソリンの使用量を減らす方法をグループで具体的に出し合ってみる。実行できそうな方法をいくつか選び、CO_2 排出量の種目別平均値と合わせてクラス全体に向けて発表する。

3. [グループワーク] CO_2 排出量削減実験
① 演習課題2.で提案された削減方法から挑戦してみたいものを一つか二つ選び、自宅で1週間実行してみる。
② 翌週の授業で、実行状況を100点満点で自己採点してみる。グループごとに、できた点、できなかった点を出し合い、できなかった点を改善する方法を考える。グループごとに自己採点結果の平均をもとめ、話し合った内容とともにクラス全体に向けて発表する。

4. [ミニレポート] 公害の歴史

① 足尾銅山鉱毒事件や水俣病など、関心のある公害の事例を一つ選び経過を調べてみる。

② 原因企業と被害者の農民や患者たちとの間に、どのようなやりとりがあったかを中心に、A4 レポート用紙 2〜3 枚程度にまとめる。

5. [ミニレポート] 温暖化対策

① 燃費規制、排出量取引、環境税、再生可能エネルギーの固定価格買取制といった規制的方法や経済的方法による温暖化対策について、一つ選んで調べてみる。

② その対策にどのような効果があるか、導入にあたってどのような困難や問題点があるかを中心に、A4 レポート用紙 2〜3 枚程度にまとめてみる。

- 演習課題の最新データは ⇨ http://www.koubundou.co.jp/files/55184_05.pdf

STEP 3　読書案内

『異常気象と地球温暖化——未来に何が待っているか』
鬼頭昭雄（岩波新書，2015）
異常気象と地球温暖化問題について概説されている。

『地球温暖化論争——標的にされたホッケースティック曲線』
マイケル・E. マン／藤倉 良，桂井太郎訳（化学同人，2014）
第一線の気候学者が書いた懐疑論との論争の書。温暖化懐疑論のロジックや背景がよくわかる。

『水俣病』
原田正純（岩波新書，1972）
水俣病の原因究明や患者の救済に携わった医師が著した。当時の状況や、チッソ側の対応がわかる。

『田中正造』
由井正臣（岩波新書，2004）
足尾銅山鉱毒事件に対して闘いつづけた田中正造の生涯を紹介する。足尾銅山側や明治政府の対応もよくわかる。

『ここが違う、ドイツの環境政策』
今泉みね子（白水社，2003）
デポジット制やレギオカルテ、フィードインタリフなどの経済的方法が紹介されている。

『文明崩壊―滅亡と存続の命運を分けるもの』（上）（下）
ジャレド・ダイアモンド／楡井浩一訳（草思社文庫，2012）
イースター島の文明が森林の過剰伐採で崩壊した事例や、江戸時代の日本の環境対策などが紹介されている。

第6章
情報のオープン化と
境界を越えるつながり

田所承己

---

1. 新しいタイプのつながりを生み出す

1-1. 映画『Tsukiji Wonderland』
　映画や広告業界で仕事をしているある2人の女性は、大学時代からの友人で、食べること、料理をすることが共通の趣味でした[1]。"朝練"と称し、週1回、築地市場に通うことがならわしになっていた2人が出会ったのが「魚食文化」の豊かさです。──なぜスーパーで買ったお魚とこんなに違うのだろうか。"旬"が移り変わっていく季節感の豊かさ、エネルギーに満ちた

※1 以下の記述は次の記事を参考にしている。
http://dacapo.magazineworld.jp/cinema/150117/
http://trendy.nikkeibp.co.jp/article/pickup/20140718/1059183/

図6-1　映画『Tsukiji Wonderland』のクラウドファンディング

出典）https://ready.jp/projects/tsukiji_wonderland

市場の雰囲気、仲卸業者の人たちの職人的な志の高さと食材に対する奥深い知識——その世界に圧倒されました。

　その後、2人は築地市場に何度も通ううちに、築地こそが東京の食文化、ひいては日本の食文化を支えているんだと気がつきます。折しも2016年には、築地市場は豊洲新市場に移転することが決まっていました。——どうにかして、なくなってしまう前に、築地のことを世界中の人に知ってもらえないだろうか。

　そんなきっかけで、ドキュメンタリー映画のプロジェクトがスタートしました。公開は2016年です。当初、問題となったのは資金でした。最近の映画づくりでは、通常、複数の会社が資金提供を行う「製作委員会」方式をとります。ただ、こうした方式は利害関係者が多くなるため、どうしてもリスクを避けがちで、新しい企画が通りにくい

第6章　情報のオープン化と境界を越えるつながり ｜ 127

ものです。そんな行き詰まりを打開したのがクラウドファンディングでした。足りない予算を補うために、専用サイト「READYFOR？」を通じて一般の人たちから900万円の資金が集められました。

　クラウドファンディングのやり方を採用したのは、お金のためだけではありません。お金を出す人は、作品製作のプロセスに参加する体験が得られます。映画のスタッフたちと交流しながら、日本の食文化の伝統を映像で世界に発信していくプロジェクトを、一緒につくりあげていくわけです。映画製作者と一般の映画ファンとの新たな"つながり"が、新しい文化的ムーブメントを呼び込みつつあるのです。

1-2. クラウドファンディングがつくるつながり

　クラウドファンディングとは、「新しいモノやサービスを開発したい」、「社会の問題を新しいアイディアで解決したい」と思った人が、インターネットの専用サイトを通じて広く自分のアイディアを世の中の人に知ってもらい、共感した人たちに資金を提供してもらう仕組みです。2014年の世界のクラウドファンディング市場は前年比167％増の162億ドルに拡大しており[2]、国内のクラウドファンディング市場規模（2014年度）も、前年度比60％増の197億円です[3]。

　クラウドファンディングの魅力とは、資金の集めやすさだけではありません。そのプロジェクトの"ファン"が増えることも大きいでしょう。支援者は、完成前の段階から意見交換などを通じて"参加"体験を味わうことができます。そこには「未熟なプロジェクトを応援しながら一緒に育てていく関係」が生まれているのです。

[2] Massolution (2015) "2015 CF Crowdfunding Industry Report"
http://www.crowdsourcing.org/
[3] 矢野経済研究所「国内クラウドファンディング市場に関する調査結果2015」
http://www.yano.co.jp/press/pdf/1429.pdf

1-3. 境界を越えるつながり

　近年さまざまな分野や場面で、これまでになかったような新しいタイプの"つながり"を生み出そうとする動きが見られます。この章ではその意味を社会学的に考えていきます。

　ここで言う"新しい"とは、既存の「領域」や「分野」を越えたつながりを意味します。映画製作者と映画ファンのような、「起案者－支援者」という関係もそうですし、アニメ聖地巡礼に見られるような「アニメファン－地域」という関係もそうです。あるいは、地域行政の現場で流れとなりつつあるオープンデータを媒介とした起業家と行政との連携もそうです。これらの連携や協働は、既存の組織や分野の"境界"を越えて実践されつつあります。

　また、ここで扱う"つながり"は「親しい人間関係」というより、情報やアイディアが交換されることを意味しています。ですから、この章では「これまで交流のなかったような異なる領域間で情報やアイディアを交換する取り組みが増えているが、それは社会学的にどのような意味があるのだろうか」ということを考えてみたいと思います。

2. 情報のオープン化＝「パブリック」であること

　異なる分野や領域、あるいは多様な人々の間につながりや交流が生まれるきっかけは、情報をオープンにする動きと関係しています。この節では、「情報のオープン化」がもつ社会学的意味について考えます。

2-1. 情報のオープン化

Foursquare と位置情報

　まず、情報のオープン化について、Foursquare というモバイル端末用アプリを例として考えてみましょう。Foursquare とは、世界で 5000 万人以上のユーザー数を抱える、位置情報の付いたコミュニケーション・サービスです。たとえば、私が新宿にいる時に、あるレストランに入ったとします。そこで Foursquare を使って、自分がその場所にいることを通知します（「チェックイン」と呼びます[4]）。

　他の人が同じレストランで書いたコメントを読むこともできますし、今、同じ場所にチェックインしている人がいることもわかります。さらに、自分の友だちが今まさに渋谷のカフェにチェックインしていることも確認できます。「じゃあ、30 分後に渋谷で合流しよう」という流れにもっていくこともできるわけです。

　その後登場した Swarm というアプリでは、わざわざ通知しなくても、自分の居場所を友だちに知らせることが可能になりました。自分の今いる場所を中心に、150 メートル以内、徒歩圏 1.5 km など、段階的に誰が自分の近くにいるのか知ることできるのです。

　Foursquare や Swarm は、自分の位置情報という極めてプライベートな情報を公開することによって、さまざまな情報や人間のつながりが生まれるよう促しています。自分が今どこにいるのか知られてしまうのは、何だか監視されているようで少し気持ち悪いかもしれません。しかし、本来なら誰にも知られることのなかった位置情報をオープンにするからこそ、その場所の耳寄りな情報を手軽に入手できたり、知り合いと気軽に交流したりする機会が生まれているのです。

※4 Foursquare は 2014 年にチェックイン機能を削除し、後で紹介する Swarm に移行した。

ビジネスや行政における情報のオープン化

　こうした情報のオープン化を通じたつながり作りは、ビジネスや行政においても大きな流れとなっています。

　オリンパスが 2015 年に発売した「OLYMPUS AIR」というカメラがあります。このカメラのコンセプトは「オープンプラットフォームカメラ」です。この製品のカメラコントロール技術やボディの 3D データは一般に公開されており、ユーザーやクリエーターが新しい操作アプリやアクセサリーを自由に開発できるようになっています。このように、近年ではビジネスの領域でも、企業が特許や自社内の資源をオープン化し、他社やユーザーとのコラボレーションに基づく製品開発を行う機会が急増しています（オープンイノベーション）。

　行政の分野でも、これまで考えられなかったような公共団体と企業・NPO との連携が生まれています。福井県には鯖江市という、眼鏡フレーム生産が日本一の自治体があります。この鯖江市は近年、世界的な潮流となっている公共データの公開に基づく「オープンガバメント」の、日本における先進的な事例として注目されています。

　鯖江市は、市内のバス停や AED の設置場所などの公共データを XML 形式で公開しており、起業家たちはこれらのデータを活用してアプリを作成しています。たとえば、公衆トイレの位置情報データを活用した「モバイルトイレナビ（鯖江版）」というアプリは、現在地から公衆トイレまでのルートを示してくれるサービスです。

　こうした官と民のコラボレーションや、官と民の境界を越えた情報・データの流通は、行政が公共データを抱え込んでいては生まれなかったでしょう。ここでも、情報のオープン化が今までにはなかった新しいタイプのコラボレーションを誘発しているのです。

2-2. パブリックに対するアンビバレンス

パブリックであること

アメリカの人気ブログ運営者ジェフ・ジャービスは『パブリック』の中で、情報をオープンにすることを「パブリックであること（公の場に出ること）」と意義づけます[※5]。そして、インターネットを通じたリンクの時代においては、「パブリックであること」こそが、互いにつながり、学び、協力する機会をもたらしてくれると述べます。逆に未知なるものを恐れてプライバシーに固執しすぎると、互いにつながり合う機会を失ってしまうと警鐘をならしています。

ですが、こうした情報のオープン化の動きに対して、プライバシーが危機に瀕していると見る人たちも少なくありません。FacebookやFoursquareのような一私企業に個人情報を把握されてしまうことに対する懸念は根強いものです。以下では、私たちが「パブリック」を忌避しながら、それでも「パブリック」であろうとするのはなぜなのか考えたいと思います。

個人情報管理型の社会

インターネットやGPS機能付きのスマートフォンが普及している現在、購入履歴や位置情報などのパーソナルデータを利用したさまざまなサービスが当たり前となっています。ユーザーの会員データや購買履歴に基づいて「おすすめ商品」を教えてくれるサービスはよく知られています。他にも、携帯電話会社が加入者の乗り換えを防ぐためその人の通話データを利用して個別に実施する値引きキャンペーン、あるいはユーザーが特定のエリアや店舗に近づくと位置情報を使って

[※5] ジェフ・ジャービス/関美和訳『パブリック-開かれたネットの価値を最大化せよ』NHK出版、2011.

自動でクーポンや最新情報が配信されるサービスなどさまざまです。

もちろん、こうした流れに反対する動きもあります。2013年にJR東日本がSuicaの乗降履歴を駅エリアのマーケティングに利用するため、他の企業に販売しました。しかし、利用者からの販売拒否の要望数が2ヶ月あまりで5万件以上となり、急遽中止となりました。海外を含めて、パーソナルデータの利活用に対しては「プライバシー擁護」という観点から抵抗感をもつ人も少なくありません。

ですが、私たちが個人情報を提供するのと引き換えに便利なサービスを受けているのも事実です。実際、総務省『情報通信白書平成25年版』によると、購買履歴をレコメンド等に利用されることに対して、条件付きを含めて「許容できる」とする人が67.9％にも上ります。位置情報の提供に関しても65.4％が「提供の意向あり」としています[6]。

こうした社会を、社会学者の鈴木謙介は「個人情報管理型の社会」と呼びます[7]。それは、コンピュータが監視を通じて自動的に収集した情報を管理して個人に最適な情報を返す、という仕組みによって成り立つ社会です。そこでは、その人向けにカスタマイズされたサービスを受けるために個人情報を差し出すのが当たり前となっています。

なぜパブリックを忌避するのか

そうは言っても、私たちは個人情報をオープンにすることにどこかしら抵抗を感じるものです。実際、3分の1の人がパーソナルデータの提供を拒否しているように、プライバシーを神聖視する傾向には根強いものがあります。実は、プライバシーを重視するようになったの

[6] 総務省情報通信政策研究所『位置情報の利用に対する意識調査』(平成26年).
[7] 鈴木謙介『ウェブ社会の思想』日本放送出版協会, 2007.

は、それほど昔のことではありません。そこには、19世紀に生じた「パブリック」観念の大きな変容が関係しています。

社会学者のリチャード・セネット[※8]によると、「パブリックであること（公の場に出ること）」に対する意識は18世紀に広まります[※9]。18世紀においては「パブリックであること」は、家族や親しい友人たちとの生活からは切り離された自律的な社会生活の領域として位置づけられていました。

ところが、19世紀の産業資本主義の発達は大きな経済変動をもたらします。そのため家族は、吹き荒れる無秩序の嵐から人々を守るプライベートな避難所となりました。反対にパブリックな生活は、物質的な生存と夫婦愛が両立する家庭とは異なり、道徳的に劣った領域と見なされました。

それだけではありません。19世紀には、世俗主義[※10]の影響によって、パブリックな場での見かけ＝仮面の背後にはその人の本当のパーソナリティが潜んでいるという見方が広まりました。つまり、パブリックな現実は、あくまでもプライベートな感情が投影されたものにすぎないと見られたわけです。たとえば、私たちは政治家の表情や口調に、政治家のプライベートな性格を読み取ろうとしますよね。

このように、19世紀になってから「パブリック」はその自律性を大きく失いました。道徳的に劣っているばかりでなく、プライベートな領域の反映物という従属的なポジションを与えられたのです。プライバシーを神聖視し、逆にパブリックを忌避する意識が根強く残っているのは、実はこうした19世紀の変化に由来するのです。

※8 リチャード・セネット (Richard Sennett)
1943〜。社会学者。専門は都市社会学。マサチューセッツ工科大学およびロンドン経済学校(LSE)教授。

※9 リチャード・セネット/北川克彦他訳『公共性の喪失』晶文社, 1991.

※10 19世紀以前に支配的だった、現象は超越的なものによって秩序づけられるという見方に対して、世俗主義では現象を内在的な規準で捉える。

図6-2 情報のオープン化=「パブリック」観念の歴史

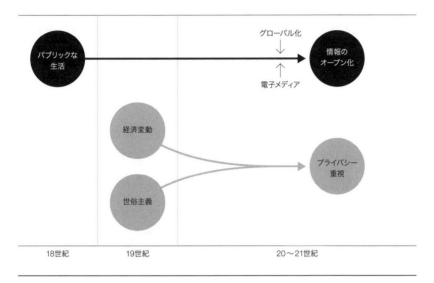

2-3. パブリックの21世紀的再生

パブリック観念の再生

　それでは、なぜ21世紀に生きる私たちは情報をオープンにし、パブリックであろうとするのでしょうか。再び、18世紀のように、パブリックな生活が見直されるようになったのでしょうか。

　セネットによると、18世紀には、都市住民の多くがコーヒーハウス、カフェ、劇場、公園などに集まるようになりました。また現金経済の拡大や合理化によって、見知らぬ人同士の間の経済活動が一般的になり始めました。さまざまな人々や集団との接触を余儀なくされるなか、自分に慣れ親しんだものとは繋がりがない状況でも快適でいられるパブリックな態度が求められるようになります（コスモポリタン）。

　こうした状況は21世紀の現在にも符合します。グローバル化が進

み、情報通信テクノロジーの発達と普及によって、国境を越えた経済活動や政治活動、日常的なコミュニケーションが爆発的に増加しています。そのため、慣れ親しんだ身近な関係を越えた「パブリック」な生活や態度がますます求められるようになっているのです。

パブリック観念の21世紀的特徴

　ただし、現代の「パブリック」は18世紀のものとは少し異なります。18世紀のパブリックな振る舞いは、自分の素性や身分、社会的地位とは切り離されたものでした。たとえば、哲学者のユルゲン・ハーバーマス[11]が論じたように[12]、コーヒーハウスでのコミュニケーションでは、誰も相手の素性など詮索しなかったのです。それに対して、ジャービスは「自らをパブリックにする」現代的な例として、前立腺癌の手術を公開した自分自身の経験について触れています。こうした極めてプライベートな情報をオープンにすることが、21世紀の「パブリック」を特徴づけています[13]。

　このような21世紀的な傾向には、電子メディアの発達が関わっています。メディア研究者のジョシュア・メイロウィッツは、電子メディアの発達によって、プライベートな生活がパブリックな状況に直接露呈するようになったと述べています[14]。たとえば、テレビの映像は、被写体となる人物が意図したメッセージだけでなく、しゃべり方や服装、あるいはちょっとしたはにかみなどを通じて、その人の人柄や個人的感情も視聴者に伝えてし

[11] ユルゲン・ハーバーマス（Jürgen Habermas）
1929〜。哲学者、社会哲学者。フランクフルト学派第二世代を代表する理論家。
[12] ユルゲン・ハーバーマス／細谷貞雄他訳『公共性の構造転換』未來社、1994.
[13] 厳密に言うと、この変容には、パブリックな現実にプライベートな感情が露呈すると見る19世紀の世俗主義の影響が作用している。
[14] ジョシュア・メイロウィッツ／安川一他訳『場所感の喪失―電子メディアが社会的行動に及ぼす影響』(上)新曜社、2003.

まいます。

※15 藤代裕之編『ソーシャルメディア論』青弓社, 2015.

　この状況はソーシャルメディアの普及によってさらに進んでいます。私たちが、ツイッターやフェイスブック、ブログなどに書くメッセージは、個人的な経験やプライベートな感情の表出です。さらに今日では、ソーシャルメディアのメッセージが、まとめサイトやキュレーションメディアなどの ミドルメディア によってまとめられ、より多くの人の目に触れる環境も整っています[※15]。言わば、プライベートの表出が"地続き"のままパブリックな場へつながっているわけです。

　以上をまとめましょう。19世紀における経済変動や世俗主義の普及によってプライバシーが重視されるようになりました。しかし、グローバル化により18世紀のようなパブリックな態度が再生し、さらに、昨今の電子メディアの影響から、プライベートな情報のオープン化という21世紀的な特徴が生まれました。

3. 領域横断的なブリッジ

　ここまで、さまざまなつながりを生み出している事象を、情報のオープン化＝「パブリック」観念の変容という視点から捉えてきました。では、情報のオープン化によって、実際にどのようなつながりが生まれているのでしょうか。本節では、この点について考えてみましょう。

3-1. 弱いつながりとは

コワーキングスペース

2010年頃から都市部を中心に「コワーキングスペース」と呼ばれる場所が急増しています。それは、さまざまな職業や仕事に就く人々が集まって、仕事場を共有するスペースのことです[16]。施設や空間の共有に力点を置く「シェアオフィス」に対して、「コワーキングスペース」はそこに集うメンバー同士のコミュニケーションやコラボレーションを特徴とします。その数は世界的にも7800ヶ所を超えていますが（2015年現在[17]）、国内でも東京と大阪を中心に少なくとも400ヶ所以上のスペースが運営されています[18]。

コワーキングスペースには、webデザイナーや編集者、スタートアップ企業の社員、建築家、トラベルライターなど、さまざまな専門性やバックグラウンドをもつメンバーが集まっています。そのため、日常的なコミュニケーションを通して、異なる分野同士のアイディアやプランが創造的なプロジェクトに結びついたり、これまでなかったようなコラボレーションが生まれることも珍しくありません。

なぜ、今こうした場所が求められているのでしょうか。以下では、それを「弱いつながり」という観点から掘り下げたいと思います。

弱いつながりの衝撃

社会学では、人と人との関係性が近代社会になってから大きく変容してきたと考えています。それは「コミュニティからアソシエーションへ」（マッキーバー[19]）、「ゲマインシャフトからゲゼルシャフトへ」（テンニース[20]）などの概念で捉えられてきました。大ざっぱに言う

---

[16] 佐谷恭他『つながりの仕事術-「コワーキング」を始めよう』洋泉社, 2012.
[17] http://www.becowo.com/infographie-becowo-coworking/
[18] たとえば、コワーキングスペース検索サイト「ココポ」掲載のスペース数は437件（2016年5月現在）。
http://co-co-po.com/

と、家族や地域などの生活全体で濃密に関わり合うような共同体的な関係が崩れ、企業や学校のような特定の関心や利害に基づいて作られる人為的関係が次第に支配的になっていくと考えたのです。

こうした捉え方は、どちらかというと「近代社会では次第に人間関係が希薄化する」というネガティブな見方を引き起こしてしまいました。そこに一種の"パラダイム転換"をもたらしたのが、社会学者マーク・グラノベッター[21]の「弱いつながり（紐帯）」論です[22]。

※19 ロバート・M. マッキーバー (Robert Morrison MacIver)
1882〜1970. 社会学者、政治学者。近代社会を、さまざまな利害関係によって結成される多数のアソシエーションが錯綜する動的な過程として捉えた。

※20 フェルディナント・テンニース (Ferdinand Tönnies)
1855〜1936. 社会学者。本質意思と選択意思の差異に基づく、社会結合における社会進化論を提唱。

※21 マーク・グラノベッター (Mark Granovetter)
1943〜. 社会学者。社会的ネットワークに関する仮説として「弱い紐帯の強さ」の理論を発表。

※22 マーク・S. グラノヴェター／大岡栄美訳「弱い紐帯の強さ」野沢慎司編『リーディングス−ネットワーク論』勁草書房、2006.

グラノベッターは転職の研究を通じて、互いに頻繁に会う「強いつながり」よりも、たまにしか会わない「弱いつながり」のほうが、新しい仕事を見つける時には役に立っていることを明らかにしました。仕事を変える時、家族や友人のような親しい人たちのほうが親身になってくれて、有益な情報を与えてくれそうです。しかし、実際には、近所のジムでたまに挨拶を交わす程度の知り合いや、1回しか会ったことのない仕事関係の知人が教えてくれる情報のほうが、仕事を見つけるのには役立っていたのです。

このように「弱いつながり」そのものに積極的な意義を見出したグラノベッターの議論は、それまでの研究の流れに大きな視点の転換をもたらしました。

3-2. 弱いつながりの可能性

弱いつながりと「ブリッジ」

「弱いつながり」論で鍵となるのは「ブリッジ」概念です。ブリッジとは、人や組織などを結びつける社会的なネットワークの中で、2つの地点、たとえば山田さんと田中さんを結びつける唯一の経路となるような"つながり"のことです。図6-3の（A）では、山田さんは直接的な経路だけでなく、佐藤さん経由の経路でも田中さんとつながっています。それに対して（B）では、山田さんと田中さんを結ぶ経路は一つだけです。この経路のことを「山田-田中間のブリッジ」と呼ぶわけです（また、2地点間の唯一の経路ではないが、最短ルートとなるような経路のことを「局所ブリッジ」と呼びます）。

このブリッジは重要な役割を担います。たとえば山田-田中間のブ

図6-3　ネットワークにおけるブリッジ

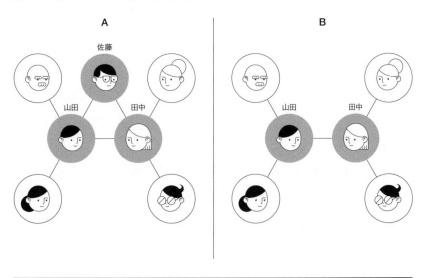

リッジは、山田さんに間接的につながっているすべての人から、田中さんに間接的につながっているすべての人への唯一のルートとなっているからです。もしこのブリッジが途切れてしまうと、山田さんがつながっているネットワークから、田中さん側のネットワークへ情報や影響力は全く伝わらないということになります。

　重要なことは、ブリッジは「弱いつながり」であるという点です。もし両者が親しかったら（つまり「強いつながり」だとしたら）、たちどころに共通の友人ができて、「唯一のルート」ではなくなってしまうからです。

　このブリッジは唯一ないし最短の経路をつくりますから、ある情報をより多数の人に効率的に伝達することを可能にします。たとえば、うわさは「強いつながり」よりも「弱いつながり」を通じて広めたほうが、より広範囲に伝播するのです。また、新しい技術や知識のイノベーションを広め普及させるのは、その組織の中で親しい友人が多い人ではなく、「弱いつながり」を多く持っている人です。これらの事例は、弱いつながりの"強さ"を示しています。

ブリッジと構造的空隙

　私たちは普段、同じ組織の人、同じ業界の人、同じ趣味の人と相互関係をつくります。こうして結びついた密度の高いコミュニティの外側には、他のコミュニティとの間にぽっかりと隙間ができます。ロナルド・バートはその隙間を「構造的空隙」と呼びます[23]。構造的空隙があるということは、それまで交流や情報流通がなかったわけです。

　そこに「弱いつながり」によるブリッジを架ければ、今まで縁のなかったコミュニ

[23] ロナルド・S. バート/安田雪訳『競争の社会的構造』新曜社, 2006.

ティ同士をつなぐことになります。たとえば、魚市場と映画、アニメと地域おこし、玩具と病院、トイレと行政データ、ゆるキャラとコンビニなどの組み合わせです。それは、専門性や領域を越えた新しいアイディアや情報の出会いをもたらし、社会に新たなイノベーションやプロジェクトが生まれる可能性を広げていくのです。

4．グローバル時代の社会関係

　以上、いくつかの観点から検討してきたように、現在、情報のオープン化を通じて、個々の領域を越えたつながり（＝ブリッジ）が多様に形成されていく動きが広がっています。こうした動きをより大きな視点から見ると、「グローバル化の中で、社会関係が生じる境界がこれまでになく流動化している」と捉えることができます。

　私たちは、日常的にSNSを通じて海外の人とやり取りします。またビジネスの分野でも国境を越えたコミュニケーションやプロジェクトはごく当たり前になっています。ですが、こうしたやり取りが越えるのは"国境"だけではありません。たとえば、大学と行政とのコラボレーションによる地域おこし、玩具メーカーと生物学者の共同事業、食品メーカーとゴミ回収業者による共同福祉事業、町内会青年部と子育て系NPOの協働による飲食店経営、通常の家族の枠を越えて共同で生活するコレクティブハウスなど、異なる分野、異なるタイプの集団や組織の境界を越えた連携や情報流通（＝社会関係）が次々に生まれています。

社会学者のマーティン・オルブロウ※24やウルリッヒ・ベック※25は、これらの現象をマクロな視点から捉えて、「国民国家－機能分化」という社会モデルが揺らいでいるのではないかと見ます※26。この社会モデルでは、国民国家は、政治、経済、法律、科学、家族などの各領域に機能的に分化していると捉えます。また、国家は空間的には地域社会や家族から構成されており、社会は階級、地位・身分、宗教集団、エスニック集団などの各集団によって構成されている、という階層構造的な理解をします。そして、人は特定の集団や組織の中に配置され（「地位－役割」モデル）、人々のコミュニケーションや情報交換は、主に国境や各領域・集団の枠内で実践されると見ます。

エミール・デュルケーム※27やタルコット・パーソンズ※28など社会学の主流は、これまでこうした社会モデルに基づいて社会関係を理解してきました。一方、ゲオルク・ジンメル※29のような"非主流派"は、早い段階から群集や移住、偶然の出会いのような、既存の役割関係に"はめ込めない"流動的で横断的な社会関係に注目していました。そして現在、ジンメルが捉えようとしていた社会関係の形態が、グローバル化のもと全面化しつつあります。こうした動向の行く末を見定めることが、「国民国家－機能分化」型の次に来(き)る社会モデルを構想することに繋がるのではないでしょうか。

※24 マーティン・オルブロウ（Martin Albrow）
1937〜。社会学者。専門は、社会理論、グローバリゼーション研究。著書に『グローバル時代の社会学』（日本経済評論社）がある。
※25 ウルリッヒ・ベック
p. 18 参照。
※26 マーティン・オルブロウ/会田彰他訳『グローバル時代の歴史社会論』日本経済評論社, 2000.
ウルリッヒ・ベック/木前利秋他監訳『グローバル化の社会学』国文社, 2005.
※27 エミール・デュルケーム（Émile Durkheim）
1858〜1917。社会学者。社会的事実を客観的に考察する方法論を提唱。
※28 タルコット・パーソンズ（Talcott Parsons）
1902〜1979。社会学者。パターン変数、AGIL 図式を提唱。
※29 ゲオルク・ジンメル（Georg Simmel）
1858〜1918。哲学者、社会学者。社会学の黎明期の主要人物。

STEP 1 まとめ

　この章では、近年さまざまな場面で見られる新しいタイプの"つながり"を生み出そうとする動きを、①「パブリック／プライベート」に対する意識と、②ネットワークにおける「ブリッジ」という2つの観点から社会学的に理解しました。以下、整理しましょう。

(1) さまざまなつながりを生み出すために、多方面で「情報のオープン化」が進んでいる。

(2) 情報のオープン化に対しては推進・抵抗の両方の反応がある。特に19世紀に由来するプライバシー重視の風潮は根強い。しかし、グローバル化が進む21世紀においては18世紀と同様のパブリックな態度や志向が求められ、それが電子メディアの発達とも関連して情報のオープン化に繋がっている。

(3) 情報のオープン化の結果、各領域や各組織の境界を越えた連携や情報流通が生まれている。それは、ネットワーク論でいう「弱いつながり（紐帯）」や「ブリッジ」として捉えられる。

(4) こうして形成された「ブリッジ」は、コミュニティ同士の隙間である「構造的空隙」を橋渡しすることによって、新しいイノベーションや創造的なプロジェクトを社会にもたらしてくれる可能性がある。

(5) このような状況は、マクロな視点から「グローバル時代における社会関係の流動化」と捉えられる。この視点は、これまで社会学の主流であった「国民国家 – 機能分化」モデルの次に来る社会モデルを構想することに繋がる。

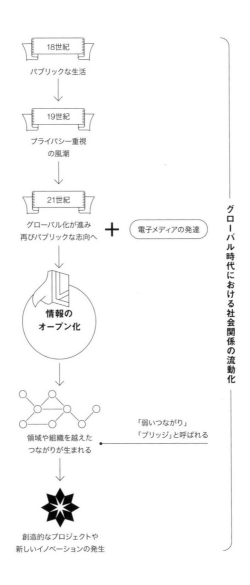

第 6 章　情報のオープン化と境界を越えるつながり

STEP 2　演習課題

1. [グループワーク] 位置情報を活用したサービスの利用
① 各自のスマートフォンで、自分が使っている位置情報を利用したアプリ名をすべて書き出し、そのアプリの便利な点を挙げる。
② 数名ずつのグループに分かれ、グループ内で利用者が多い位置情報アプリと利用者の少ないアプリをそれぞれ2つずつ選ぶ。
③ それぞれのアプリの便利な点と（もしあれば）不安な点を話し合い、それぞれクラス全体に向けて発表する。

2. [グループワーク] ソーシャルメディアとプライベート情報のオープン化
① 自分のTwitterアカウントでオープンにしているプライベートな情報を書き出す。
② 数名ずつのグループに分かれ、そのプライベート情報を比較してみる。オープンにするかどうかで意見が割れる情報について、理由を話し合う。
③ 最も意見が割れた情報を3つ選び出す。それを理由とともにクラス全体に向けて発表する。

3. [グループワーク] ネットワーク密度とブリッジ
① 自分の最も親しい人を5人選び、名前を書き出す。
② もし互いに知り合いの場合は名前を線で結ぶ。最終的にその線が何本になったか数える。

③数名ずつのグループに分かれ、線の数が最も多い人、また最も少ない人をそれぞれ選ぶ。

④なぜ線の多い少ないが分かれたのか、原因を話し合う。また、将来転職をするとしたら、どちらの人のほうが役に立つ情報を得やすいのか、3節の内容を参考にして考えてみる。

4. [ミニレポート] 弱いつながりの強さ

自分の周囲の先輩、バイト先の人、親戚の人などの中で、弱いつながりを多くもっていそうな人に次の点についてインタビューしてまとめる。(1) どんな分野の知り合い（弱いつながりの相手）がいるか。(2) 弱いつながりを多くもつことで良かった点は何か。

5. [グループワーク] 弱いつながりと普及効果

①受講生の誰も知らない他学部や他大学の特定の学生へのメッセージ転送実験を行う。

②数名ずつのグループに分かれ、指定された目標人物にメッセージが届くよう、知り合いに LINE のメッセージの転送をお願いする。その際、各グループで5人の知り合いにそれぞれお願いする。

③5つの経路がどのように辿ったのか、追跡して記録する。

④それぞれの経路で学部（ないし大学）をまたいだ時の転送が「弱いつながり」か「強いつながり」か確かめ、どちらの場合のほうが早く（少ない人数で）目標人物へ到達したか調べる。そして、その理由を3節の内容を参考にまとめてみる。

⑤実験結果と考察内容をクラス全体に向けて発表する。

● 演題課題の最新データは⇨ http://www.koubundou.co.jp/files/55184_06.pdf

STEP 3 | 読書案内

『パブリック―開かれたネットの価値を最大化せよ』
ジェフ・ジャービス／関美和訳（NHK出版，2011）
インターネット時代における情報のオープン化について、「プライバシー／パブリック」の観点から考えた入門的1冊です。

『私たちはどうつながっているのか―ネットワークの科学を応用する』
増田直紀（中公新書，2007）
本章でも扱った「弱いつながり（弱い紐帯）」や「構造的空隙」など、ネットワーク論の考え方をわかりやすい事例で解説した1冊です。

『公共性の喪失』
リチャード・セネット／北山克彦、高階悟訳（晶文社，1991）
19世紀を中心とする「パブリック／プライベート」観念の変容について、多彩な知を動員して歴史的に検証を行った名著です。

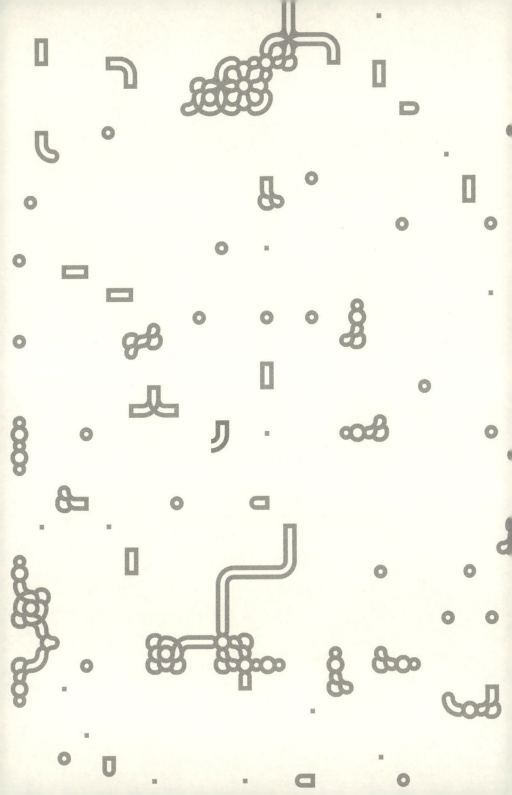

Part 4

第4部 地域で生きる

もうすぐクリスマスだ。
それが過ぎれば、お正月。
年末年始のコンビニバイトは大忙しだ。
クリスマスケーキやお歳暮、お節も販売している。
子どもの頃のクリスマスケーキといえばホール型のケーキで、
とても一人で食べきれる量じゃなかったけど、
最近のコンビニにはケーキもお節も一人〜二人暮らし用のものまであるし、
流行に合わせてゆるキャラ商品まで置いてあって、
新商品が入荷するたびに商品名を覚えるだけでも一苦労だ。
いよいよ来年からは就職活動も本格化する。
会社説明会が始まる前に業界研究だけでもしておかなきゃ。

第7章
地域の活性化は可能か？

浦野慶子

1. ご当地アピール戦国時代の到来

1-1. 地域の魅力を知ってもらうための方法とは

　次頁の図を見てください。図7-1は地域団体商標として登録されている案件の多い都道府県を示したグラフで、表7-1はゆるキャラ®グランプリ[※1]の歴代王者を記したものです。

　地域団体商標制度は、商標法の改正によって2006年から始まった制度で、これにより【地域名】と【商品名】からなる商標登録が可能となりました[※2]。この制度に

[※1] 「ゆるキャラ®」および「ゆるキャラ®グランプリ」は登録商標で、「ゆるキャラ®」という商標は、有限会社みうらじゅん事務所および株式会社扶桑社が所有している。

図7-1　地域団体商標として登録された案件の多い都道府県

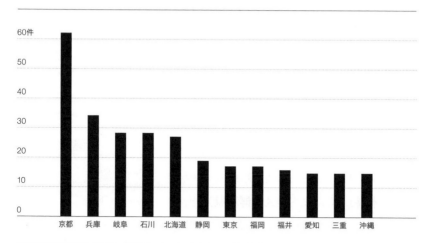

出典）特許庁「地域団体商標MAP（平成28年4月13日更新）」をもとに筆者作成
https://www.jpo.go.jp/torikumi/t_torikumi/t_dantai_syouhyou.htm（最終アクセス：2016.05.12）

表7-1　ゆるキャラ®グランプリの歴代王者※

開催年	キャラクターの名称	出身地
2011	くまモン	熊本県
2012	バリィさん	愛媛県今治市
2013	さのまる	栃木県佐野市
2014	ぐんまちゃん	群馬県
2015	出世大名家康くん	静岡県浜松市

出典）ゆるキャラ®グランプリオフィシャルWebサイト　http:www.yurugp.jp/（最終アクセス：2016.05.12）
※）2011～2012年はゆるキャラ®ランキング第1位、2013年～2015年は総合ゆるキャラ®ランキング第1位

よって「枕崎鰹節」などの食べ物から、「越前和紙」などの伝統工芸・美術品までさまざまな地域団体商標が誕生し、地場産品のブランド化が進められています※3。

一方、ゆるキャラ®グランプリは、文字通り、ゆるキャラ®の人気を競う大会です。ゆるキャラ®グランプリオフィシャルWebサイトにあるように、これまでに、くまモン（熊本県）、バリィさん（愛媛県）、さのまる（栃木県）、ぐんまちゃん（群馬県）、出世大名家康くん（静岡県）がグランプリ王者に輝いています※4。みなさんの中でゆるキャラ®という言葉や上記のキャラクターを知らないという人はいないのではないでしょうか。ゆるキャラ®という言葉は、漫画家でイラストレーターのみうらじゅん氏が、地域に親しみを感じたり、地域の活性化につながり得るキャラクターを指す言葉として生み出したものです※5。その後、国宝・彦根城築城400年祭のイメージキャラクターとして誕生したひこにゃんが全国的な人気を集め、ゆるキャラ®ブームが到来しました※5。2011年のゆるキャラ®グランプリ王者であるくまモンのように、現在では、海外の一流ブランドとコラボするなど活躍の場を広げるキャラクターもいます※6。

この章では、ゆるキャラ®に限定せず、地域色を帯びたマスコットキャラクター全般を「ご当地キャラクター」と呼び、それについてとりあげていきたいと思います。

※2 特許庁『地域団体商標2009』2009. 特許庁のWebサイト内にある「地域団体商標制度」のページには、地域団体商標制度についての説明、活用事例、最新情報が掲載されている。
※3 特許庁『平成26年度商標出願動向調査-都道府県市区町村における商標登録出願及びその活用に関する状況調査』2015. 特許庁『平成20年度商標出願動向調査-地域団体商標に係る出願戦略等状況調査』2009. 特許庁『平成24年度商標出願動向調査-地域団体商標に係る登録後の活用状況調査』2013.
※4 ゆるキャラ®グランプリオフィシャルWebサイト
http://www.yurugp.jp/（最終アクセス：2016.05.12）
※5 みうらじゅん『全日本ゆるキャラ公式ガイドブック』扶桑社, 2009.
※6 蒲島郁夫『私がくまモンの上司です-ゆるキャラを営業部長に抜擢した「皿を割れ」精神』祥伝社, 2014.

1-2. 特産品×ご当地キャラクターのタッグに誘惑されて

　今日もコンビニに行けば、数多くの限定商品や企画商品が売られています。そうした商品の中には、ご当地キャラクターと地場産品を使った商品が少なくありません。たとえば、みなさんの多くは"熊本県産食材使用"と、くまモンがアピールしている商品を一度は見たことがあるでしょう。ご当地キャラクターが宣伝する地場産品を使った限定品ほど、私たちの購買意欲をそそるものはないのではないでしょうか。なぜなら、私たちは美味しい名産品が大好きで、可愛いキャラクターが大好きで且つ、期間限定や数量限定などの限定商品に目がないからです。

　コンビニでは、基本的に全国どこでも同じようなものが売られていますが[※7]、なぜ、その一方で地域の魅力を前面に打ち出した商品にも人気が集まるのでしょうか。なぜ、ある地域の産品に対して「これは美味しそうだ」と思ったり、「高品質だから安心して食べられるだろう」と信頼したりするのでしょうか。また、地場産品を消費者にアピールする際に、ご当地キャラクターを活用することが少なくないのはなぜでしょうか。

　次節では、はじめに地域の魅力を積極的に発信する必要が生まれた構造的な要因について、産業・人口構造の変化とコミュニティをめぐる社会学の視点から考えます。そのうえで、日本人が可愛いキャラクターを愛好するようになった歴史をふり返ります。次に、ご当地キャラクターが地域を元気にする存在として果たしてきた役割とその効果を見ていきます。

※7 ただし、どのコンビニチェーンも地域の傾向や好みに合わせ、同じ食品(たとえば"おでん")でも具材や味付けなどを変える工夫をしていると言われている。

第7章　地域の活性化は可能か？ | 155

2．ご当地アピールの起源

2-1. 社会の変化から見たご当地アピールの必要性

　基本的に全国どこへ行っても同じようなものが売られているコンビニで、なぜ、全国各地の地場産品を使った商品にも人気が集まるのでしょうか。また、なぜ、ご当地キャラクターがアピールするとより一層、注目が集まるのでしょうか。この節では、工業化と都市化の進展によって伝統的な地域社会のあり方が崩れ、それにより人々の生活様式や思考様式も変化してきたという歴史的な流れの中で、こうした現象について考えていくことにします。最初に工業化と都市化について社会学の視点から学んでいきましょう。

　工業化（産業化、インダストリアリゼーション）とは、『社会学小辞典』[※8]によれば「産業構造が農業中心の型から工業中心の型へと移り変わること」を指し、18世紀後半からイギリスで始まった産業革命を契機としてイギリス以外の欧米諸国や日本にも広がり、その後、工業の中心も軽工業から重工業へとシフトしていきました。

　一方、都市化とは、都市部に人口が集中し、国や特定の地域において都市部に住む人の割合が非都市部に住む人の割合に比べて増加することを指しますが、社会学の定義では、生活様式や行動様式などの都市的な変化についても含みます[※8]。工業化と都市化が進むと、どのような変化が生まれ、どのような問題が起きるのでしょうか。

※8 濱嶋朗他編『社会学小辞典』有斐閣, 2005, p. 29 (工業化), p. 463 (都市化).

2-2. 工業化と都市化によって起きた変化とは

　産業の中心が農業から工業へとシフトした結果、それまで田畑が広がっていたところに工場が建ち、農地から工業用地へと転換したり、農村部の若者が都市部に出て工場労働者になったりしました。また、都市の市街地化が無秩序に進むスプロール現象※9も起きました。伝統的な村落社会では、みんなが力を合わせて田畑を耕し、伝統行事を行うことを通じて共同体を形成してきました。これは、絆の強い社会であると言えますが、共同体を維持するために集団を乱す行動が許されないため、自由や個性が制限されるという側面もあります。一方、都市では地域住民と共同で一つのことをするというよりは、分業化・専門化された仕事を各自で担うことが多くなります。地域で集団行動をする必要がなくなるので、周りの人からむやみに干渉されることなく比較的自由に生活することができます。

　さらに、都市空間では、近所に住んでいても互いの名前を知らず、どんな仕事をしているのか、何をして過ごしているのかも知らないことが珍しくありません。こうした傾向から、アメリカの社会学者デイヴィッド・リースマン※10は、現代の都市空間に生きる人々のありさまを著書『孤独な群衆』※11の中で分析しています。都市空間では、人がたくさん集まっていても、結束することはなく、一人ひとりが孤立しています。また、都市空間では知り合いになっても、人間関係を続けることが難しく、特別な理由もないまま簡単に疎遠になることも少なくありません。損得勘定抜きでつき合うことが少なく、いざという時

※9 スプロール現象
都心から周辺へと無秩序・無計画に開発が広がる現象。

※10 デイヴィッド・リースマン (David Riesman)
1909〜2002. 社会学者。現代社会に特徴的な社会的性格として「他人指向型」を唱えた。主著に『孤独な群衆』『個人主義の再検討』がある。

※11 デイヴィッド・リースマン/加藤秀俊訳『孤独な群衆』(上)(下)みすず書房, 1950=2013.

に助け合うことが難しいというリスクもあります。

ドイツの社会学者フェルディナント・テンニース※12は、社会の形態を類型化し、全人的に親密に付き合う社会集団をゲマインシャフト（共同社会）、利害関心によって接合することもあれば離別することもある社会集団をゲゼルシャフト（利益社会）と定義しました※13。産業革命以前の伝統的な村落共同体は、ゲマインシャフトであると言えます。その一方で、その時々の利害が一致しなければ疎遠になるような関係は、ゲゼルシャフトであると言えます。

コミュニティ理論の提唱者でアメリカの社会学者ロバート・M.マッキーバー※14は、地域コミュニティを社会的共同生活の基盤と位置づけ、地域コミュニティが成立するには地域性と共同性が必要であることを提唱しました※15。都市空間では、マッキーバーの言う共同体としての感情が育ちにくい側面があります。どこに住むかは、インフラなどの都市生活の整備面や就業機会の多さで決まることが多く、必ずしも地域への愛着があるからではありません。他にもっとお金を稼げる仕事のある地域や便利な地域があれば、そちらに引っ越そうと考えます。また、都市空間での快適さというのは、近隣住民が無償奉仕で助け合うことによって生み出されたものではなく、労働で得た貨幣を支払って受けるサービスによるものが大部分です。そのため、都市の担い手としての共同体という感情が育ちにくいのです。

※12 フェルディナント・テンニース (Ferdinand Tönnies)
p. 18 参照
※13 濱嶋朗他編『社会学小辞典』有斐閣, 2005.
※14 ロバート・M. マッキーバー (Robert Morrison MacIver)
p. 139 参照
※15 加納恵子「コミュニティ」山縣文治・柏女霊峰編集委員代表『社会福祉用語辞典（第9版）』ミネルヴァ書房, 2013, p. 107.

2-3. 戦後日本の変化を見てみると

前節では、社会学の理論を踏まえて、社会の動向がもたらす日常生活での人との関わりにおける変化をみてきました。

次に、戦後の日本の状況を具体例として見ていきましょう。戦前の日本社会では、農林水産業が主要産業でした。総務省統計局「国勢調査」[※16]から産業（3部門）別15歳以上就業者の割合をみてみると、戦前は過半数の人が農林水産業などで構成される第1次産業に従事し、製造業をはじめとする第2次産業に従事している人はわずか2割でした。その後、1960年代前半にエネルギー資源の中心が石炭から石油に転換するエネルギー革命が進展し、工業化が加速しました[※17]。第1次産業従事者

※16 日本政府統計ポータルサイト https://www.e-stat.go.jp/SG1/estat/eStatTopPortal.do では国勢調査をはじめ、さまざまな政府統計をオンラインでみることができる（最終アクセス：2016.05.02）。

※17 資源エネルギー庁「平成24年度エネルギーに関する年次報告」2013.

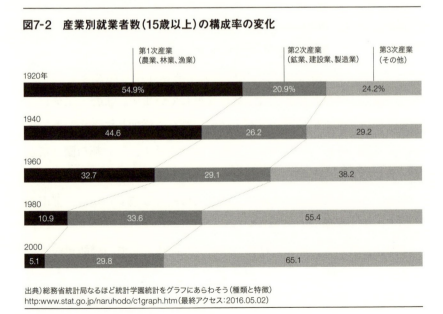

図7-2 産業別就業者数（15歳以上）の構成率の変化

	第1次産業（農業、林業、漁業）	第2次産業（鉱業、建設業、製造業）	第3次産業（その他）
1920年	54.9%	20.9%	24.2%
1940	44.6	26.2	29.2
1960	32.7	29.1	38.2
1980	10.9	33.6	55.4
2000	5.1	29.8	65.1

出典）総務省統計局なるほど統計学園統計をグラフにあらわそう（種類と特徴）
http:www.stat.go.jp/naruhodo/c1graph.htm（最終アクセス：2016.05.02）

図7-3　三大都市圏及び東京圏の人口が総人口に占める割合

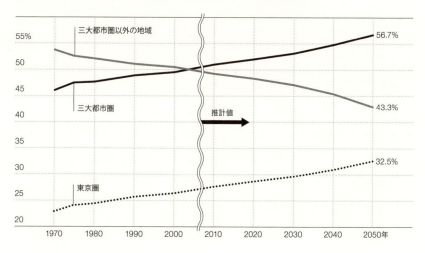

出典）総務省統計局Webサイト
http://www.soumu.go.jp/johotsusintokei/whitepaper/ja/h24/html/nc112130.html（最終アクセス：2016.05.02）

は減少し続け、1980年代には1割にまで減少する一方、第2次産業従事者は3割、サービス業に代表される第3次産業従事者は5割を超えました[18]。現在では、7割の人が第3次産業に従事しています。また、工業化の進展に伴い、都市化が進んで都市住民の割合も増加してきました。現在、東京圏に住む人の割合は、全体の3割を超え、三大都市圏（東京圏・名古屋圏・大阪圏）に住む人の割合は半数を超えています。その一方で、三大都市圏以外の地域に住む人の割合は減少し続け、都市部への人口集中が続いています[16]。

※18 厚生労働省『平成25年度版労働経済の分析』2013.

　工業化と都市化が進んだ結果、地域の共同体としての機能が弱まってきました。内閣府の「平成19年度国民生活白書」では、NHK放送文化研究所『現代日本人の意識構造』をもとに、地域でのつきあいに

ついて、「なにかにつけ相談したり、助けあえるような」【全面的な付き合い】は1973年から2003年の30年間で減少し続ける一方で、「あまり堅苦しくなく話し合えるような」【部分的な付き合い】を望む人が半数で横ばいの微増傾向となっていることを指摘しています。さらにもっと希薄な「会った時に、あいさつする程度の」必要最低限の【形式的な付き合い】を望む人が増加してきたことを指摘しています[19]。近所づきあいをしないことで快適に生活できると感じる人もいるでしょうが、内閣府の調査では「一般的な人間関係について難しくなったと感じるか」という質問に対して、「難しくなった」と感じる人が6割を超え、その理由の一つとして「地域のつながりの希薄化」を挙げています[19]。

※19 内閣府『平成19年度版国民生活白書』2007.
※20 このことは、地域ブランドの視点からも議論されており、電通 abic project 編/和田充夫他『地域ブランドマネジメント』(有斐閣, 2009)に詳しい。

　近所づきあいはわずらわしいと思いながらも、地域とのつながりが弱くなることでかえって人間関係のあれやこれやに悩むというのは何とも矛盾していますが、こうした変化を背景に、各地でご当地アピールが取り組まれてきました。政治・行政においても地方分権化の流れによって、自治体間の競争が進んでいます。ご当地アピールは、かつての村落共同体の復活を図るのではなく、新しいやりかたで地域の良さ・魅力を（再）認識してもらうことで、その地域に住む人同士が一体感を感じたり、他の地域の人々から興味を持ってもらうことを目指してきました[20]。この新しいやり方には、本章の冒頭で紹介した地域団体商標に登録して特産品のブランド化を図ったり、ご当地キャラクターを活用して地域の魅力を発信したりする取り組みも含まれます。

3. ご当地キャラクターの過去と現在を振り返る

3-1. キャラクターを愛でる文化の発達

　ここまで、社会構造の変化によってコミュニティの成立要件である地域性と共同性が崩壊し、それを取り戻すために地域の魅力を発信し、地域に対する関心と愛着を喚起する必要に迫られていることを見てきました。「ひこにゃん」や「くまモン」などご当地キャラクターの登場によって、地域の魅力が発信され、それをきっかけに当該地域を訪れたり、名産品を買ったり、コンビニでコラボ企画商品を買ったりすることで大きな社会的・経済的効果があがることが実証されてきました[21]。その際に、なぜ可愛いマスコットキャラクターを用いるのでしょうか。金子信久による分析[22]をもとに、可愛いキャラクターを愛でる文化の歴史をさかのぼって見ていきましょう。

　動物を人間に見立て、ユーモアにあふれた可愛らしさを描く手法は、平安時代または鎌倉時代に描かれたとされる絵巻物『鳥獣人物戯画』（京都・高山寺所蔵）にさかのぼるとされています[22]。『鳥獣人物戯画』には、擬人化されたウサギやカエルたちが楽しそうに遊び戯れる姿が描かれています。その巧みな表現技法は、現代のアニメーションに通じるものであることが指摘されています[23]。

　江戸時代に入ると、多くの絵師によって動物たちの笑いとユーモアあふれる可愛らしい姿が描かれてきました。江戸前期に描

[21] 日本銀行熊本支店「くまモンの経済効果」2013年12月26日
[22] 金子信久『「かわいい絵」の論理と歴史』府中市美術館編『かわいい江戸絵画』求龍堂, 2013.
[23] 高畑勲『十二世紀のアニメーション-国宝絵巻物に見る映画的・アニメ的なるもの』徳間書店, 1999.

かれた絵の中には、動物たちの何気ない愛らしいしぐさをとらえた作品が見られます。江戸後期に入ると、フワフワして丸くて可愛らしい子犬の絵（円山応挙）や、感情表現豊かで人情味あふれる猫の絵（歌川国芳）が描かれました[22]。江戸期に描かれた可愛らしい動物たちは、現代の私たちが愛好するマスコットキャラクターに通じるものがあります[22]。

3-2. ゆっくり愛されてきたキャラクターたち

1980年代の地方博覧会ブームでは、さまざまなマスコットキャラクターが生まれました。1610万人もの入場者を集めた神戸ポートアイランド博覧会（ポートピア'81）を契機に、地方自治体が地域の活性化を目指してさまざまなテーマの博覧会を開催しました[24]。たとえば、つくば国際科学技術博覧会（つくば'85）は、科学技術をテーマとした国際博覧会であると同時に筑波研究学園都市のさらなる発展にもつながった博覧会とされていますが[24]、そこではコスモ星丸くんというマスコットキャラクターが生まれました。現在でも、つくばエキスポセンターのサイエンスミュージアムショップでコスモ星丸くんのグッズが販売されています[25]。

博覧会だけではなく、国民体育大会や国民文化祭などのイベントを契機に誕生したマスコットキャラクターがイベント終了後も地域で使用継続されるケースも少なくありません。ご当地キャラクターとして活動を続けることで人気が高まり、それによって地域の魅力が広く認知されるようになっ

[24] 小林甲一『博覧会の開催と開催都市の地域政策-国際博覧会の発展と日本における博覧会の展開』2005．
http://www.jsc.fudan.edu.cn/meeting/051126/%E5%B0%8F%E6%9E%97%E7%94%B2%E4%B8%80.pdf (最終アクセス：2016.05.02)

[25] つくばエキスポセンター
http://www.expocenter.or.jp/ (最終アクセス：2016.05.02)

図7-4 さまざまな姿に変身するぐんまちゃん

出典）群馬県　群馬県のマスコット「ぐんまちゃん」
許諾第 28-180408 号

たケースも指摘されています。次にいくつか事例を見ていきましょう。

　ゆるキャラ®グランプリ 2014 で優勝した群馬県のマスコット「ぐんまちゃん」は、1994 年に行われた第 3 回全国知的障害者スポーツ大会（ゆうあいピック群馬大会）のマスコットキャラクターゆうまちゃんとして誕生しました[26]。その後も 2004 年に行われた第 17 回全国健康福祉祭（ねんりんピックぐんま）などのマスコットキャラクターを務め、現在では、ぐんまちゃんと名前を改めて、地域活性化の重要な役割を担っています[26]。群馬県の魅力を発信するため、温泉や世界遺産を PR する衣装で、さまざまな姿に変身するのが特徴です[27]。

　福島県復興シンボルキャラクターとして

[26] http://www.pref.gunma.jp/01/b0100129.html
ぐんまちゃんのプロフィール（最終アクセス：2016. 08. 23）
[27] ぐんまちゃんナビ！ 群馬の魅力発信サイト
http://www.gunmachan-navi.pref.gunma.jp/（最終アクセス：2016. 05. 02）

図7-5　4人家族となったキビタン

出典）キビタンの部屋　福島県Webサイト

知られる「ふくしまからはじめよう。キビタン[※28]」も、1995年に福島県で行われた第50国民体育大会（ふくしま国体）のマスコットキャラクターとして誕生したのがはじまりです。国体終了後も、2002年に行われた第15回全国健康福祉祭（うつくしまねんりんピック）のマスコットキャラクターなど、さまざまな場面で活動を続けてきました。

　2011年の東日本大震災以降は、福島県復興シンボルキャラクターとして活躍しています[※28]。国民体育大会や国民文化祭などをきっかけに登場し、その後も継続して活動しながら、地域のシンボルとして広く認知されるようになった事例と言えます。

[※28] キビタンの部屋
https://www.pref.fukushima.lg.jp/site/kibitanroom/
（最終アクセス：2016.05.02）

3-3. 一気にスターダムに駆け上がったくまモン

　ぐんまちゃんやキビタンのように長い年月をかけて活動を続け、人気を獲得してきたご当地キャラクターがいる一方で、くまモンは短期間で人気を博し、今や海外でも人気を誇っています。ここでは、くまモン誕生の背景と成功した理由について考えていきます。

　くまモンは、2011年の九州新幹線全線開業に向けたキャンペーンの一環で誕生しましたが[29]、新幹線開業以前から熊本県は地域活性化の必要性に迫られていました。熊本県の県庁所在地である熊本市は、2012年に九州で3番目の政令指定都市となりました。大都市を抱える県というイメージがありますが、熊本県の総人口は減少傾向が続いています。さらに、熊本県の中でも過疎地域は人口減少が続き、高齢化率が30％を超える地域もあります[30]。そうした中、九州新幹線の全線開業が決まり、くまモンを通じて熊本県の魅力を内外に発信し、熊本県民が郷土への愛着を感じて連帯感を高めたり、地域外の人からも関心を持ってもらうための取り組みが始まったのです。

　くまモンが短期間に人気を得た理由には、ストーリー性のある話題の提供、ソーシャルメディアを活用した参加型のプロモーション、商標の使用料無料による利用拡大などが指摘されています[29]。九州新幹線の開業に先立ち、くまモンは自分の名前を出さずに大阪の各所を積極的に回ることで話題を呼ぶ手法を取りました[6]。蒲島熊本県知事から「くまもとサプライズ特命全権大使」に任命された後も、名刺配りに嫌気がさして失踪する事件を起こすなどして関心を集め、ブログやツイッターを通じてユーザーとコミュニケーションを図りながらさまざまなキャンペーンが展開され

[29] 熊本県庁チームくまモン『くまモンの秘密-地方公務員集団が起こしたサプライズ』幻冬舎、2013.
[30] 熊本県『高齢者関係資料集』(2015)

図7-6　今や海外でも人気の「くまモン」

ⓒ 2010 熊本県くまモン

ました[※6]。

　くまモンは、「商標の利用料がタダ」という手法を採用したご当地キャラクターのパイオニアです[※6]。商標の使用料が無料というのは、「クリエイティブコモンズ」という著作権に関する新しい考え方に基づき、一定の条件のもと無料で商用利用ができるというものです[※6]。くまモンの利用規定では、「熊本県のPR、県産品の販路拡大、県の産業振興等に寄与することを目的」とすることを条件としています[※31]。

　こうした取り組みの結果、くまモンは短期間で全国的な人気を博しました。経済効果については、日本銀行熊本支店の試算によれば、ゆるキャラ®グランプリ2011の優勝から2年間の経済効果は1,244億円にのぼるとされます[※21]。2016年熊本地震以降は、被災

[※31] くまモンオフィシャルWebサイト http://kumamon-official.jp/（最終アクセス：2016.05.04）

第7章　地域の活性化は可能か？ | 167

地支援を目的とした「FOR KUMAMOTO PROJECT」でも活動しています。

4. 元気で幸せな地域づくりに向けて

　地域団体商標制度の登録によって認知度がどのくらい上がったのか、また、ご当地キャラクターの活用によって経済効果がどのくらいあったのかについては各方面から検討が重ねられてきました[32][33]。前節では、くまモンの経済効果の大きさについてふれましたが、全般的に、ご当地キャラクターはプロモーションにたいへんな額のお金がかかります。地域団体商標の登録による地域産品のブランド化は、成功すれば大きな経済効果が得られますが、宣伝に莫大な費用がかかった割に、未だ大きな成果が得られていないというケースも少なくありません。

　ただし、成果というのは経済効果のことだけを指すのではありません。地域の連帯感を高めることや地域住民一人ひとりの幸福度を高めるなど、経済面だけでは測れないさまざまな社会的効果があるはずです。また、震災時の助け合いの促進など、平常時ではわからない効果もあるはずです。さらに、そうした社会的効果は、長期的な視点からでないと判断できないということもあります。2016年熊本地震以降、くまモンは震災復興に向けた活動も展開して

[32] 佐々木陽一「『ゆるキャラ』に懸ける地域経済活性化事業の課題」PHP総研時事コラム http://research.php.co.jp/jijicolumn/20130306.php（最終アクセス：2016.05.06）
[33] 特許庁『平成24年度商標出願動向調査-地域団体商標に係る登録後の活用状況調査』2013.

います。今後、平時だけではなく災害などの有事にご当地キャラクターがどのような役割を果たしうるのか、経済効果だけではなく地域の連帯感や幸福度など社会的効果についても、さまざまな視点から見ていくことが重要であると思います。

STEP 1 まとめ

　この章では、全国どこでも同じようなものが売られているコンビニで、なぜ、ご当地キャラクターが PR する地場産品を使った限定商品が話題を呼ぶのかについて、社会の変化や可愛いキャラクターを愛でる文化といった視点から考えてきました。

　社会の変化について、本章で取り上げたことをまとめてみましょう。

(1) 工業化

　日本では、農林水産業で構成される第 1 次産業従事者は激減し、製造業をはじめとする第 2 次産業従者も減少する一方で、サービス業に代表される第 3 次産業従事者は 7 割に達しました。

(2) 都市化

　日本では都市部への人口集中が続いています。東京圏に住む人の割合は、全体の 3 割を超え、三大都市圏（東京圏・名古屋圏・大阪圏）に住む人の割合は半数を超えています。都市化とは、都市への人口集中のみを指すのではなく、生活様式や行動様式などの都市的な変化も含むことを述べました。

　こうした変化から、現代の私たちは、地域での全人的なつきあいを避ける一方、人間関係が希薄化したために人間関係が難しくなったと感じるという矛盾した問題を抱えています。ご当地キャラクターによる地方の魅力アピールや、地域団体商標による地域産品のブランド化は、新しいかたちで地域と人をつなごうとする試みと言えます。

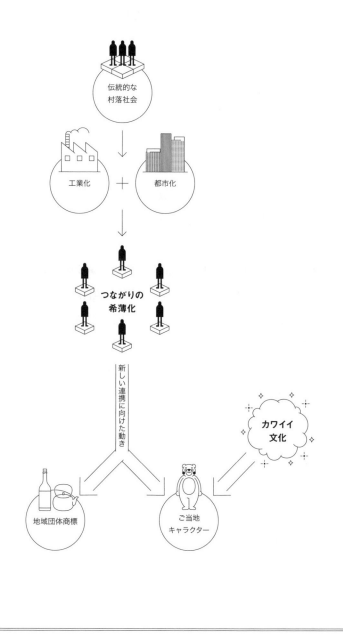

STEP 2 演習課題

1. [ミニレポート] あなたの住んでいる都道府県の人口の推移を知る

①政府統計の総合窓口 e-Stat (https://www.e-stat.go.jp/SG1/estat/eStatTopPortal.do) にアクセスし、あなたの住んでいる自治体の人口の推移を調べる。

②戦後、どのような変化があったのかについて、人口増加／減少率に着目してレポートをまとめる。

2. [グループワーク] 都道府県別人口増加／減少率をマップで示す

①地理情報分析支援システム MANDARA (http://ktgis.net/mandara/) にアクセスし、フリーソフトの解説を読む。

②フリーの GIS ソフト MANDARA と地図データをダウンロードする。

③政府統計の総合窓口 e-Stat (https://www.e-stat.go.jp/SG1/estat/eStatTopPortal.do) にアクセスして都道府県別高齢化率を算出し、それを Microsoft Excel ファイルにまとめたうえで、高齢化率の推移を MANDARA を使って GIS で示す。

3. [グループワーク] 地域団体商標の活用事例を知る

①特許庁 (https://www.jpo.go.jp/indexj.htm) にアクセスし、地域団体商標制度のページに行き、地域団体商標制度の活用事例について YouTube 動画の紹介とインタビューのレポートを探す。

②あなたの自治体でも応用できそうな事例などに着目し、グループで

発表する。発表する事例がかぶらないように、発表の準備に入る前に一度、全体で調整する。

4. [グループワーク] クリエイティブコモンズとなっている
　ご当地キャラクターについて調べる。

① まずは自分のお気に入りのご当地キャラクターを出し合い、それらがクリエイティブコモンズになっているかを調べる。
② クリエイティブコモンズになっていない場合には、くまモン以外にクリエイティブコモンズになっているご当地キャラクターが他にいないか調べる。
③ 事例をまとめ、グループで発表する。発表する事例がかぶらないように、発表の準備に入る前に一度、全体で調整する。

- 演習課題の最新データは⇨ http://www.koubundou.co.jp/files/55184_07.pdf

STEP 3　読書案内

『かわいい江戸絵画』
府中市美術館編（求龍堂，2013）
江戸絵画を通じて日本の「可愛い」文化の論理と歴史がわかる1冊。

『キャラクター・パワー──ゆるキャラから国家ブランディングまで』
青木貞茂（NHK出版，2014）
日本のキャラクター文化を分析した1冊。

『くまモンの秘密──地方公務員集団が起こしたサプライズ』
熊本県庁チームくまモン（幻冬舎，2013）
熊本県の職員たちが、くまモンが全国的な人気キャラクターに成長するまでの奮闘を記した1冊。

『地方消滅──東京一極集中が招く人口急減』
増田寛也編（中央公論新社，2014）
"地方消滅論"の火付け役となった1冊。

第8章
多様化する家族

渡辺秀樹

1. 流動化する時代の家族

1-1. LGBT[※1]と家族

　あなたにとって家族とは誰のことですか。両親と兄妹、田舎にいる祖父母、ペットを家族の一員と考える人もいるでしょう。家族の<mark>主観的定義</mark>として、当事者以外の誰もそれを否定することはできません。

　2015年、東京都の渋谷区と世田谷区では同性カップルにパートナー証明書の発行を始めました。こうした動向は、日本に限った話ではありません。法律的に認められた

※1 LGBT
レズビアン（女性同性愛者）、ゲイ（男性同性愛者）、バイセクシュアル（両性愛者）、トランスジェンダー（心と体の性の不一致）の頭文字をとった性的少数者の総称。

婚姻関係にはないけれど、親密な関係にある人と共同生活を過ごしている人は世界中にたくさんいます。そして、読者の中にはそうした関係にある人たちによって養育されているという人もいるかもしれません。

※2 ライフコース
出生に始まり、死亡に終わる、個人が一生の間にたどる人生の道筋。
※3 段階ごとに、課題が変化するため、家族発達課題（family developmental task）と呼ばれる。

かつて「出生・就学・就職・結婚・出産・退職……死」というライフコース※2をたどることが当たり前だった時代、「家族像」にもまたある一定のイメージがありました。しかし、現在、人々の家族的経験は多様化し、結婚しない人もいれば、子どもを持たない人もいます。どう生きるのか、ライフコースにおける選択肢が個人の采配に任されている現代社会では、家族のあり方もさまざまです。この章では時代とともに変遷をとげてきた「家族」の多様性について考察します。

1-2. 家族生活周期に現れる変化

家族は、時間の経過とともに家族間の関係性や抱える課題、それに伴うライフスタイルが変化していきます。新婚時代の夫婦のみの生活と、子どもが生まれてからの生活との間には大きな差がありますし、子どもの成長によって親子関係、夫婦関係が変化します。家族が必要とするニーズ（食べ物、衣類、養育や介護などのケアの量や質など）の内容も変化し、それに伴って夫婦に求められる課題[*3]、会話の内容も異なってくることと思います。

このように時間とともに変化する家族の段階を家族周期段階、あるいは家族生活周期段階（family life cycle stage）と呼びます。家族周期段階には、「新婚期」「子ども養育期」の他に「子ども巣立ち期」、子どもが巣立って夫婦のみの生活になる「空の巣（empty nest）期」、配偶

第 8 章　多様化する家族 | 177

者の死を経る「寡婦／寡夫（widow / widower）期」といった段階があります。各段階で家族生活が変化することが理解できると思います。

家族周期／ファミリー・ライフサイクルは、「家族」が夫婦家族制のもと、結婚に始まり、配偶者双方の死によって終わるという考え方に基づいています。読者のあなた自身の家族生活を振り返り、周期段階的な変化を想定することができるか検討してみてください。

1-3. 家族ライフコースに現れる女性の社会進出

家族生活周期は、集団としての家族生活の規則的・画一的な変化に注目するものですが、家族ライフコース（family life course）は、個人の家族的経験の多様性と変化に注目します。個人のライフコースから、家族にアプローチする方法が家族ライフコースです。

家族ライフコースは、家族関連のライフイベント（life events）[※4]のつながったもの、つまり連鎖と考えられています。みなさんもよく耳にするであろう「晩婚化」や「少子化」といった言葉は、結婚や出産といったライフイベントに注目したものと言えます。

人々のライフイベントの経験の仕方は多様です。その多様性をそのまま捉えようとするのがライフコース的アプローチですが、女性が経験するライフコースのパターンを類型的に区分したものが、図8-1です[※5]。この調査の対象者は18歳〜34歳の未婚者です。

それぞれのライフコースは、イベント連鎖のパターンの違いとして次のように示されています。

※4 ライフイベント
就学、就職、結婚、出産、転職といった人生における出来事（イベント）を指す。多くの場合、個人の人生を大きく左右する節目となる。

※5 厚生労働省社会保障・人口問題研究所『平成27年第15回出生動向基本調査』より。この調査は5年ごとに実施され、家族関連の基本的なデータを知ろうとする時には、参照すべき重要な調査です。

図8-1　調査別にみた、希望する女性のライフコース

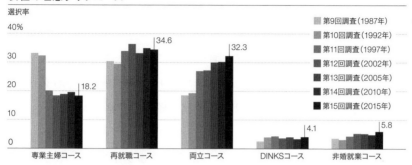

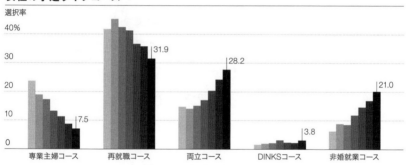

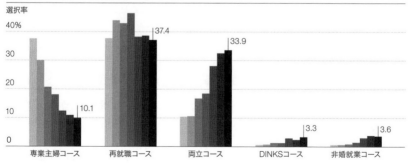

注）対象は18〜34歳未婚者。その他および不詳の場合は省略。

(1) 専業主婦コース：結婚や出産を契機に仕事を辞めるパターン。
(2) 再就職コース：結婚や出産を契機に仕事を辞めるが、育児期が終わると再び仕事に就くパターン。
(3) 両立コース：結婚や出産、育児と共に仕事を継続するパターン。
(4) DINKS[※6]コース：結婚し共働きで、子どもを持たないパターン。
(5) 非婚就業コース：結婚せずに仕事を続けるパターン。

※6 DINKS：Double income with no kids

　女性が理想とするライフコース、予定とするライフコース、そして男性がパートナーに望むライフコースについて尋ねた調査の7時点分の結果が示されています。女性たちがどのようなライフコースを望んでいるか、それが理想と現実でどのように異なるのか、男性はどのようなライフコースをパートナーに望んでいるのか、それらがこの20年余でどのように変化してきたかがわかります。

2．家族構成の類型

2-1.さまざまな家族類型

　それでは、さまざまな家族的経験の変化が家族構成にどのように反映されるのかを見てみましょう。まず、あなたが生まれてから現在までの家族構成を描いてみましょう。

　たとえば、図8-2（a）は、あなたがひとりっ子で、生まれてから現在まで家族構成に変化がないことを示しています。図8-2（b）は、あ

図8-2　家族構成を表す樹形図

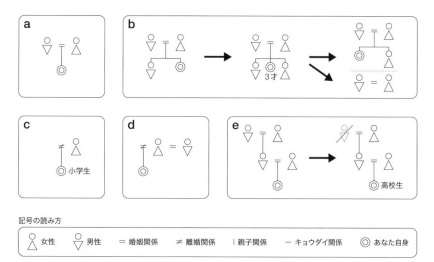

なたには兄がいて、3歳下の妹がいることがわかります。そして兄は結婚して新たな家庭を築き独立しています。図8-2（c）は、あなたが小学生の頃、両親が離婚（≠で表しています）して現在はあなたと母親のひとり親家庭、つまり母子家庭であることがわかります。図8-2（d）は離婚した母親が再婚していることを示します。図8-2（e）は、あなたが生まれた時は祖父母がいて、祖父が高校生の時に亡くなったことを表しています。

　それでは、あなた自身が生まれてから現在までの家族構成を描いてみてください。誰と誰を家族と認知しているか、その範囲が親やキョウダイの認知と一致しているかどうかを問うこの過程は、ファミリー・アイデンテイテイ（family identity）の問題として、家族社会学の研究テーマにもなっています。

ここで注意しておきたいのが「家族」と「世帯」のずれです。国勢調査などで回答が求められる世帯（household）という単位は「家族」とは異なります。世帯とは「居住と生計をともにする人たち」のことを表します。あなたが就学や就職のために親元から離れ独り住まいをしていれば、親とは別の世帯を営んでいるということになり、あなた自身は「単独世帯」の世帯主ということになります。世帯と家族とは重なることもあればズレることもあります。

このように、家族（family）の統一的な定義は難しいのですが、家族は現代に生きる人々にとって、あるいは現代社会にとって重要な存在であることは疑いようがありません。したがって、もちろん社会学にとっても家族は重要な研究領域であり続けています。

2-2. 核家族と拡大家族（クレヨンしんちゃんとサザエさん）

次に、みなさんもよく知るある家族を例に、家族社会学の基本的家族類型を見てみましょう。マンガやアニメで人気のクレヨンしんちゃんの家族構成は、両親と妹（＋ペットの犬？）です。このような家族構成を核家族（nuclear family）と呼びます。「夫婦と未婚の子どもからなる家族」のことです。なお、国勢調査などでは夫婦のみの世帯やひとり親（母子・父子）世帯を含め「核家族的世帯」と言います。

一方、やはりマンガ（アニメ）で長い間、親しまれてきたサザエさんの家族構成はどうなっているでしょうか。図8-3をご覧ください。複雑です。サザエさんとマスオさん（夫）、そしてタラちゃん（子）がいます。さらに、サザエさんの両親である波平とフネ、そしてサザエさんの弟のカツオと妹のワカメがいます。このような家族は拡大家族（extended family）と呼ばれます。

図8-3　クレヨンしんちゃんとサザエさんの家族構成

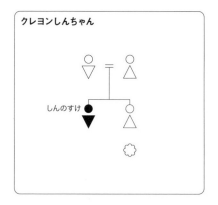
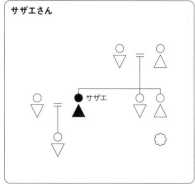

　よく見ると、拡大家族は核家族が連結したものと見ることができます。波平・フネを両親とし、サザエ・カツオ・ワカメを子どもたちとする核家族と、サザエさんが結婚してできた夫（マスオさん）と子ども（タラちゃん）とによって構成される核家族です。つまり、拡大家族は核家族が複数連結してできていると言えます。核家族の連結の仕方により、拡大家族の類型はさまざまですが、基本的には以下の3類型です。これらは、子どもの結婚を契機とする居住規則（residential rule）による分類ということができるでしょう。

(1) 夫婦家族制（conjugal family）：すべての子どもが、結婚を契機として他出独立する家族制度。

　現代の多くの欧米社会の家族規範がこの類型に入ります。核家族が単独で存在するため、夫婦家族と核家族は互換的な呼称として使われ

ることがありますが、一つの類型としては夫婦家族と呼びます。

（2）直系家族制（stem family）：子どものうち一人は、結婚後も親と同居する家族制度。

かつての日本の「イエ制度」がこの類型に入ります。親の核家族と子どもの核家族の一つが連結している類型です。

（3）複合家族制（joint family）：複数の子どもが、結婚後も一定期間、親と同居する家族制度。

これは世界でも実例は多くありません。インドや東ヨーロッパの一部の伝統的な社会がその例として報告されています。親の核家族と複数の子どもの核家族、つまり3つ以上の核家族が連結してできる類型です。

他にも、さまざまな類型がありますので、関心のある人は『事典 家族』[※7]などの文献を参考に調べてみてください。次に、もう一つ重要な家族類型を紹介します。

2-3. 定位家族と生殖家族

前項2-2.で述べた通り、夫婦家族制のもとでは、多くの人々が生涯に二つの家族を経験します。一つは生まれ育った家族、そして二つ目に結婚を契機に配偶者とともに形成する家族です。前者は定位家族（family of orientation）と呼ばれ、後者は生殖家族（family of procreation）と呼ばれます。

しかし現代日本社会では、一生のうち一度も結婚しない人が増え、今後も増えていくと言われています。つまり非婚化が進み、皆婚社会[※8]が揺らいでくると、定位家族の

[※7] 比較家族史学会編『事典 家族』（弘文堂、1996）

[※8] **皆婚社会**
社会の大多数の人々が結婚する社会。反対は稀婚社会。

みを経験して一生を終える人が一定の割合に達します。とは言え、それでも多くの人々が生涯に二つの家族を経験するといって間違いはないでしょう。重要なのは、この二つの家族の対照的な基本的特徴をおさえておくことです。

定位家族

　多くの人は、ある特定の家族の内に生まれてきます。定位家族は、子どもとして生み込まれる家族のことを指します。子どもにとって、その家族は与えられたもので、自ら選んだものではありません。またそこで結ばれる関係（＝親子関係）は多くの場合、持続的で切断、つまり縁を切るには通常困難を伴います。生まれながらに与えられたという意味で属性的な（ascribed）関係、いわば宿命的な関係です。

　私たちは、匿名の一個人としてこの社会に登場するのではなく、生み込まれた定位家族によってさまざまな属性を付与され、特定の一個人としてこの社会に登場します。定位家族によって社会における位置が定められ、あらかじめ方向付けがなされるのです。貧困の中で人生をスタートするか否か、都市的環境で人生を始めるか否かなど、さまざまな社会的経済的環境をあなた自身では選ぶことができません。

　生まれた家族の階層や文化、あるいはライフスタイル、地域、宗教などは、個人の社会へのスタートラインを定めます。階層と地位移動の研究で家族が重要になるのは、この定位家族の特徴によっているということが理解できるでしょう。

生殖家族

　生殖家族は配偶者選択（mate selection）を経て、配偶者とともにつ

くる家族です。親子関係と違い、夫婦関係は与えられたものではなく、基本的に自らが選択したものです。この関係を契約と呼ぶこともできるでしょう。「婚約」という言葉からもわかるように、夫婦となることを約束するのです。親子の属性的関係に対して、獲得した(achieved)関係とも言えるでしょう。

それでは、夫婦関係の特徴を考えてみます。夫婦の間で愛情が失われ、回復不能となるまで関係が破綻状態に至る時、あるいは配偶者の暴力(DV)や経済的困窮に対する責任が発生し、それらが問われる時、関係を切断する、つまり離婚に至ることも少なくありません。しかし、親子の間に愛情がなくなっても親子関係を切ることは困難です。児童虐待や経済的破綻があってすら、親子関係を切ることは容易ではありません。親子関係を一時的に切り離すのが適当なのにもかかわらず、そうすることができず、児童虐待の最悪の結果として子どもの死に至ったケースが繰り返し報道されています。

定位家族と生殖家族のコンフリクト

私たちは、このようにまったく異なる特徴を持つ二つの家族を経験しています。子どもから見た定位家族は、親からみれば生殖家族です。離婚などの際には、この二つの対が大きなコンフリクト(葛藤)を起こすことがあります。つまり、離婚は親にとっては選んだ結果ですが、子どもにとっては自分自身で選んだ結果ではないのです。

出生前診断のように、現代社会における生殖補助医療の進展は、親の側における選択性を増大させることにつながりましたが、子どもの側の所与性は変わりません。この意味で、家族は元来、不安定なシステムであると言うこともできそうです。

3. 国際比較から見る家族観の多様性

3-1. 世界の家族観

ここまで日本における家族類型や「家族」が内包する課題等を見てきました。それでは、世界では「家族」はどのように捉えられているのでしょうか？ 図8-4は、国立女性教育会館が実施した「家庭教育に関する国際比較調査」の結果です[※9]。調査対象は、日本・韓国・タイ・アメリカ・フランス・スウェーデンの6ヶ国です。0歳から12歳までの子どもを持つ親に、子どもに将来してほしくない家族生活像（family life styles）を選んでもらいました（複数回答可）。各国、およそ1,000人の親（父親／母親は、ほぼ半々）に聞いています。

※9 調査の実施は2005-06年。調査結果については、国立女性教育会館『家庭教育に関する国際比較調査報告書』(2006)および牧野カツ子他編『国際比較にみる世界の家族と子育て』（ミネルヴァ書房, 2010）を参照。

図の上の項目が家族生活像です。「標準的」な家族生活像というより、多様な家族生活像を列挙しています。順番は、左から日本の親が［子どもにしてほしくない］と答えた割合の高い順に並んでいます。つまり、調査対象となった日本の親の76％が［同性愛カップルで生活する］ことは避けてほしいと答えているということを示しています。

この図から何がわかるでしょうか。ここでは紙幅の制約もありますので、家族の多様性に関連して基本的なことのみを述べておきます。

3-2. 家族観は何によってつくられるのか

まず、棒グラフの11個の合計面積に注目してください。面積が最

図8-4　将来子どもにしてほしくない家族生活像（複数回答）

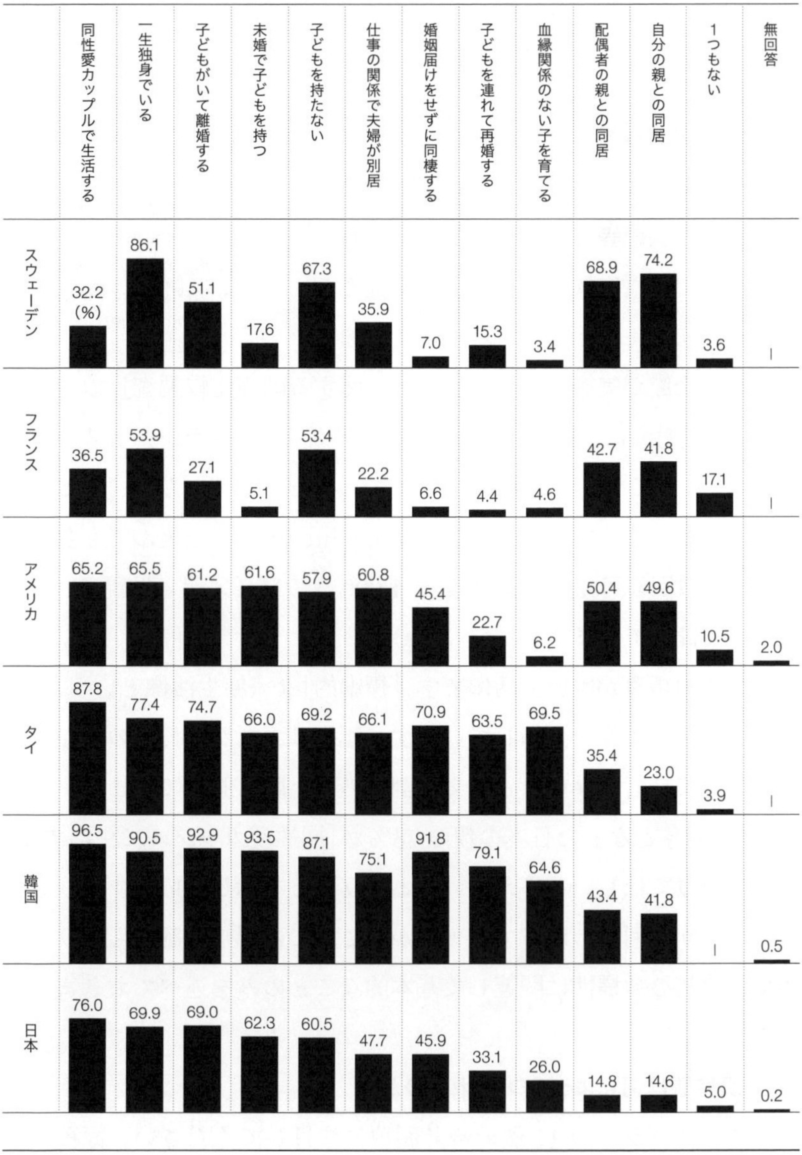

	同性愛カップルで生活する	一生独身でいる	子どもがいて離婚する	未婚で子どもを持つ	子どもを持たない	仕事の関係で夫婦が別居	婚姻届けをせずに同棲する	子どもを連れて再婚する	血縁関係のない子を育てる	配偶者の親との同居	自分の親との同居	1つもない	無回答
スウェーデン	32.2(%)	86.1	51.1	17.6	67.3	35.9	7.0	15.3	3.4	68.9	74.2	3.6	―
フランス	36.5	53.9	27.1	5.1	53.4	22.2	6.6	4.4	4.6	42.7	41.8	17.1	―
アメリカ	65.2	65.5	61.2	61.6	57.9	60.8	45.4	22.7	6.2	50.4	49.6	10.5	2.0
タイ	87.8	77.4	74.7	66.0	69.2	66.1	70.9	63.5	69.5	35.4	23.0	3.9	―
韓国	96.5	90.5	92.9	93.5	87.1	75.1	91.8	79.1	64.6	43.4	41.8	―	0.5
日本	76.0	69.9	69.0	62.3	60.5	47.7	45.9	33.1	26.0	14.8	14.6	5.0	0.2

も大きいのは韓国です。韓国の親は、子どもにしてほしくないと考える家庭生活上のライフスタイルが多いと言えます。9割以上の親が、子どもにしてほしくないと考える家族ライフスタイルが5個あります。反対に、面積が最も小さいのがフランスです。「してほしくない」割合が大きい項目でも5割前後です。面積の広さは、その社会の家族規範の強さを表していると考えられます。韓国社会は、多様な家族ライフスタイルではなく、「標準的」な家族ライフスタイルを強く望んでいるように見えます。他方で、フランスやスウェーデンなどは、多様な家族のライフスタイルをとることに許容的な社会と言えるでしょう。

　図8-4に基づいて、韓国とスウェーデンの結果を対比的に見てみましょう。韓国の親は、子どもに法律婚をし、そして婚内子を持ち、実子を育ててほしいと強く思っていることがわかります。一方、スウェーデンの親は、「一生独身でいる」ことは避け、パートナーと暮らす経験をしてほしいと考えていることが示されています。そして「子どもを持たない」という選択には抵抗を感じている様子です。ここまでは、韓国の親たちと大差がありません。

　しかし、スウェーデンでは多様なパートナーを認めています。「同性」や「同棲」、「再婚」のパートナーシップに対し避けてほしいという割合がそれほど大きくありません。また「婚外子」や「血縁関係のない子ども」である養子や義理の関係の子どもといった、実子以外の子どもを育てることにも寛容です。図8-4から見る限り、社会によって家族の多様性を許容する度合いが異なることがわかると思います。

　次に、11個の棒グラフ全体で表われるかたちに注目してみましょう。かたちは、その社会の家族文化を表していると考えられます。韓国と日本は似ています。図の上側の西欧社会はかたちが異なります。

特にフランスやスウェーデンは特徴的なかたち、つまり文化を示しているのがわかります。それは前述したように、パートナーシップの多様性と親子関係の多様性を許容する文化です。

さらに、10番目の「配偶者の親との同居」、11番目の「自分の親との同居」の2項目に注目しましょう。日本の親は、子どもが結婚した後、親と同居することに抵抗がないのがわかります。他方、スウェーデンの親は、子どもが結婚したら、相手の親でも自分でも同居は避けてほしいと強く思っています。前者は、〈世代連続的〉な家族文化、後者は〈世代独立的な〉家族文化の存在を示唆しています。このように、図8-4は家族観が社会によって異なること、さらに家族の多様性への意識も社会によって異なることを示していると言えるでしょう。

4．家族を支える地域ネットワーク

4-1.『誰も知らない』を生んだ日本社会

みなさんは映画『誰も知らない』（是枝裕和監督，2004）をご覧になったことがあるでしょうか？ 2004年度のカンヌ国際映画祭では、最優秀主演男優賞を受賞したことでも話題になりました。母親失踪後の子どもたちだけの生活を追う、ドキュメンタリー風のこの作品は、実は現実に起きた〈巣鴨子ども置き去り事件[※10]〉を題材にしています。

※10 巣鴨子ども置き去り事件
1988年、東京都豊島区で発覚した保護責任者遺棄事件。父親が蒸発後、母親は4人の子どもを置いて家を出ていき、金銭的な援助は続けていたものの、実質的な育児放棄状態にあり、子どもたちだけの生活が続いた。この事件と「家族」をめぐる考察は以下に詳しい。
渡辺秀樹「置き去りにされる子どもたち」岩上真珠他『いま、この日本の家族』（弘文堂，2010）。

事件が起きたのは今からおよそ30年前のことではありますが、まぎれもない私たちが暮らすこの都市社会で起きた事件です。近隣住民の目がありながら、家族の孤立と、4人の幼い子どもたちの遺棄が引き起こされた理由はどこにあるのでしょうか。皆さんは、匿名的でかつ流動的、さらには利便的な都市生活と内閉的な家族観を育む日本社会の特徴が、その背景に大きく関わっていることが想像できるのではないでしょうか。以下、それぞれの点について考えてみましょう。

都市の流動性

　2節と3節で見てきたように、現代社会を生きる人々の価値観は多様化し、それに伴いライフコースもさまざまに変化しました。かつての村落共同体に見られたような「イエ社会」というつながりは絶たれ、都市の中で人は匿名性をまとって生きています。匿名性が担保される生活は、社会における監視の目から自由になる一方、それとは引き換えに社会関係資本[※11]を手放すことになります。社会関係資本とは、大まかに言えば人々の信頼関係や人間関係によって紡がれるネットワークのことです。少し歩けばコンビニという24時間必要なものは何でもそろう便利な店があると、経済的によほど窮していない限りは、近所に頼らずともひとまずは生活ができてしまいます。

　さらに、現代都市家族は閉鎖性という特徴を強く持っています。都会のマンションやアパートに住んでいる場合、隣りの部屋に誰が暮らしているのか、顔も名前も知らないという人も多いのではないでしょうか。閉ざされた家族の中には地域の大人たちの干渉と保護の目が届かず、子どもたちは親によって独占的に育てられることになります。そのうえ、核家

※11 社会関係資本
p. 10参照

第8章　多様化する家族

族の増加により、遠方に住む祖父、祖母の協力を得ることが難しい世帯も多く、地域コミュニテイのみならず、親族におけるネットワークも脆弱化してきているというのが現在、最も基本的な家族のあり方と言えます。

嫡出規範の強さ

　巣鴨子ども置き去り事件の母親は5人の子どもを出産しましたが、それぞれに父親は異なります。そのすべての父親と婚姻関係にもありません。長男の父親に婚姻届の手続きを依頼していたものの、実際には提出されず、婚姻関係にあると思い込んだまま長男を出産、出生届も父親によって提出を放棄され、長男は無戸籍となってしまいます。

　出産をめぐるライフイベントの順序については、以下の3つのパターンが考えられます。

（1）結婚→妊娠→出産
（2）妊娠→結婚→出産
（3）妊娠→出産

　（2）は妊娠先行型結婚、いわゆる「できちゃった婚」です。（1）と（2）は婚姻関係の中で出産しているので、生まれた子どもは婚内子です。一方、（3）のように結婚というライフイベントを経ないで生まれた子どもを婚外子と言います。巣鴨子ども置き去り事件の子どもたちは全員婚外子です。

　現在、日本の婚外子割合は2％程度であり、これは世界的に見て圧倒的に低い数値です。2008年の調査結果によると、欧米の婚外子割合は30％〜40％、スウェーデンでは50％を超えています。日本をはじめとした韓国など、東アジアの国々で婚外子割合の低さが目立ちます。

これは、第3節で見てきたように、人々に求められる社会規範の強い国ほど、嫡出規範も強いことが推察されます。

ライフコースの多様化とは対照的に、日本においては婚外子を産むのは好ましくない、というタブーに近い観念が横たわっているのです。こうした嫡出規範の強さから逃れようと、巣鴨子ども置き去り事件における母親とその子どもたちは、社会から隠れるような生活を続けたとも考えられます。

4-2. 地域ネットワークの復興

それでは、巣鴨子ども置き去り事件のような家族を生まないために、私たちは何をすればよいのでしょうか？ まず必要なのは、地域における互助的関係です。互助的関係においては互いに匿名ではいられません。自由とサポートネットワークの両立が可能な社会を目指すにはどうしたらよいか。地域における世話焼きのおばさんや、うるさいおじさんの個人の生活への介入が、困難を抱える当事者と福祉行政を結びつけることもあるでしょう。

今後、ますます少子高齢化が進展する社会の中で、日常的な地域サポートネットワークを構築することは、いっそう重要な課題となります。それこそが、社会が家族を置き去りにしないための第一歩です。みなさんも地域ネットワークの一員として活動するため、自分たちにできることがあるか考えてみてはいかがでしょうか。

STEP 1 　まとめ

　本章では家族の多様性について述べてきました。現代社会において、家族の多様性に注目することは非常に大切なことです。

　生殖補助医療の進展による家族関係の多様化、グローバリゼーションに伴う家族の多様化、ジェンダーやセクシュアリテイの多様な存在が家族の多様化に及ぼす影響など、考えるべき問題は数多くあります。

(1) 家族の定義──一緒に暮らしていれば家族と言えるのか？
(2) ライフコースの多様化が家族類型に及ぼす影響
(3) 出生前診断のように選択の幅の拡大が生むコンフリクト
(4) 社会によって形成される家族観

　本章は、こうした課題と向き合うための基礎的な準備でした。今後、法制度上でも家族の多様化に伴うさまざまな問題が提起され、新たな対応が求められる局面がいっそう増すことになると思います。他方で、婚外子割合の極端な低さのように、多様化していない現象に対してはなぜそうなのかと問うことが必要でしょう。

　家族は多くの人々にとって、身近な存在です。人々が伸びやかに家族的生活、あるいは非家族的生活をすごすことができる社会を問い続けていただきたいと思います。

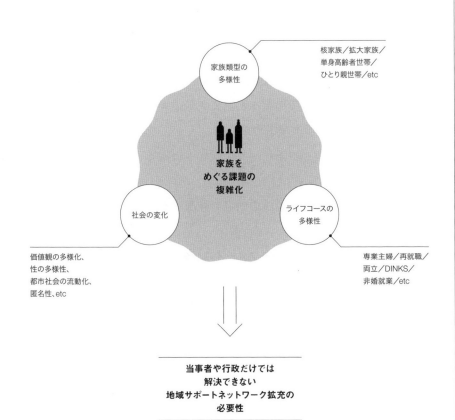

STEP 2 演習課題

1.［グループワーク］性関係や性的自認に関わる多様性と家族
①数人のグループに分かれる。
②LGBT（Lesbian, Gay, Bisexual, Transgender）について担当を決めて、それぞれの言葉の意味と家族を形成する際の問題点についてインターネットで調べる。
③グループ内で発表し、それぞれの問題点の似ている点と異なる点を整理する。
④クラス全体に向けて、議論の内容を発表する。

2.［グループワーク］女性のライフコースのパターン
① p.180 の（1）〜（5）の女性の5つのライフコース・パターンのうち、女性は自分が理想とするパターンを、男性はパートナーに望むパターンを選び、その理由を書く。
②数名のグループに分かれて、それぞれが選んだパターンと理由を述べる。
③グループ内で理想とするパターンで意見が割れた場合、どうして異なったのか、その社会的要因を探り整理する。
④クラス全体に向けて、議論の内容を発表する。

3.［グループワーク］見合い結婚と恋愛結婚
①数人のグループに分かれて、見合い結婚と恋愛結婚の長所と短所に

ついて議論し、それぞれの長所、短所を 3 点ずつ出し合う。
② 自分たちが選んだ長所と短所から、見合い結婚と恋愛結婚の背後にある、結婚についての価値観の違いを書き出す。
③ クラス全体に向けて、グループで議論した内容を発表する。
④ 結婚という制度が今後どのように変化していくかについて、クラス全体で意見を出し合う。

4．[グループワーク] 家族観の国際比較
① もし自分が特定の国の人間ではないとしたら、将来どの国に住みたいと考えるのか、3 節の家族観の国際比較の議論を参考に選び、その理由を書いてみる。
② 数名のグループに分かれて、それぞれが選んだ国と理由を述べる。
③ 意見が割れた場合、どうして異なったのか、その社会的要因を探り整理する。
④ クラス全体に向けて、議論の内容を発表する。

5．[ミニレポート] 生殖補助医療
精子バンクと代理母という生殖補助医療のあり方について調べ、その医療技術の進展が従来の家族規範に対して、新たにどのような問いを生む可能性があるのかについて、レポートにまとめる。

- 演習課題の最新データは⇨ http://www.koubundou.co.jp/files/55184_08.pdf

STEP 3 読書案内

『日本の家族 1999-2009——全国家族調査（NFRJ）による計量社会学』
稲葉昭英他編（東京大学出版会，2016）
全国家族調査の3時点のデータを分析したもの。多くの研究者が執筆し、家族に関わるさまざまなテーマが扱われていますので、日本の家族の全体像について知ることができます。計量家族社会学の現在を知ることにもなります。

国立社会保障・人口問題研究所編『出生動向基本調査』
5年ごとに行われている家族に関する全国調査。未婚者を対象とする調査と、有配偶者を対象とする調査の2本立てです。結婚観や出産観、子ども観などの意識と実態について、現在までの推移とともに知ることができます。インターネット検索で簡単にデータにアクセスすることができますので、便利です。
上記2冊ともに、図表を正確に理解するためのよい学習の機会になると思います。

『いま、この日本の家族』
岩上真珠他編（弘文堂，2010）
筆者の関わった書籍です。筆者は児童虐待に関する事件（子ども置き去り事件）を手がかりにして、現代家族の問題、そして家族を取り巻く現代社会の問題を議論しています。関心を持って家族社会学に取り

組むための導入的な書です。

『そして父になる』
是枝裕和監督（2013）
『クレイマー・クレイマー』
ロバート・ベントン監督（1979）
家族については、映画や小説なども考える機会を与えてくれます。たとえば、『そして父になる』(是枝裕和監督作品，2013) は親子関係や父親について考えさせられます。少し古いですが、アメリカ映画『クレイマー・クレイマー』(1979) も離婚問題、父親論、ワークライフバランスなどを考えるよい機会となります。角田光代『八日目の蝉』(中央公論新社，2007．映画化もされました) など、他にもたくさんあります。映画を観て〈家族社会学をしてみてください〉。楽しみは倍増します。

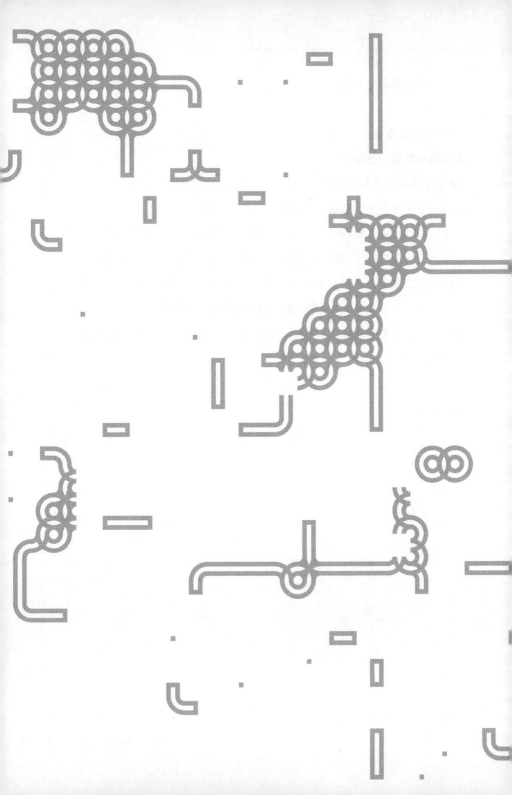

第5部 常識を疑う

今年のお正月休みは実家に帰らず、バイトをして過ごした。大学近くのコンビニだから、年明けはさすがにお客さんが少ない。みんな実家に帰っているんだろうな。昨日、テレビのニュース番組でコンビニ強盗についての事件が報道されていた。こんなに街が静かだと24時間オープンしているコンビニみたいな場所は一晩中、犯罪のリスクを抱えることになるんじゃないかな。日本は治安が良いってよく聞くけど、本当かな。凶悪犯罪はむしろ増えているような気もするんだけど…。

第9章
治安悪化説と犯罪不安

山口 毅

---

1. 地域の治安や安全に対する関心の高まり

1-1. 日常的な犯罪不安
私たちが感じる「犯罪」
　「犯罪」という言葉で、あなたは何を思い浮かべますか。多くの人が犯罪と聞いて思い浮かべるのは、新聞やテレビ、インターネットなどのニュースで報道される事件ではないでしょうか。日々報じられるニュースの中には、凶悪性や異常性を感じやすい犯罪が多く盛り込まれています。そうした事件は、私たちの耳目を引きがちです。
　2010年代前半に、深夜の飲食店チェーンに連続して強盗が入った

事件が話題になりました。従業員が1人になる「ワンオペ」という態勢が強盗を誘発しているのではないか、とも論じられました。飲食店やコンビニなどでの強盗のニュースが報じられることもしばしばです。しかし、実際にコンビニで働いたり、客として利用したりする時、強盗事件に出くわすことはそれ程多くはないと思います。それでも「犯罪」の範囲を広げれば、色々な事件に出くわすことでしょう。店員として万引き犯を発見したり、そうでなくとも予防のためにさまざまな方法を教わっている人もいるかもしれません。その他にも、クレイマーなどを含めた客と店員とのトラブルもあるでしょう。人間関係をめぐるトラブル（パワハラ、セクハラなど）も、起こりうるでしょう。

※1 **逸脱**(deviance)
「社会や集団の規範に反する現象」（『社会学小辞典』有斐閣）のこと。犯罪も逸脱の一種だが、逸脱概念の方が幅広い事柄を含む。

　このような犯罪未満の軽微な規則違反や、犯罪につながるかもしれないトラブルを含めて考えれば、日常的な生活も、犯罪や逸脱[※1]とは無縁でないことが見えてくるでしょう。

関心の高さを示す世論調査結果

　犯罪に対する私たちの感覚をうかがわせるデータがあります。内閣府の調査（2012年）によると、「ここ10年間で日本の治安はよくなったと思いますか」という質問に、「悪くなった」と答えた人は81.2％でした。また2015年の同省の調査では「おおむね5年前と比べて、少年による重大な事件が増えていると思いますか」という質問に対して、「増えた」という回答は78.6％でした（図9-1）。

　大勢の人が治安悪化や少年犯罪の増加を気にしているように見えます。犯罪に対する不安には根拠があるのでしょうか。統計データを見

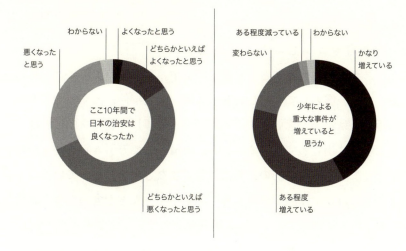

図9-1　世論調査にみる日本の犯罪不安

出典）内閣府『治安に関する特別世論調査』(2012)および『少年非行に関する世論調査』(2015)より筆者作成

てみましょう。

1-2. 根拠とされる統計データ

刑法犯の認知件数・検挙件数・検挙率

　図9-2は、『平成27年版犯罪白書』(法務省法務総合研究所）掲載の警察庁統計から作成したグラフです。「刑法犯」とは、刑法やそれに類似する法律で決められた犯罪の総称です。殺人、強盗、窃盗、傷害などの罪種を含み、一般的に私たちが「犯罪」としてイメージするものと重なります[※2]。「認知件数」とは、警察が発生を把握した（＝

※2 刑法には長らく道路上の交通事故に関わる過失致死傷等が含まれていた。『平成27年版犯罪白書』では、それらを含めたものを「刑法犯」、それらを除いたものを「一般刑法犯」として区別している。しかし2014年に施行された新しい刑法では、道路上の交通事故に関わる過失致死傷等が除外された（別の法律が設けられた）ため、「刑法犯」と「一般刑法犯」を区別する意味は薄くなった。本章で用いる「刑法犯」は、従来の「一般刑法犯」に該当するものを指している。

図9-2　刑法犯認知件数・検挙件数・検挙率の推移

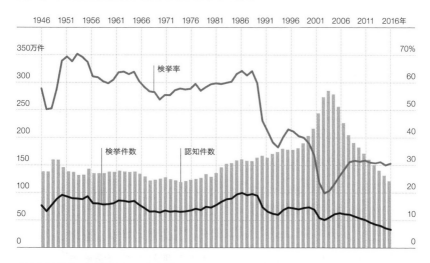

出典）法務省『平成27年版犯罪白書』より筆者作成

認知した）犯罪の件数を表し、「検挙件数」は警察が被疑者[※3]を特定し、必要な捜査を行って書類を作成した件数です。数値の中身については、後で取り上げます。認知件数には被疑者が全くわからない犯罪が含まれます。他方、被疑者がわかっている犯罪は、警察は必ずその発生を把握しているということになります。だから各年の認知件数はおおむね、検挙件数より大きな数値になります。検挙件数を認知件数で割って、それに100を掛けた数値を「検挙率」と言います。警察が発生を把握している犯罪のうち、被疑者を検挙している割合はどれくらいかを見る目安となる数値です。

※3 ニュースなどでは「容疑者」と言うが、法律上は被疑者と呼ぶ。

認知件数と検挙率の変化

　行政の文書やニュース報道では、認知件数が増えると治安が悪化したとみなされることがあります。この場合、認知件数を犯罪の「発生件数」に近いものとして捉えているわけです。さらに検挙率も、どれだけ被疑者を検挙できているかという警察の捜査能力を示すものとして、治安に関わる数値と思われがちです。

　図9-2に示されているように、日本社会では1990年代末から2000年代初頭にかけて刑法犯の認知件数が急増し、その後、急減しています。その間、検挙率は低下し、また上昇しています[※4]。認知件数を発生件数に近いものとする考え方からすれば、急激に治安が悪化し、その後回復したように捉えられます。しかし犯罪社会学の領域では、大半の研究者はそのように見てはいません。それは、統計データの性質を考慮するからです。そこで次に、データをどう読み解くかという点を解説しましょう。

※4 検挙件数の増減は相対的に少ないため、検挙率の変化の多くの部分は分母である認知件数の変化によるものである。

2. 統計データの社会学的把握

2-1. 統計データの意味するもの

暗数の発生過程

　統計データがどのように作成されるかに注目してみましょう。

　図9-3を見てください。犯罪が発生してから、さまざまな段階を経て、認知件数となるまでの流れをフローチャートで示したものです。

図9-3 犯罪の発生から警察による犯罪の認知・暗数の発生に至るまでの流れ

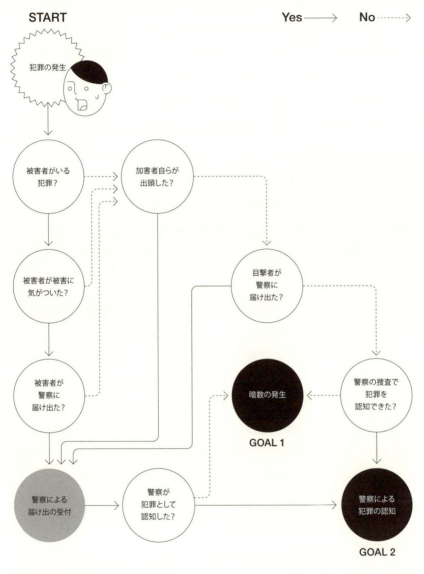

出典）岡邊健編『犯罪・非行の社会学』有斐閣、2014

犯罪には、賭博や薬物使用のように、被害者のいないものがあります。また、店員に気づかれない万引きのように、犯人以外に知られていない場合もあります。被害者が気づいていても、警察に届け出るとは限りません。それらの場合、犯罪はいわゆる「暗数」になる確率が高くなります。暗数とは、実際には発生しているにもかかわらず、統計数値に計上されない事象を意味する用語です。

さらに注意すべきは、被害者等の届け出があっても警察が必ず犯罪を認知するとは限らないということです。このような幾重にもかかったフィルターを潜り抜け、警察がその犯罪の発生を認知（＝把握）してはじめて、認知件数の数値が現れるのです。ここから、認知件数を「発生件数」として考えることは、間違いであることがわかるでしょう。実際に犯罪がどれくらい発生しているかは、認知件数から直接は（当然ですが、検挙件数からも）わからないのです。

警察の活動報告としての統計データ

それでは、刑法犯認知件数などのデータには、何の意味もないのでしょうか。そんなことはありません。これらのデータがはっきりと示している事柄があります。認知件数は、ある年の刑法犯について、これだけの件数を警察が「認知した」ということであり、検挙件数ならば同様にそれだけの件数を警察が「検挙した」ということです。つまり、これらのデータは警察の活動状況を示しているのです。

2-2. 治安悪化説＝「治安悪化神話」
刑法犯認知件数・検挙件数の数値が変動する理由

それでは、統計データが警察の活動記録だとして、なぜその数値が

年ごとに変動しているのでしょうか。また犯罪がどれだけ発生しているかについては、結局わからないのでしょうか。

まず、前者の疑問について考えてみましょう。図 9-2 の統計データに戻り、刑法犯の罪種に踏み込んでみます。刑法犯認知件数のうち、殺人が占める割合は 1% もありません。他方、2014 年の刑法犯に占める窃盗の割合は 74.0%[5] です。ここには比較的軽微な犯罪が多く含まれると推測されます。全体の傾向を左右するのは、軽微な罪種の件数に他なりません。

※5 法務省『平成 27 年版犯罪白書』2015.
※6 河合幹雄『安全神話崩壊のパラドックス-治安の法社会学』岩波書店, 2004, p.31.
※7 荻上チキ他『新・犯罪論-「犯罪減少社会」でこれからすべきこと』現代人文社, 2015, p.14.
※8 浜井浩一編『犯罪統計入門-犯罪を科学する方法 (第 2 版)』日本評論社, 2013, pp. 51-62.

例を考えてみましょう。夜道を自転車で走っていて、警察官の職務質問を受けたことはありませんか。特に男性は、友人や知人まで範囲を広げれば、身近にそうした経験をした人がいるのではないでしょうか（ちなみに、私も経験があります）。もちろん大半は何事もなく終わるのですが、自転車泥棒であればこの時に見つかり、逮捕されるかもしれません。つまり、認知件数・検挙件数に計上されるのです。

自転車盗の認知・検挙は、警察の職務質問への取り組みやそれを支える制度に左右されます。自転車の防犯登録制度が 1980 年にできたため、自転車盗を検挙しやすくなったと考えられ、実際に 1980 年代に自転車盗の数値が急増しています[6]。1990 年代にはより重大な犯罪へと捜査力がシフトしたことによって、自転車盗の検挙件数が低下したと言われます[7]。2000 年代の刑法犯認知件数の激増に関して言えば、傷害・暴行など暴力的な犯罪の認知件数も同時に増えており、これは警察への相談や被害届の積極的な受理方針が関わっています[8]。

このように、刑法犯の認知件数や検挙件数の変化については、罪種

の違いに踏み込み警察の取り締まり動向を考慮することが必要です。

治安の実態をうかがい知るには

　次に、犯罪の発生数を推し測る方法について考えます。

　長期的な治安の変化を知りたい時に使われる指標の一つが、「殺人」の認知件数です。殺人という罪種に注目することには利点があります。それは、殺人には暗数が少ないとされていることです。窃盗との比較で考えてみましょう。幼い子どもが万引きをした時、それを見つけた店員が、警察に通報せず親を呼ぶにとどめるといったことはよくありそうですね。他方、殺人を目撃した通行人が、警察に通報しないことはあまり想像できません。このように、殺人のような重大とみなされる罪種は、より軽微な犯罪よりも暗数が少ないと考えられます。

　暗数が少ないということは、この罪種に関しては、認知件数と発生件数が大きく違わないということです[※9]。つまり、殺人の認知件数の変化を、殺人の発生量の変化に近いものとみなしてもよいと言えます。

　図9-4を見てください。同じ年の殺人の認知件数と検挙件数には、ほとんど差がみられません（実際、殺人の検挙率はほとんどの年で95％を上回っています）。ひとたび殺人が認知されると、おおむね被疑者が検挙されていること、つまり警察が捜査活動に注力していることがわかります。そして殺人の認知件数と検挙件数はどちらも、1950年代半ばをピークとして長期的に低下する傾向にあります。要するに、殺人という重大な犯罪に関しては、おそらく発生量が減っているようなのです[※10]。このように見ると、治安が悪化したことを裏付ける証拠

[※9] ただし、認知件数は未遂犯も含んだ数値であることに注意が必要。
[※10] 厚生労働省の「人口動態統計」からは、他害による死亡者数の推移がわかるが、同様の減少傾向である。この統計については浜井浩一編（2013、前掲書）を参照。

図9-4　殺人の認知件数・検挙件数の推移

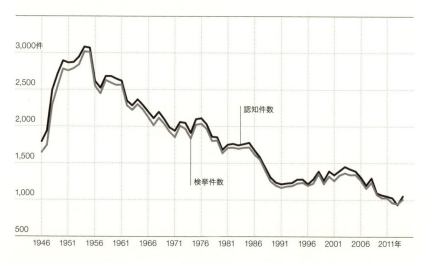

出典）警察庁統計より筆者作成

はなく、むしろ長期的に治安は良くなっていると考えた方が妥当なようです。

3. 不安の社会的背景

3-1. 逸脱への反作用による連帯
なぜ私たちは犯罪不安に駆りたてられるのか

　さて、ここからは少し違った角度で考えてみましょう。
　前節で見たように、前世紀の終わりから今世紀にかけての日本社会において「治安が悪化した」とは言えません。これは、実のところ社

会学や犯罪学では常識に近いことがらです。ただし残念ながら、あまり広く世の中に伝わっているとは言えないでしょう。図9-1に示したように、質問紙調査に回答する人の多くは日本社会の治安が悪化していると答えてしまうのです。

　なぜ第2節のような知識は広まっていかないのでしょうか。

　海外でも社会学や犯罪学の知識が広く伝わらないという事情は同様のようで、「公共犯罪学」というジャンルにおいて、どうしたらより広く人々に正確な知識を伝えることができるかが議論されているほどです。

　世の中に広まりにくい理由は各側面から検討することが可能ですが、ここでは最も身近と言える、私たちの心の中の事情について検討してみましょう。要するに、あなたは（そして私は）何を感じ、考えているのか、ということです。

　ここまで読んできた読者の皆さんであっても（人にもよると思いますが）、犯罪を気にしたり不安に思ったりする気持ちは残るのではないでしょうか。「治安悪化」の根拠があろうがなかろうが、報道される事件を見るたびに、怖くなったり犯人に対して憤ったり、心を揺さぶられるかもしれませんね。

　「治安が悪化している」のが真実ならば、そうした私たちの気持ちは、悪化する状況への正確な反応だ、とも考えられます。しかし、治安悪化説は妥当とは言えないので、検討すべきは治安の状況ではなく、犯罪を気にしてしまう私たち側の事情だということになります。

非難による連帯

　私たちは、耳目を引く犯罪事件について、多くの場合は憤りをかき

たてられ、非難します。この非難のことを「社会的反作用」と言いますが、それに関するエミール・デュルケーム※11の議論を紹介しましょう。

デュルケームは、「なぜどのような社会にも犯罪と規定されて非難される現象があるのか」を考え、私たちが「犯罪を非難する」ことには、重要な働きがあることを見出しました。

彼は、社会の成員が共通にもつ信念・感情に注目し、それを「集合意識」（または「共同意識」）と呼びました※12。犯罪とは、この集合意識を傷つけるような行為だというのです。たとえば私たちは、メディア報道などで残虐な犯罪事件を見聞きした時、ゾッとするような感じや嫌な気分を味わうかもしれません。デュルケームに言わせれば、多くの人と共有する集合意識が傷つけられているため、私たちはそのような感覚に襲われるのだということになります。

そして私たちは、そのまま黙っているとは限りません。嫌な事件について、人と語り合ったり、SNSで発言したりして、お互いの憤りを相互に確認したりもするでしょう。メディアには犯罪を非難する言葉が並びます。デュルケームは、こうした反作用には、「共同意識にその全生命力を保たせて、社会的凝集を無疵のままに確保しておく」働きがあると考えます※13。犯罪への非難には、私たちが抱いている道徳意識を強化し、お互いの精神的つながり（社会的凝集）を維持し、強める働きがあるのです。

※11 エミール・デュルケーム (Émile Durkheim)
1858〜1917。フランスで活動した社会学者。実証主義に基づいた社会学を確立した研究者の一人。犯罪社会学にも大きな影響を与えた。

※12「同じ社会の成員たちの平均に共通な諸信念と諸感情の総体は、固有の生命をもつ一定の体系を形成する。これを集合意識または共同意識（中略）とよぶことができる」（強調は原著者）
エミール・デュルケーム／田原音和訳『社会分業論』青木書店、1971、p. 80。

※13 デュルケーム『社会分業論』青木書店、1971、p. 105。正確には刑罰の働きについて述べた箇所。デュルケームは国家による刑罰を、反作用が組織化されたものとみなしている。

そして気をつけるべきは、この非難は、いつでも、どのような社会でも、同じ強さで行われるものではないということです。デュルケームは、反作用の強さが変わりうるものであることに注意を促しています※14。デュルケームにならい、集合意識の強さと刑法のありようがリンクしていると考えれば、2000年代以降の刑法改正による厳罰化の進行は、日本社会での非難の強まりを示す証拠になるでしょう。

※14 デュルケームは『社会学的方法の規準』(宮島喬訳, 岩波書店, 1978)において、集合意識が過度に強化されると硬直的になって、かえって道徳の進化を妨げる弊害を生むと論じている。
※15 ジョック・ヤング (Jock Young) 1942〜2013. イギリスとアメリカで活動した犯罪社会学者。新犯罪学、左派現実主義などの批判的犯罪学における革新を牽引した。著書に『排除型社会』、『後期近代の眩暈』等がある。
※16 ポストフォーディズム 多品種少量生産など柔軟性を重視した生産を目指す仕組み。ポストフォーディズムの市場経済では、雇用においても柔軟化＝不安定化が進行する。

以上を要約します。私たちが犯罪に対して行う非難には、道徳意識を強め、お互いの連帯を維持するという重要な意義があります。そして現在の日本ではこの働きが、強く求められているようです。それではなぜ、私たちは道徳意識をさらに強化し、いっそう連帯を維持したいと感じるのでしょうか。この理由をさぐるために、犯罪社会学者のジョック・ヤング※15による議論を参照しましょう。

3-2. 現代社会における不安と社会的反作用

物質的不安定と存在論的不安

ヤングは、1960年代後半以降の欧米社会が、物質的に不安定であり、また自分の存在の確かさという点で不安を抱きやすいという傾向を高めてきたと考えます。こうした特徴が、先進国での犯罪に対する非難の強まりの背景にあると言うのです。

物質的な不安定に関してヤングが重視するのは、ポストフォーディズム※16への生産様式の変化です。そこには、不安定な非正規雇用の拡

大と雇用の流動化による中間層の縮小が伴います。ヤングはさらに、コミュニティを解体する個人主義の広がりにも注意を促しています。物質的な不安定が蔓延し、個人主義的傾向が強まる中で、自己アイデンティティがゆらぎ、自分の存在や価値基準についての不安が広がります。こうした不安をヤングは、「存在論的な不安」と呼んでいます。

※17 ジョック・ヤング/青木秀男他訳『排除型社会-後期近代における犯罪・雇用・差異』洛北出版, 2007, p. 30.

　これは現在の日本で考えても、一定の説得力がある見方ではないでしょうか。たとえば、フリーターや派遣社員、ワーキングプア、失業、ニート、ブラック企業・ブラックバイトなど雇用に関する不安定な状態が注目を浴びています。少なくない人が物質的な不安定に巻き込まれているのが昨今の状況でしょう。それによって、真面目に学校に通って高校や大学を出たら一生が保障される、というような従来の人生設計の見込みが立ちにくくなり、自分のあり方に対する不安な気持ちも生まれやすくなっていると言えるのではないでしょうか。

　このような社会の変化をヤングは、「包摂型社会」から「排除型社会」への移行として位置づけています。それは、「同化と結合を基調とする社会から、分離と排除を基調とする社会[※17]」への変化です。労働と家族という2つの領域が確立され、周囲と同調して暮らすことへの圧力はかかっていたけれども（標準的な労働者像や家族像の存在）、そうしてさえいれば安定が手に入った社会が「包摂型社会」です。第二次大戦後から1960年代にかけて、先進国では包摂型社会の秩序が形作られました。その後、雇用が流動化・二極化し、個人主義の風潮によって多様な生き方が認められる一方で、お互いを分断して逸脱者を排除する傾向の強い社会が登場してきました。それが「排除型社会」です。

排除型社会で強まる社会的反作用

　排除型社会では、社会的反作用の度合いも強まるとヤングは考えています。彼はそれを、ルネ・ジラールやジグムント・バウマンによる「スケープゴート※18」の議論を使って説明しています。共同体の外の存在（スケープゴート）に暴力を集中させることで、人々は共同体のまとまりを作りだし、不安定なアイデンティティを落ち着かせることができます。犯罪者などの異質な他者に対する厳しい非難は、そうした暴力行使の一例だというのです。ヤングはその背景に、精神分析学でいう「投影」の働きを見出します※19。「投影」とは自我の防衛機制※20の一つであり、自分自身の嫌な部分を他人に見出してしまうことです。

　不安定な社会構造の中で、懸命にがんばっても、私たちは転落への怖れを消せず、いつ「負け組」になるかという不安を抱えます。この時に役に立つのが、既に転落した人たちを非難することです。犯罪者を非難することで、自分たちこそが社会の正当な一員であるという感覚を強めることができます。そうやって存在論的不安から目をそらし、「異常な存在を非難する正常な私たち」の連帯をかりそめに構築することができるのです。

※18 スケープゴート
本来は、人々の罪を背負わされ神にささげられる生贄の山羊のこと。ジラールの理論で有名になった。

※19 ジョック・ヤング/青木秀男他訳『排除型社会』洛北出版, 2007, p. 270.

※20 防衛機制
不快な状況を避けて自分を守ろうとする無意識の心の仕組みのこと。

4. 逸脱の不明瞭さと見方の複数性

4-1. 逸脱の不明瞭さ

　ヤングは「いまでは誰もが潜在的な逸脱者となった」として、逸脱とそうでないものを区分する境界線の曖昧さによって現代社会は特徴づけられていると考えています[21]。

　確かに、私たちの周りには、境界線の不明瞭な逸脱（かもしれない）現象があふれていると言えそうです。本章冒頭の例に戻って考えてみましょう。コンビニの日常に即するなら、そこにはさまざまな逸脱があふれていました。しかしそのうちのかなりの部分は、誰が非難されるべきか、あらかじめ決まっているわけではありません。文句を言う客が「クレイマー」なのか、あるいは文句を言われるようなことをする店員が「モンスター店員」なのでしょうか。職場のトラブルは、「ゆとり世代[22]」のバイトのせいなのか、あるいは「ブラックバイト」をさせる企業のせいなのでしょうか。このように、身の回りの生活は、誰が逸脱しているのかが不明瞭なトラブルにまみれ、潜在的にはお互いに非難の応酬を行う可能性に満ちあふれていると言うことができるでしょう。そしてヤングの見立てによれば、だからこそ私たちは、安心して非難できるわかりやすい他者――たとえばメディアで報道される事件の中の犯罪者を、必要としているのでした。

※21 こうした考え方はバウマンの「流動的近代」の議論を受けたものである。
※22 「ゆとり世代」というレッテルの問題性については佐藤博志・岡本智周『「ゆとり」批判はどうつくられたのか』（太郎次郎社エディタス, 2014）を参照のこと。

4-2. 見方の複数性

　以上のヤングの議論は、「逸脱」という概念で事態を捉える点に特徴があります。それによって、潜在的に逸脱的な位置にいる私たちと、刑法犯とが地続きである部分が見えてきます。ヤングの用いる逸脱概念は、「犯罪」という概念だけで見ていては把握しにくい、私たちと犯罪者が共通に抱えている事情（逸脱的な状態）を浮き彫りにしていると言うことができるでしょう。

※23 ただし誰が刑法に違反しているのかもよく考えると、不明瞭な部分が少なからずある。この点は山口毅「レッテル貼りが逸脱を生む逆説」岡邊健編『犯罪・非行の社会学-常識をとらえなおす視座』(有斐閣、2014) を参照のこと。また「犯罪」というカテゴリーの学術的な多様性については、平井秀幸「犯罪学における未完のプロジェクト」(同上書)を参照のこと。

　けれども、「逸脱」という概念を用いず、刑法犯を中心とした「犯罪」という概念だけで見れば、私たちと刑法犯を全く違う存在として解釈することも可能です[※23]。犯罪者を異常な心理を抱いた者とみなし、一般人といかに違うかを強調するタイプの心理学的・精神医学的説明は、そうした見方の例だと言えます。

　要するに、①逸脱的な他者（犯罪者）を、私たちとは根本的に異なるものとして切り離す見方（上の例での心理学的・精神医学的説明）と、②両者を根本的に異ならないものとみなし、双方を苦しめている（排除型社会のような）社会の仕組みを捉えようとする見方があるわけです。ヤングの議論は後者の見方に立って、なぜ私たちは前者のような見方をしたくなるのかを検討したものでした。

　付け加えるならば、どのような見方をするべきかを、データが自動的に決めてくれるわけではありません。先に示した①の観点に立つか、②の観点に立つかは、「逸脱的他者と私を切り離して別のものとして見たい」のか、「逸脱的他者と私の地続きな部分を見たい」のか、という私たちの欲求と関わっています。言い換えれば、どのように物事を

見るのが望ましいかという価値の問題と関連しているのです。

　さらに、検証が難しかったり、そもそも検証不可能な事柄があったりする点で、データには限界があります。無意識の心の働きに関する概念（本章で取り上げた「投影」など）は、その一例です。それは統計的データによる検証にはあまり適しませんが、だからといって無意味なものとして片付けるのも早計かもしれません。それは、私たちの経験を振り返り、吟味する手助けとしてしばしば役立つからです[※24]。

　しかし、データの限界は私たちの可能性でもあります。データを蓄積すれば社会の像が自動的に描けるのならば、一般の人々は権威ある専門家の分析に従えばよく、自分たちで何かを考える必要もなくなってしまうでしょう。価値の問題がからんでくるがゆえに、お互いのものの見方を検討しあいながら、どのような社会が望ましいのかを議論する営みが必要になってきます。社会学を通して得られる多角的な社会の見方は、そうした作業を行ううえで、役に立つはずです。

　「考えてもしかたない」とか「これは決まりきったことだ」、「誰かが自動的に正解を決めてくれる」という態度を捨て、現在の社会や望ましい社会のありようについて熟慮し、人々が意見を交わすことが、私たちの社会をより良くしていくことにつながっていくのではないでしょうか。「犯罪」のように、一見、特殊な人が行っている遠くにあるように思える問題も、私たちがこの社会をどう捉え、どう生きていくかという問題につながっていることを確認して、本章を終えたいと思います。

※24 ただし精神分析や精神医学の用語が、他者を根本的に異なる存在として切り離すために頻繁に用いられることには、注意が必要である。たとえば「この犯罪は○○障害によって引き起こされた」という場合、私たちに立場を置き換えても納得のいくようなそれなりの事情がその犯罪に含まれていたかもしれないという解釈は、成り立ちにくくなる。

STEP 1 まとめ

　この章では、日常的な犯罪不安を題材にして、犯罪に関する統計データの読み方と、犯罪不安の社会的背景を取り上げました。犯罪情勢の指標として使われる刑法犯の認知件数・検挙件数は暗数を多く含むため、犯罪の実態ではなく、警察の活動報告を示すものとして把握するのが妥当です。暗数の少ない殺人の認知件数の減少からは、治安の長期的改善傾向を読み取ることができます。

　犯罪不安の社会的背景としては、犯罪を非難する私たちの心の動きに注目し、デュルケームとヤングによる議論を紹介しました。デュルケームの議論からは、犯罪に対する非難には人々の連帯を維持する働きがあることがわかります。ヤングの議論からは、この働きが強く求められる背景が明らかになります。それは、雇用の流動化・二極化や個人主義の広がりに伴い、物質的な不安定だけでなく存在論的不安に多くの人々がさらされているという状況です。

　逸脱の境界線が不明瞭になる中で、わかりやすい逸脱的他者をスケープゴートにすることは、不安を忘れ、一時的な連帯感を得ることを可能にします。

　以上の議論は、逸脱的他者を自分たちと根本的に異なるものとして見たいかどうかによって、物の見方が違ってくることを教えてくれます。データを手がかりにして「望ましい社会」を考え合うことが必要です。

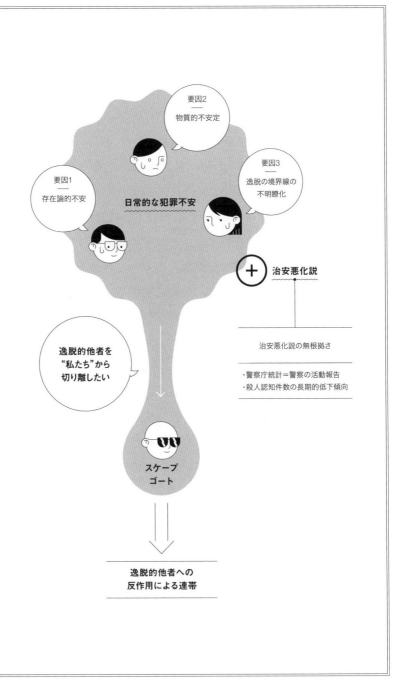

STEP 2　演習課題

1. ［グループワーク］治安に関する意識
① 今まで、日本の治安は「悪化している」と思っていたかどうか、各自の考えをメモに書く。そしてそのように考える手がかりとなった情報は何か（個別の事件、エピソード、統計などのデータ）、どのような経路から情報を得たか、それぞれ書き出してみる。
② 数名ずつのグループに分かれ、お互いに自分のメモを発表し合う。
③ 情報の解釈の仕方次第で、治安に関するイメージがどのように変わるのかを話し合い、その結果をクラス内で発表する。

2. ［グループワーク］不明瞭な逸脱
① 本章で述べた「誰が非難されるべきか不明瞭な逸脱」について、自分が実際に関わった例を一つ思い出し、その状況を詳しく書き出してみる。自分は誰が非難されるべきと思ったか、他の関係者はどうみなしていたのかについて記し、そのうえで、事態がどう処理されたかを書く。
② 数名ずつのグループに分かれ、お互いに自分のメモを発表し合う。
③ 印象深い事例を選び、事態の処理にどのような特徴があったのか、その理由は何かについて話し合い、結果をクラス内で発表する。

3. ［グループワーク］罪名別の検挙率の特徴
① 『犯罪白書』の最新版にアクセスして「刑法犯　認知件数・発生率・

検挙件数・検挙人員・検挙率（罪名別）」の表を見る。検挙率が特に"高い"か"低い"犯罪を探す。

②数名ずつのグループに分かれる。犯行のありよう・被害者の行動・警察の取り締まり方によって検挙率が左右されることを念頭に、個別の罪名の検挙率の"高さ"あるいは"低さ"の理由を議論する。必要に応じて、インターネットで刑法の条文を調べるなどして理解を深める。

③印象深かった罪名をいくつか選び、検挙率の高低がどう説明できるかをクラス内で発表する。

4．[ミニレポート] 犯罪統計の報道

『犯罪白書』の統計データを扱った新聞記事を探し、概要をまとめる。そのうえで、本章で論じた統計の読み方からすれば、それをどのように評価できるか、批判的に検討し、レポートにして提出する。

5．[ミニレポート] 犯罪の定義に関する文献の分析

ホワイトカラー犯罪や戦争犯罪、国家犯罪など、社会に大きな影響を与えながらも、注目されにくかったり、犯罪とみなされなかったりする犯罪がある。これらの犯罪は他の犯罪とどう違い、人々の意識がどのように異なるのか。関係する論文や本を手に入れてまとめ、そのうえで自分の意見を書いてレポートにして提出する。

● 演習課題の最新データは⇨ http://www.koubundou.co.jp/files/55184_09.pdf

STEP 3 読書案内

『新・犯罪論―「犯罪減少社会」でこれからすべきこと』
荻上チキ・浜井浩一（現代人文社，2015）
犯罪統計の読み方を踏まえたうえで、メディア報道や政策の問題点を指摘し、効果的な犯罪対策を提言しています。この分野の基本的な入門書としておすすめです。

『犯罪・非行の社会学―常識をとらえなおす視座』
岡邊 健編（有斐閣，2014）
11人の執筆者による犯罪社会学の教科書。主要な論点が網羅され、最新の犯罪社会学理論の紹介などの新しい試みも行われています。本章と関連する章も多くあります。

『排除型社会―後期近代における犯罪・雇用・差異』
ジョック・ヤング／青木秀男他訳（洛北出版，2007）
本章でも一部を取り上げましたが、「包摂型社会」から「排除型社会」への移行に関するヤングの論点は多岐にわたります。犯罪研究の枠を超えて、社会学やその外部にも少なからぬ影響を与えた代表作。

『完訳 アウトサイダーズ―ラベリング理論再考』
ハワード・S. ベッカー／村上直之訳（現代人文社，2011）
本章で展開された社会的反作用や逸脱の相対性に関する論点は、「ラ

ベリング論」という犯罪社会学の学派が1960年代に強調して注目を浴び、後の時代に大きな影響を与えました。本書は、ラベリング論を代表するベッカーによる古典的著作です。

第10章
労働を問い直す

佐藤斉華

1.「働くこと」と「生きること」

1-1.「仕事」をめぐる常識

「24時間、戦えますか？」

　これはバブル時代に発売された、ある栄養ドリンクのキャッチコピーです。テレビCMにはグローバルに活躍するエリートサラリーマンが登場していました。当時、ポジティブな印象で捉えられたこのサラリーマン像は、現在では「過労死」という言葉に象徴されるように、働きすぎる日本人像としてネガティブなものへと置き換わっています。20代の新入社員が過労自殺をした居酒屋チェーン店や超・長時

間労働を強いる引越業者など、「労働」をめぐるニュースや事件は日々みなさんの耳にも入っていることでしょう。

　人をひたすら労働に向けて駆りたてようとすること自体が暴力的なのはもちろんですが、昨今の日本の労働現場にはもっと剥き出しの暴力、ハラスメントが蔓延するようになってきていることも見過ごせません。あくなき利潤追求の中で、企業は労働者になりふり構わず「成果」を絞りだすことを求め、そのためには（あるいは、それができなければ）その人間としての尊厳を毀損し、果ては生存を脅かすことすら躊躇することはないかのようです。長時間労働のあげく起こした業務上の事故を全面的に弁済させられ、それに異を唱えるや無意味な配置転換、懲戒解雇処分まで受けるという件の引越業者社員に起きた事件は、今日の日本で決して孤立した例とは言えないでしょう。

　過酷な労働を強いたうえ、従業員を使い捨てる「ブラック企業」の存在は、残業は当たり前でさらにその「サービス」すら求められる、日本の働く人々の現況を示す兆候に過ぎないのです。

「働けない（稼げない）」の蔓延

　死ぬほど働かされ苦しんでいる人がいることは知っていても、むしろ不安に思うのは「働けない（稼げない）」ことのほうだという人も多いかもしれません（図 10-1）。仕事といえば、企業で働くこと以外に実質的な選択肢がないなか、正社員になれるかどうかが最大の関心事という就職活動中の大学生も多いのではないでしょうか。新卒で正職員として就職し、定年まで勤めあげるという 80 年代頃まで当たり前と思われていたライフコースは、もはや約束されたものではありません。さりとて、他に選べる道も見当たらないというのが大方の現状認

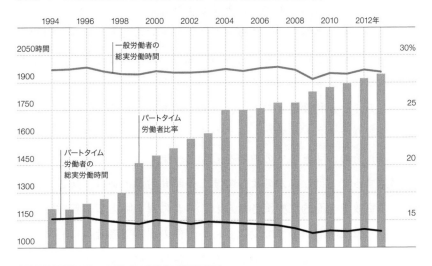

図10-1 二極化した日本の労働時間（「一般労働者」は高どまり）

注）事業所規模5人以上　出典）厚生労働省「毎月勤労統計調査」

識だと思われます。

　もっとも現代日本では、安定した仕事がない＝失業ではありません。非正規雇用という巨大な受け皿が存在します。問題は、アルバイト、フリーター、ハケン等の非正規職で働いても、最低限の生活の自立と安定、ましてや将来への展望を得ることが難しいことです。正社員より通常仕事上の責任は軽く、労働時間も短いとは言え、生活の見通しがたたないとなれば、この働き方を回避したいと考える人が多いのも頷けます。そして、非正規雇用が抱える問題は、解決の糸口を見出すどころか、さらなる「進化」すら遂げています。近年の非正規雇用拡大を背景に、待遇に見合わない正社員並みの責任と負担を強いられる非正規労働者が後を絶ちません。第3章でも触れている「ブラックバイト」問題は、その一例です。

1-2.「よき生存」という問題

　死ぬほど働かされる正社員と、十分に働けない（稼げない）非正規労働者の共存。それが現代社会における労働市場のありようです。正社員は残業しないで済むフリーターを羨み、フリーターは正社員の収入と安定を夢見るかもしれませんが、いずれの働き方にも問題があることは明らかです。この章では、「働き過ぎ」だったり、働いていても「食べられない」毎日をつきつけられる日本の労働者たちの現状、つまり、人々が仕事を通してそれぞれの「よき生」を実現することが難しくなっている背景についてみていきましょう。労働と生存をめぐる問題状況を見つめ、そもそも労働とは、仕事とは何か、仕事はどう「生きる」ことと結びつくべきなのか、よりよく生きるために社会の中で仕事がどう担われていったらよいのかについて考えます。

2.「労働／生存」問題をかたちづくるもの

2-1. 資本あるいは企業の論理

　ここまで、労働の過剰によってであれ、所得の過小によってであれ、またその他の仕事にまつわる問題によってであれ、現代社会においてよき生を脅かされる人々が少なからず存在していることを確認してきました。どうしてこんなことになっているのでしょうか。

　雇われた人々の働き方を直接的に規定するのは、人々を雇っている企業／経営者の論理です。雇用労働はその定義上、基本的に使用者（その多くは営利企業）の指揮・管理・監督のもとで行われているからで

す。企業の活動目的は、市場に資本を投下して必要な財を調達し、それにより生産したモノ・サービスの売り上げから得られる利益を最大化することです。企業にとって労働者とは、活動遂行に不可欠な財の一つであり、その調達に際しての企業の行動原理は、基本的には冷徹な「コスパ」計算です。つまり、できるだけ安く、あるいはできるだけ多く（質の高い）仕事をさせることを目指します。正社員の仕事をバイトに投げてコスト削減するのは前者の例ですし、正社員に（サービス）残業させるのは後者の例です。一般に正社員には相対的に高い給料、社会保障費、教育・訓練等を投下しているのだから、そのぶん十分働いてもらわないと──日本企業の雇用管理の標準的論理は、これのようです。低賃金の非正規労働が拡大し、正社員の長時間労働が蔓延する、労働者にはいずれも過酷な状況の大元には、こうした資本の論理があります。

2-2.「働く」ことの意味
「働かざる者、食うべからず」

現代日本において、働くことの意味とは何でしょうか。一つの一般的理解は、一人前の人間なら必ず行うべき行為、というものです。要は「働かざる者、食うべからず」。働くことを人としての倫理にまで高めるこの考え方（勤労倫理）は、生活と社会を支えるために必要な働きへと人々を動機づける限りにおいて、一定の意義を持ちます。しかし、この考え方が無条件に正当化されるならば、人々にとって極めて暴力的に働くことにも注意が必要です。

一つには、働くことを人としての倫理にまで高めることによる、働かざる個人に対する社会的排除効果があります。障害や病気などで明

らかに働けない場合にまでこの倫理を押しつけようとする人はいないでしょうが、実のところ「働かない」と「働けない」の境界は、個人の属性で決まるわけでもありません。ある人が働けるかどうかは、むしろ社会のありようの問題です。たとえば、車椅子の人でも、バリアフリーな環境が整っていれば十分に働ける場合があります。逆に「(妊娠も出産も家庭責任もない)健常男性」が「標準労働者」とされている社会では、ほとんどの女性は働けない、働いたとしても「二流労働者」扱いされ「食べられない」ことが正当化されてしまいます。

　こうした勤労倫理は、働かない人への排除効果だけでなく、働いている人に対しても否定的効果を発揮します。労働を人として生きるための条件とする論理に則れば、極めて理不尽だったり暴力的だったりする仕事からも、人はなかなか降りられなくなるからです——ただ「生きる＝食べる」に値する人間であり続ける、それだけのために。

「仕事とは賃労働のことである」

　生きるための手段であったはずの労働が、生きる目的そのものに取り違えられる前述の見方に加え、現代の労働のありように深く関わる、もう一つの広く浸透した想定があります。それは、賃労働こそ「本当の」仕事と捉える仕事観です。たとえば、「お仕事は何ですか？」と訊かれる場面を想像してみてください。訊かれているのが賃労働のことであり、どんな家事をやっているかでも、どんなボランティアやコミュニティ活動に携わっているかでもないのは、ほぼ自明です。

　賃金と引き換えられる仕事こそ「本当の」仕事だとするこの仕事観は、家事やボランティアといった換金されない仕事を低く見積もるとともに、換金率（賃金の多い／少ない）によって仕事を価値づける物

差しとも連動しています。現代社会において、賃労働に就いているか、またどの程度の収入を得られる仕事に就いているかが個人の生活に及ぼすインパクトは、実際巨大でもあります。つまるところ、どんな賃労働に就いているかによって、人々が経済・社会的に位置づけられ、人生展望が決まる社会に、私たちは生きているわけです。

　仕事とは賃労働のことであるとする仕事観と、前節で述べた勤労倫理とが組み合わさる時、「人はちゃんと働いて（＝稼いで）いるべきである」という論理が成立します。それなりの水準以上の（ということは日本の現状では「正規」の）賃労働につくことが、人間として自立と尊厳を保って生きるための実質的な条件となり、私たちはますます強力に賃労働へと駆り立てられていきます。結果的に人々は、この条件をクリアすべく過剰な労働に疲弊するか、クリアできずに貧困に喘ぐか、あるいはレースから降りて誰かに依存する道を選択させられることになります。しかし、稼ぎがないなら人としての尊厳が失われてもやむなしとする諦めこそが、生活保護打ち切りの末の餓死といった余りに酷い帰結を生んだことを、私たちは決して忘れてはなりません。

3．そもそも「仕事」とは何か？

3-1.「仕事」とは「誰かがやるべきこと」

　ここまで、現代社会と労働者自身に浸透している労働観について、その経済的な背景と合わせて見てきました。ここで状況から一歩ひき、原点に立ち戻ってみましょう。そもそも仕事とは、働くとはどういう

ことでしょうか?

　現代では、「仕事」といえば賃労働を指すのが一般に流通した考え方であるわけですが、本来「仕事」とはもっと広がりのある活動というべきでしょう。家族の晩ご飯を作ること、その片付けをすること、洗濯や掃除をすること、これも「仕事」ですよね？　公園の清掃をしたり町内会の幹事をしたりすることも、対価はなくとも「仕事」といってよいでしょう。

　「仕事」とはまず、何かをすること、意識的・意図的に行う行為のことです。そしてさらに、それが何かしら「役に立つ」行為であること、「よい」結果をもたらす行為であることが条件となるでしょう。

　では、「役に立つ」「よい」行為であれば、すべてを「仕事」と言えるでしょうか？　社会学的に考えれば、つまり、社会の中での仕事のありようについて考えるという目的からすれば、それだとおそらく広すぎます。というのも、「よい」行為には、その人自身にしか行うことのできない、あるいはその人自身がやらなかったら意味がなくなってしまう「個人的」行為が数々あるからです。栄養摂取や排泄といった生理的行為、遊びや趣味といった「楽しむ」行為、何かを「学ぶ」という自己成長のための行為、さらには誰かを「愛する」といった行為は、その例です。こうした行為は確かに個々人の生存や福祉にとって、従って間接的には社会的にも、必要・有用な「よい」行為です。ですが、一般には他者に移転することができないので、これを社会の水準で考える意義は限定的です。人間や人間の社会／世界を維持し、つくっていく有用な活動は「仕事」のみにあらず——このことをここでは確認しておきましょう。

　仕事とは、人の生および人が生きる社会／世界を維持し、つくって

いくのに何らかのかたちで貢献する、「よい」「有用な」行為であって、他者が代替することが可能なものである、ということができます。一言でいえば、「誰かがやるべきこと」。仕事とは、根本的にいって社会的活動、社会の中で「誰か」に再配分可能な活動だということです。

3-2.「仕事」に関する留意点

　この仕事の定義について、いくつか説明を加えます。まず、仕事が何らかの意味で「よい」というポイントについて。「よい」は価値判断ですから、人により場合により、その評価基準が異なります。ある行為を「仕事」と言えるか／言えないのか、その境界線は実は曖昧なわけですが、その判断に客観的に決着をつけてくれるように見えているのが対価の有無です。「金にならない」行為は「仕事」ではない、逆に金にさえなれば立派な「仕事」だ、さらには「仕事」なのだから「よい」行為だという転倒した理屈すら、昨今流通しているようです。

　実際には、金になる行為すべてが「よい」「有用な」行為だとは言えません。たとえば「ドラッグを売る」、「詐欺をする」、「相場で稼ぐ」といった行為。前二者は反社会的行為ですし、相場で稼ぐことも（本人が金を儲ける以外は）誰にとってもよいものは生み出していません。つまり、先の定義に照らせば「仕事」とは言えないのです。

　さらに、仕事が他者によって代替可能であるということは、それが行為者自身にとって、「よい」「有用」であることと矛盾するものではない点にも注意しておきましょう。行為者自身にとっての仕事の「よさ」とは、賃金の場合もあり得ますし、仕事自体に内在するやりがいや喜び、仕事を通した行為者自身の成長等が考えられます。その行為によって享受される「よさ」が、他者が行うなら享受され得ないもの

のみである時、つまりその人自身でやらなければ意味のない個人的行為である時のみ、それは仕事とは言えなくなるのです。

3-3. さまざまな「仕事」とその社会的配分
仕事の種類（図10-2）

既に言及してきた通り、仕事は賃金と交換される仕事と、そうでない仕事に分けられます。賃労働以外の仕事はさらに、自営業のように、労働自体を対価と交換するわけではないけれども、労働力や財の投入を通じて貨幣獲得を目指す仕事と、そうでない仕事とに分けられます。後者は、自給自足の生業、家庭内で行われる家事・対人ケア、またいわゆるボランティア活動等を含み、基本的には無償で贈与され費消されることになります（仕事する人自身による費消を含む）。なお、ある

図10-2　さまざまな「仕事」とその配分

賃労働 (¥)	正規職	総合職	稼得に向けた労働	男性労働者が多い
		一般職		
	非正規職	フルタイム		
		パートタイム		
賃労働以外 (♡)	自営業			↕
	ボランティア活動		無償の労働	
	コミュニティ活動			
	家事・ケア活動			女性労働者が多い
	その他の活動			

行為が貨幣獲得に繋がるか、どれほどのお金になるかは行為の内容自体で決まるわけではないことに注意しておきましょう。たとえば「料理」は、レストランのコックとして行えば貨幣の獲得につながりますが、同じ人が同じことを家庭内で行っても賃金は発生しません。どれほどの収入になるのかについても、仕事の条件（正社員かバイトか、はたまたオーナーシェフか etc.）によって振れ幅があります。

　また、仕事の属性として無視できないのは、その内在的報酬の有無です。つまりその行為・活動をすること自体の喜び・意義、いわゆる「やりがい」の有無です。やりがいはないよりはあるにこしたことはないものの、時に仕事のやりがいや仕事を通じた成長を過度に強調することで、過重な労働や劣悪な労働条件が正当化されるケースが昨今散見されることには重々気をつけておきましょう。

仕事の社会的配分

　さて、さまざまな仕事は社会の中でどのように配分されているのでしょうか。誰がどんな仕事を担う傾向にあるのか、大枠だけでも押さえておきましょう。仕事は、社会の中で極めて「不均等に」配分されています。高度な分業社会において、人々が行う仕事が多種多様なのはもちろんですが、仕事自体の内容はさておき、仕事が過重な人／足りない人、収入の高い仕事をしている人／低い仕事をしている人、収入に繋がる仕事をしている人／無償労働をしている人等々、実にさまざまです。仕事の社会的配分におけるこの不均衡な状態が、近年の賃金格差と相まって、冒頭に見た、働き過ぎだったり食べられなかったりする労働者を生んでいるわけです。

　このような配分状況を規定しているのは、2節で見た通り基本的に

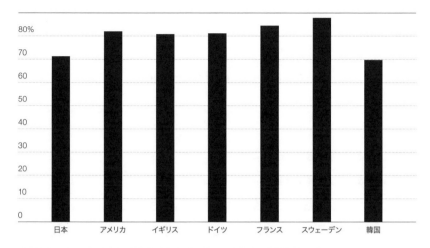

図10-3　男女間賃金格差（2013年、男＝100とした場合）

男女間賃金格差は、賃労働と無償の家事・ケア活動のジェンダーにより偏った配分と連動している。
出典）『データブック国際労働比較2015』（独立行政法人労働政策研究・研修機構）

は雇用（＝賃労働）の提供者たる企業の論理です。企業は、ぎりぎりまで労働自体を搾りとるか、あるいは対価を下げることで、人件費を切り詰めようとします。そのどちらのモードで労働者に対するかを決める時、伝統的に用いられてきた最たる属性が労働者のジェンダー[※1]でした。すなわち、家庭内の仕事を女性が担うという「伝統的」性別役割を前提にして、男なら正社員として徹底的に会社に「奉仕」させ、女なら家庭責任と衝突しない範囲で家計補助として「安く」使うという方針です。

　これによって、相対的に高賃金の労働は男性に厚く分配され、相対的に低賃金ないし無償の仕事を女性が担うという配分が実現しました。結果的に女性たちの多くは経済的依存に追い込まれ（図

※1 ジェンダー
生物学的な性差に基づいて社会的に要求される役割。社会的・文化的性差。

第10章　労働を問い直す | 237

10-3)、この性役割にはまらない・はまりたくない女性たちは多大な逆風の中で生きざるをえなかったわけです。

4.「生」を取り戻すために

4-1. 仕事と所得の最適配分に向けて
社会にはさまざまな仕事が必要

　ここまで、現代日本で「働くこと」と「生きること」をめぐる問題とその背景を確認し、さらに、そもそも仕事とは何かについて、またその仕事の配分状況について見てきました。最後に考えたいのはもちろん、この「労働／生存問題」を解決する方策です。

　そのためにまず、「働くこと」と「生きること」をめぐるいくつかの前提を確認しておきましょう。今さらですが、人々の生と社会が存続し、さらによりよいものとなっていくためには、さまざまな仕事が必要です。そして、これまでの議論で押さえた重要なポイントの一つは、その「仕事」の範囲は賃労働よりずっと広いということでした。

　仕事には貨幣獲得に繋がるものとそうでないものがあり、消費社会の深化に伴い、自分でやる替わりに「買う」ことのできる仕事が拡大してきました。しかし、仕事の性質上ビジネス化しにくい領域や、一部の家事のように、市場を通さず直接に消費されるほうがむしろ効用が高いと見込まれる領域があります。そして、人や社会がまさに「生きて」いる限り、刻々変化する情勢に応じて新たな問題や課題に直面して、その場その場で創発的になされるべき仕事は必ずや出てきます。

してみれば、社会で必要なすべての仕事を組織化し、市場交換にもたらすという企ては、必ず未完に終わるものと考えられます。

生きるには一定以上の「所得」が必要

　他方で、一定以上の貨幣所得があることは、人々が自立的で尊厳ある生存を維持するにあたり、必須の条件と言えます。人類史上、金銭のない社会でも確かに人は生きてきましたが、今の時代「お金がなければ暮らせない」し、「お金を使って暮らしたい」とほとんどの人が思う事実は、まず動かないでしょう（「お金があればあるほどいい」かどうかはまた別問題ですが）。現在の物質的豊かさが、人々の多様な仕事の遂行と、貨幣を媒介にしたその（成果の）交換によって可能となっているのは間違いない事実です。

資本主義は人々とその世界の存続に寄生している

　上の二点は、自ずと第三点へと導きます——人／社会にとって金は必要だが、金のみで人／社会を維持・発展させることができないとすれば、資本主義という、現在私たちの生を、いや世界すら支配しつくしているかに見えるこの巨大なシステムは、実は人／社会の（再）生産を全面的には担っていないということです。逆に市場／資本主義は、自らの外部で人／社会の（再）生産が滞りなく行われていることに寄生しつつ、自らが必要とする資源（その最たるものが、労働者ないし消費者としての人間それ自体）を調達し、存続しているのです。人を死ぬほど、ないしは生きられないような賃金で働かせようとする資本主義は、実は人々の生殺与奪を握っていません。正確にいえば、それは「殺す」ことはできても、「生かす」ことを全面的に引き受けたため

しがないし、これからも引き受けることはないでしょう。

（賃）金にひきずられる現代、誤認されがちなポイントですので再確認しておきます。資本主義によって私たちの生が、社会が、全面的に支えられたことはない、支えられることはないのです。要は、人の命は金で買えない――当然すぎることですね。

4-2.「生」を取り戻すために
仕事の再配分

それでは、現代社会において「よりよい生」を取り戻すために、仕事と所得をどのように再配分すればよいのでしょうか。

まず、「仕事」から考えます。基本的にはまず、3節で述べたように恐ろしく不均等な仕事の社会的分布をならすことです。つまり、趣味や遊びはおろか、他のどんな「仕事」にも時間を割けないくらい過重な賃労働に従事している人の仕事量を減らし、貨幣獲得のための労働が十分に足りていない人にはこれを増やす（たとえば家事や介護といった収入にならない仕事の負担が大きく、賃労働に従事することが難しい状況にある場合は、無償労働を減らして稼得労働に労力を割けるようにする）、以上です。

本来生きるための労働で人が死ぬという、あまりにグロテスクな事態を即刻なくし、家事等の負担によって経済的自立が困難になっている人々の状況を打開するために、上に提起した仕事の再配分を進めていくことの重要性は強調しても強調しきれません。職場のワークシェアを進めて長時間労働を排すると同時に、家庭内無償労働のより平等なシェアを実現していくべきです。

しかし――とここで疑問が出るかもしれません。さまざまな仕事が

不均等に分布していること自体は、根本的・原理的には問題ではないのでは？　と。人の仕事への適性や志向はさまざまなのだから、賃労働をとことん追求したい人は追求すればよいし、家事・育児に専心したい人はすればよい、ワークシェアは好きな仕事を選ぶ個人の自由の侵害ではないのか？　と。

　個人が仕事を選ぶ自由、それはいうまでもなく尊重されるべきです。ここで提起しているのは、個人の選択に枷をかけることではなく、社会的な仕事の配分状況を変え、個人に別の選択肢を提示することです。現代日本では多くの人々が、賃労働に人生を捧げるか、自立するに足りない賃金に甘んじるかの二択を迫られています。もともとお金持ちであるか、養ってくれる人がいるなどしてどちらも回避できる人もいますが、前者に属する人はいうまでもなくごく少数ですし、後者（たとえば「高収入の夫の妻」）を「選ぶ」チャンスも限られています。また、たとえ選べたとしても、配偶者との死別・離別、配偶者の失業、配偶者からの暴力等のリスクから自由になることは、結局のところありません。

　現在の働き方の選択肢が、実は極めて貧しいのです。この選択肢を豊富化していくこと、さらには選択が一旦なされた後も個人のライフコースの進捗に応じて再選択できるようにすることが望まれます。つまり、ここで提起しているのは個人の自由の制約ではなく、個人の自由の拡大なのです。

所得の再配分

　仕事の再配分は、所得の再配分にも当然繋がりますが、しかしそこには限界があります。というのも、賃労働内部に既に大きな賃金格差

があり、「食べられない」のは、短時間しか働けていないからとは限らないからです。そもそもフリーターの多くはフルタイム、いや立派な長時間労働者だったりもします。

　それでは、何をどう変えていくべきでしょうか。まず、はじめに実現すべきは、正規・非正規どんな雇用形態で働こうとも、いわゆる「生存賃金」が保証されることでしょう。生存賃金とは、「普通」程度に働いていれば、「健康で文化的な最低限度の生活」(憲法第 25 条) が可能な賃金水準のことをいいます。ちなみにここでいう「普通」は、一般に人間は無償の仕事や、仕事以外の活動にも時間を要することを見込んで設定されるべきです。現在日本で標準となっている「1 日 8 時間、週 40 時間」を超える「普通」が設定されてはなりませんし、すべての人々が「活躍」できる社会の実現を目指すならば、そのさらなる短縮が望まれるところです。

　次に、「均等待遇」です。現在の日本では職務の内容自体より、正規／非正規、総合職／一般職といった雇用区分によって、賃金をはじめとする多岐にわたる待遇が決められています。この区分は極めて硬直的で、まるで身分制か何かのようですが、区分間の格差は巨大な生涯収入格差となり、働く人の人生設計を大きく制約しています。必要なのは職務に見合った賃金分配と、働く人の必要や選択に応じた雇用区分間の移動可能性の保証でしょう。

　さらに、市場を通した労働の売買というかたちでの所得分配の他にも、所得分配のルートを確保すべきです。子どもや老人はもちろんいわゆる労働年齢にあっても、稼得労働に就かない・就けない人は必ず出てきます。そうした人々の所得保証のために、一つには、これまで収入に結びつかなかった仕事（家事、コミュニティ活動など）を賃労

働にするという方向があります。仕事の性質上、杓子定規な管理に馴染まず、直接の対価を支払うのは難しいかもしれませんが、たとえば何らかの「手当」として所得に変換することは可能です。

二つには、生存に最低限必要な所得を仕事とは関係なく、全員に分配するという方法も考えられます（基本所得〔ベーシックインカム〕）。これは、労働と賃金の交換を所得分配の主たる経路とする従来の前提を相対化するものです。なお、ベーシックインカム導入は、所得不十分による生存困難という問題をほぼ解決しますが、それによっても仕事の再分配問題、そして最低限以上の所得の分配問題はなお手つかずのまま残ることは確認しておきましょう。

「政治」を取り戻す

仕事と所得の再分配を実現するためには、どうしたらよいのでしょうか。つまるところ、それは「政治」を必要とします。バラバラになりがちな諸個人が、問題を共有し社会化し、相互につながりつつ有効な敵対線を引いて、集合的アクションを起こしていくこと。それなくして、変化は起こりません（第11章）。

ちなみにそうしたアクションは、本章の定義によれば立派な「仕事」と見なされます。でも、そんなことやってる時間なんてない——そんな声が、すぐに聞こえてきそうです。そうボヤかざるえない状況に多くの人がおかれていることを、この章ではまさに確認してきたのでした。ここから突破口を拓くには、社会学を単に「学ぶ」ことを越えでる必要があるのかもしれません。

STEP 1 まとめ

　本章では、現代に蔓延する「働き過ぎ」問題や「食べられない」問題、つまり労働の過剰と所得の過小という双子の現象から出発し、それが「よき生」を脅かしているという問題を確認しました。

　この問題の根源にあるのは、できるだけ少ない賃金で、できるだけたくさん人を働かせることで、利益を最大化しようとする企業の経済論理です。これはまた、「働かざる者、食うべからず」という言葉にも表されるように、賃労働に過剰な意味を託してしまいがちな働く側自身の問題でもありました。

　そもそも「労働／仕事」とは何かという原点に立ち返るならば、仕事とは、貨幣稼得につながるものと、そうでないものを含む広汎な人間の活動領域であり、われわれの生きる社会を維持し、つくりだしていくために必要な「誰かがやるべきこと」であったのです。原理的には、他者による代替可能な社会的活動ということになります。

　「よき生存」を取り戻すために、私たちが行うべきは仕事と所得の再分配に他なりません。そのために取り戻されるべきは「政治」です。「働き過ぎ」や「食べられない」という労働と生存をめぐる問題を共有し、民主的な政治に参画して集合的アクションを起こしていくことが、必要とされています。

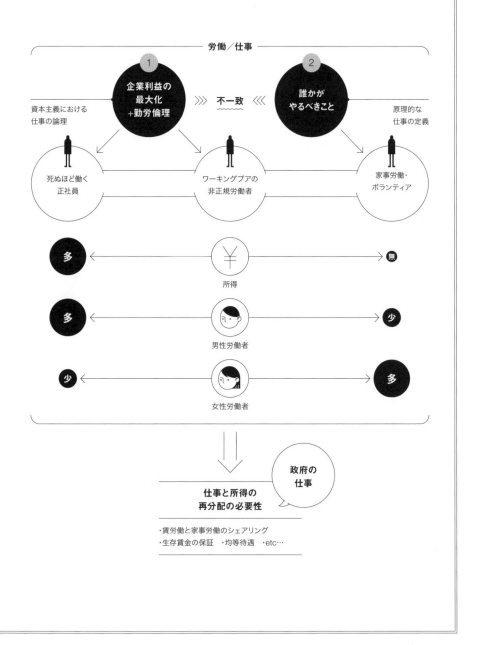

第10章 労働を問い直す

STEP 2 演習課題

1．[グループワーク] 労働経験をシェアする

①各自で、これまで経験してきた「仕事／労働」を書きだしてみる。その中で直面した困難や、あるいは嬉しかった・よかったこと、その時、自分がどのような行動をとったかもメモする。

②数名ずつのグループに分かれて、お互いに自分のメモを発表しあう。

③グループで、①で挙げた経験のうち全体にシェアしたいものを選び、クイズ形式で発表する。どんな仕事だったかを説明し、その中でのよい（またはつらい）経験をあてさせる。または経験を説明して、仕事の内容をあてさせる、など。さらに余裕があれば、その時どういう行動をとったら（さらに）よかったかについても話をする。

2．[グループワーク] 働く人を守るルールと仕組みを確認する

現代日本では、雇用労働における使用者と労働者の間の実質的に不均等な権力関係をふまえ、使用者の権力行使に制限を課し、労働者の権利を守るために、さまざまな法的・行政的制度、権利行使の仕組みが設けられている。

①具体的にどんな制度・仕組みがあるのか、各グループで調べてみる。たとえば、「使用者が守るべき基準について」「労働組合について」「労使紛争の解決手段について」といったテーマをたてて分担する。

②グループ内で集めた材料を集約し、全体に向けて発表する。

3．[グループワーク] ベーシックインカム（基礎所得）について討論する
①ベーシックインカムについて、異なる立場のグループに分かれ、グループごとに導入の是ないし非の論拠を収集する。
②うち二つのグループでディベートする。
③②以外のグループは、ディベートの裁決をし、講評する。

4．[ミニレポート] 実際に起こった労働／生存に関わる事件を調べる
①過去数年にメディアで報道された労働／生存事件の中から、興味深いものを選ぶ。
②事件発生の経緯、背景、解決までの経過、その後に遺した影響、そこから私たちが学べることについて、レポートとしてまとめる。

5．[グループワーク] ジェンダー平等実現のために何が必要かを考える
本章で言及したように、どんな仕事をしているかは、社会の中の個人の立ち位置を大きく規定してきた。他方で、これまで人がどんな仕事につくかを規定してきた大きな要因の一つはジェンダーであった。このことを踏まえ、グループに分かれて以下の作業をする。
①近年日本では、女性の「活躍」推進という旗印のもと、女性を賃労働にさらに動員する政策的取り組みが進められる一方、女性がもっと子どもを産むようにするための政策も打ち出されている。グループごとに分野を決め、具体的な政策内容を調べる。
②そうした施策が、労働／生存問題の解決という観点から見てどう評価できるか、グループ内で話しあう。
③ディスカッションの要点を全体に向けて発表する。
● 演習課題の最新データは⇨ http://www.koubundou.co.jp/files/55184_10.pdf

STEP 3 読書案内

『私の労働研究』
熊沢 誠（堀之内出版，2015）
労働者への深い共感を持ちつつ長年研究を続けてきた作者の研究活動史を通じて、働くこと・生きることをめぐる問題領域の広がりを実感できます。

『家事労働ハラスメント―生きづらさの根にあるもの』
竹信三恵子（岩波新書，2013）
家事労働の担い手（多くは女性）のこの社会での「生きづらさ」を検証し、変化のための処方箋を考える1冊です。

『人間の条件―そんなものない』
立岩真也（イースト・プレス，2011）
働けること、稼げること、あるいはさらに言えば何かができること――それは、人間の条件ではありません。私たちはただ、生きていていい。その基本の「き」を、やさしく説ききかせてくれます。

Part 6 第6部 未来を問う

季節がめぐって、桜の季節がやってきた。
今年はいよいよ4年生。
卒業までに就職決まるかな……。
少子化で売り手市場とは言われているけど、やっぱり不安だ。
このまま人口減少が進行したら、いずれは人間よりもロボットの数が上回るんだろうな。
いまあるいくつかの職業はロボットに置き換わるそうだ。
自分たちの未来は自分たちで変えられたらいいのに。
選挙のとき、投票に行くことがその第一歩だって先生は言っていたけど…。
スマホがラインのメッセージ受信を伝えている。
いつものサークルメンバーからだ。
大学生活最後の一年が始まる。

第11章
政治参加と若者

山口 仁

1. 政治と民主主義

1-1. 選挙権の拡大

　2015年6月、国会や地方議会、地方自治体の首長（知事や市長など）の選挙の方法を定めている<mark>公職選挙法</mark>が改正されました。この法律によって2016年6月以降に実施される選挙では、今まで20歳以上に認められていた選挙権が18歳以上へと引き下げられることになりました。つまり、18歳から19歳までの若者も、新たに選挙で投票できるようになったのです。
　18歳といえば、高校3年生です。そのため、高校生や大学生といっ

図11-1　18歳選挙権成立に関する新聞報道

出典）朝日新聞 2015.06.17付「18歳選挙権 成立」

た若者に、どう政治に関心を持ってもらうのか、どう政治に参加してもらうのか、色々な団体によってさまざまな施策が行われています。

1-2. 政治とはなにか？

嫌われる「政治」

　ただ「政治に参加する」とか、「選挙権が認められて有権者になる」とか言われても、なかなか実感が湧かない人もいるかもしれません。そもそも私たちは、「政治」という言葉をどこか遠い別の世界のもののように感じており、さらに言えば、悪いニュアンスを込めて使うことも多いのではないでしょうか。たとえば「あいつは政治的だ」とか「まるで政治家みたいだ」などという時、そこに「汚職」とか「利権」をイメージする人もいることでしょう。また「政治的決着」とか「政治

介入」といった時には、なにか「無理やり解決された」とか「無理強いされた」みたいなものをそこに感じ取るかもしれません。

このようなイメージは、政治の一つの面を捉えてはいますが、これだけでは政治の重要な部分を見落としてしまいます。そこで、なぜ政治が必要なのか、社会との関係から考えていきたいと思います。

社会にとって必要な政治

人間は一人で生きていくことはできません。色々な人々とつながって、関係をつくり、そして社会をつくって生きています。人と人とのつながりには、家族、友人、地域、職場、国、グローバル社会など、色々な大きさのものがあります。そしてそれぞれの社会で、私たちは役割を果たし、他人と協力しあって生きています。しかし「つながり」とか「関係」といっても、常に友好的で協力的なものばかりではありません。他人を支配する、もしくは誰かに服従する、そのような関係になってしまう場合もあります。また大切なもの、たとえば食料やお金、名誉などをめぐってお互いに集団の間で争いが生まれてしまうこともあるでしょう。他の人と一緒に生きていくということは、他の人と対立する可能性もはらんでいるということなのです。

しかし常に対立が生じ、双方が争い、特に暴力的な衝突に発展してしまっては、人は安心して暮らすことができません。そこで人々はそのような対立を調整し、秩序を維持するためにさまざまなことを行ってきました。そうした行いをまとめて、「政治」と言います[1]。

※1 政治
「対立する意見や利害を調整し、対立や紛争を解決して、社会の秩序を形成したり、維持していくのである。まさにここに『政治』が発生し、『政治』の必要性も生まれる(中村 2012:26)」
中村昭雄『基礎からわかる政治学(増補新装版)』芦書房, 2012.

社会の統合とその維持

　家族のような小さな社会でも、しばしば対立や争いは生じます。ましてや、もっと多くの人々によって形づくられている大きな社会、たとえば「日本社会」のような大きな社会では、多様な考え方や価値観の人々が一緒に暮らしています。そこで一人ひとりが好き勝手な行動をしていると、社会はバラバラになってしまうでしょう。では、なぜ今日の大きな社会はそうならずに、維持されているのでしょうか。

　秩序を守ることが重要だといっても、必ずしもみんなが秩序を守るとは限りません。秩序を維持するためには、ルールを作ってみんなで守る必要があります。そして時には強制的にルールを守らせ、場合によっては制裁を加えていかなくてはならないこともあります。

　このように、政治には対立する利害を調整することに加えて、時には強制力を使ってでも秩序を維持していくという側面があるのです。もしかしたら、政治の悪いイメージの一端はここから生じているのかもしれません。

1-3. 国民が政治に参加する民主主義

　ではこのような「政治」を行っているのはいったい誰なのでしょうか？（強制）力を使って対立を解消しているというのであれば、警察でしょうか？　それとも法やルールを作る国会議員やそれを運用する官僚でしょうか？

　今まで、さまざまなやり方で政治が行われてきました。特定の人物や政党が権力を一手に握って政治を行う「独裁」、一部の集団が支配を行う「寡頭制」もありましたし、今でもそういう制度をとっている国もあります。しかし現代の国家の多くは「民主主義（デモクラシー）」

という政治制度をとっています※2。日本も日本国憲法前文に「日本国民は、正当に選挙された国会における代表者を通じて行動し」や、「国政は、国民の厳粛な信託によるものであつて、その権威は国民に由来し、その権力は国民の代表者がこれを行使し、

※2 政治体制の分類についてはアリストテレスの政体論が有名。アリストテレスの政治学は色々な翻訳がなされている。
※3 選挙権は、国民が政治に参加する権利（参政権）の一つである。参政権は他に、自らが選挙に出て政治家や首長になれる被選挙権、国民投票権、住民投票権、国民審査権、直接請求権など。

その福利は国民がこれを享受する」とあるように、国民が国の政治を行うべきであるとされています。そして選挙について定めた第15条、国会について定めた第41条などの条文でも民主主義に関する記述があります。日本の国政は、その構成員の国民によって行われるべきとされているのです。当然その中には、選挙権を持つ18歳以上の国民が含まれています※3。

2．若者の政治離れ？

2-1. 選挙権の拡大

　憲法で定められているように、選挙とは国民が政治に参加するための重要な手段です。長い歴史の中で、国民が選挙に参加する権利は徐々に拡大してきました。日本では、明治時代に帝国議会ができた時、選挙権は25歳以上の男子のみ、しかも直接国税を15円以上納めている人だけにしか認められていませんでした。当時の日本人口の1％程度です。その後、1925年に普通選挙制がしかれ、納税額に関係なくすべての25歳以上の男子に選挙権が認められました。しかし、この時は

図11-2 選挙権拡大の歴史

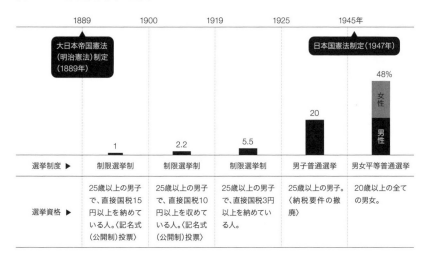

出典）横浜市選挙管理委員会Webサイト（横浜市選挙管理委員会・文科省・総務省の資料より）

女性の選挙権はまだ認められていませんでした。戦後1945年になって、初めて女性の選挙権が認められるようになったのです。この時、選挙権は20歳からとなり、日本国民の約半数が選挙権を得ることになりました。そしてそれから70年たった2015年、選挙権が18歳にまで拡大され、有権者数は8割を超えました。

2-2. 若者の投票率低下

しかしそのような選挙権の拡大について、気になる問題があります。それは若者の投票率が低下しているという問題です。図11-3は衆議院選挙の世代別の投票率を表したものですが、他の世代に比べて20代の若者の投票率の低さが目立ちます。そしていくつかの例外をのぞいて長期的には、投票率自体が低下しつづけています[※4]。

図11-3　衆議院総選挙における年代別投票率の推移

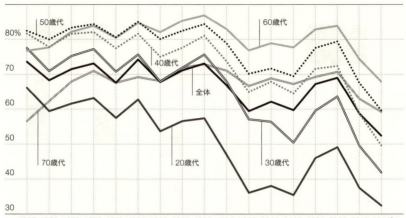

注1）この図のうち、年代別の投票率は、全国の投票区から、回ごとに144〜188投票区を抽出し、調査している。
注2）第31回（1967年）の60歳代の投票率は60歳〜70歳の値に、70歳以上の投票率は71歳以上の値となっている。出典）総務省

　若者の投票率の低さについては、複数の要因が指摘されています。しばしば指摘されるのが、人は20歳で選挙権を獲得してから徐々に選挙に行くことを覚えていく、ということです。つまりまだ選挙に行くことが習慣になっていない人が若い有権者には混ざっているため、20代の投票率が低いのは当たり前で、歳をとるにつれて投票率は徐々に上がっていくはずだ、という指摘です。

　たとえば1976（昭和51）年、20代（1947〜56年生まれ）の投票率は63.5％で世代別では最下位でした。しかし10年後の1986（昭和61）年、つまりかつての20代が30代になった時には72.2％になっています。1947年から1956年生まれ世代の投票率は上がっているのです。今は低い若者の投票率も、今後彼らが成長するにしたがって上がっ

※4 選挙の歴史、基礎知識に関しては総務省・文部科学省『私たちが拓く日本の未来』2015がわかりやすい。

ていくかもしれません。

※5 公益財団法人明るい選挙推進委員会「特集 投票率低下を考える」『VOTER』2014

2-3. シルバー・デモクラシー？

　しかし今後、若者が今までと同じように選挙に行くようになるかどうかはわからないという指摘もあります※5。もし「選挙に行ってもしょうがない」とか「選挙で政治が変わるわけがない」と若者が思うようになってしまえば、今までのように歳をとったからといって選挙に行くこともなくなるかもしれません。この点で特に気がかりなのが「シルバー・デモクラシー（老人のための民主主義）」という現象です。

　現在、日本社会は少子高齢化が進んでいます。図11-4は日本の人口構成比の移り変わりを表したものです。戦後すぐは高齢者よりも中年・若年層の人口比率の方が多かったのですが、2000年には中高年の方が多くなっています。具体的に言うと、1980年代には60歳以上の有権者は全体の約2割でしたが、2016年現在では約4割へと倍増しています。これから高齢化がいっそう進展していくはずですから、高齢者の有権者の割合ももっと高くなっていくことでしょう。そして日本の選挙は一人一票の平等選挙が原則です。となれば、選挙の対策として高齢者向けの政策が重視されるだろうことは容易に想像できます。これがシルバー・デモクラシー、つまり「老人のための民主主義」と呼ばれる現象です。そこでは若者は少数派になってしまうのです。

　人は、自分の一票が政治を変えるかもしれないと思えるから選挙に行くのだと思います。今後心配されるのは、若者が政治に関心を持たないから選挙に行かないという意味での選挙離れではなく、政治に関心を持っていても「選挙に行っても無駄」だと考えて諦めてしまった結果の選挙離れではないでしょうか。

図11-4 日本の人口構成の変化

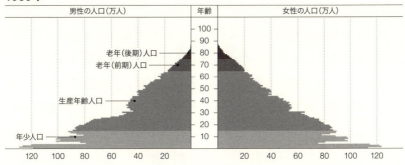

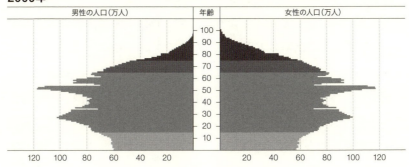

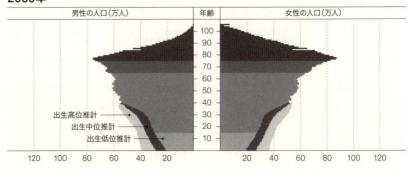

出典）国立社会保障・人口問題研究所ホームページ（http://www.ipss.go.jp/）

3. 政治参加の仕方

3-1. 政治の過程

　では、民主主義社会で人々が政治に参加する方法は選挙しかないのでしょうか。これについて考えるためには、政治がどういう流れで行われているのかを考える必要があります。政治の流れをモデル化したのが図 11-5 です。これを「政策過程モデル」と言います。政策は法律よりも広い概念で、政府が社会に対して働きかける活動全般のことを指します。そのような政策が行われるまでのプロセスは、図 11-5 のように 5 つのステージに分けられています。それぞれのステージは以下のようになっています。

①課題設定：さまざまな社会問題の中から、政治の課題として対応すべきものが選ばれていく段階。

②政策立案：政治の課題を解決するため、具体的な方策を考える段階。問題に関する情報が収集され、分析され、政策原案が立案されます。

③政策決定：政策原案が所定の期間で審議のうえ、正式に採用（容認、修正、拒否される場合もあります）されていく段階。

④政策実施：政策を実施する主体（たとえば行政組織）によって、政策が実行されていく段階。

⑤政策評価：実施された政策の効果が評価され、必要に応じて修正されたり変更されたりする段階。ここでまた、①課題設定の段階に戻ることもあります。

図11-5　政策過程モデル

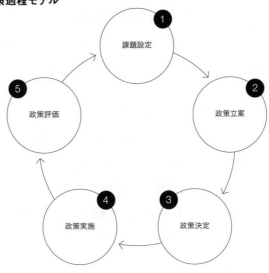

　①課題設定から⑤政策評価までの段階で、政治に絡んでいく人、組織、制度（まとめて「主体」と言うことにします）は色々あります。国会、政党、政府や内閣、省庁などのいわゆる「政治の世界・関係者」とされる主体の他にも、選挙、圧力団体（利益集団）、市民団体、世論、マス・メディアなどさまざまなものが政治に関係する主体とされています[6]。つまり、一般の人々もまた、政治に関係する主体として想定されているのです。

※6 中村昭雄『基礎からわかる政治学（増補新装版）』芦書房, 2012, pp. 230-231.

3-2. 政治参加の例

　では、民主主義の社会で「一般の人々」が政治に参加していくパターンにはどのようなものがあるでしょうか。これについては、以下のよ

うな分類があります※7。

※7 政治参加のパターンと世論とメディアの関係については、以下の文献に詳しい。
大石裕編『戦後日本のメディアと市民意識』ミネルヴァ書房, 2012.

①選挙による民主主義

　有権者が選挙を通じて、議員や首長を選びます。また総理大臣も国会議員の中から選ばれることを考えれば、国民が間接的に選んでいると言えるでしょう。前にも述べたように、選挙は政治参加、特に法的に保障された重要な政治参加の機会なのです。もちろん自分で立候補するのも選挙を通じて政治に参加することに含まれます。

②圧力行動（集団行動）による民主主義

　圧力団体や利益集団とは、ある目的を実現するために議員や政府高官、官僚に対して働きかける団体のことを言います。これらの団体には、業界団体、労働組合、文化団体、宗教団体などさまざまな団体があります。たとえば、日本の大手企業で構成される日本経済団体連合会（経団連）は、企業経営者にとって有利な政策の実現を目指して、政府や議員に働きかけを行います。また、労働組合が集まって形成されている日本労働組合総連合会（連合）は、労働者の権利を重視した政策の実現に向けて働きかける団体です。

③社会運動による民主主義

　②の圧力団体・利益集団のように、制度化された活動とは違って、人々（市民）が集まって議員や政府に自分たちの要求を伝えて、政治的な決定に影響を与えようとする運動があります。これが住民運動、市民運動、社会運動と呼ばれるもので、具体的にはデモや署名活動、非買活動などを行います。社会運動が提起する社会問題は、公害・環境問題、福祉問題、戦争・平和問題、人権問題など多様です。

それぞれの政治参加とメディア

またこれらの政治参加と密接に関係しているのがメディア、特にマス・メディアです。

(1) 選挙について言えば、有権者はマス・メディア報道を参考に、政治問題や社会問題について知ります。そしてマス・メディアは世論調査も行い、人々は報道や世論調査を参考に投票しています。

(2) 圧力行動について言えば、マス・メディアの報道を通じて、団体への人々の関心が高まり、その結果、批判が生まれたり、逆に支持が集まったりします。逆に、マス・メディアが団体の圧力行動を（意図的に）報道しなければ、重要な社会問題に関して国民の意識は高まらないまま、政治的決定がなされることもあるかもしれません。

(3) 社会運動について言えば、もともと圧力団体や利益集団に比べて、運動のために必要な経済的・人的な資源に乏しいという特徴があります。また、政治や行政に働きかける経路も制度化されていません。しかし、マス・メディアが社会運動を積極的に報道することで、彼らの主張が社会に広まる手助けをします。マス・メディアは社会運動の貧しい資源を補完する役割を担う場合もあるのです。

3-3. 政治と世論

民主主義的な政治参加で重要視されるのが世論です。(1) 選挙については、政治家、特に政府や政党の関係者は、自らの支持率のデータを見極めながら活動します。有権者の中には投票の際、世論の推移を意識する人もいます。(2) 政治家、行政、圧力団体・利益集団は、その活動がメディアによって報道され、批判的な世論が生まれないか注意しています。そのため、こうした団体は広報、PR、キャンペーンを

行い、自分たちを支持してもらうよう活動しています。これも世論を気にしているからです。同様に（3）社会運動についても、運動体が自らの関心や主張を社会に伝えて、それを周知させようとするのも、世論の支持を得ようとしているからでしょう。

民主主義社会における政治参加において、「世論の推移を意識する」という側面を無視することはできません。もちろん世論は常に変化し続けています。前述の（1）〜（3）の活動主体は、世論を意識しそれに影響を受けながら、逆に世論に影響を与えようとしています。その一連の過程で政治が行われます。民主主義社会における政治は、「政治」と「メディア」、「世論」といったさまざまな主体がそれぞれに影響を及ぼしあって成り立っているのです。

3-4. 若者？ の政治参加

政治の過程に市民が参加する方法はいくつもあります。では、学生が政治に参加する方法はあるのでしょうか？ 気をつけなくてはならないのは、「政治に参加する若者」として賞賛される学生が、本当に若者の代表であるかどうかは即断できないということです。メディア史研究者の佐藤卓己が「若者の負の側面を取り上げる報道を展開してきた新聞やテレビがデモや18歳選挙権の問題で若者への過剰な期待をあおるような論調にも疑念はぬぐえない[8]」と指摘するように、批判にせよ、賞賛にせよ「若者」は「大人」にとって都合よく語られ、利用されてきた歴史があります。第1章にもあるようにメディアが伝える「若者」像に過度に振りまわされる必要はありません。

とはいえ、若者が政治に影響を与えられないと断言してしまうのも問題でしょう。

[8]『信濃毎日新聞』「多思彩々」2016年5月1日

若者が先ほど述べたような政治過程（選挙、社会運動、圧力行動）に参加することももちろん重要です。ただ、私たちの日常的なネット・メディアの利用が世の中を変える（変えてしまう）こともあるのです。以下、メディアと政治と言葉の関係について説明します。

3-5. これ"も"政治参加？ - 新しい言葉を生み出す

　言葉とは生き物です。急にみんなが使うようになる言葉、逆に使われなくなって忘れ去られていく言葉、前者は「新語（流行語）」、後者は「死語」と呼ばれます。人は新しい言葉を知ると、自分の思考も整理されます。現代社会ではメディア環境の変化によって、人々のコミュニケーションが活性化しているため、新語、特にインターネット・スラングが毎日のように誕生しています。少なくとも2016年現在、「リア充」という言葉は若者の間でかなり一般的なものになっています。しかし、2000年代の前半には、この言葉はありませんでした。この言葉を作ったのは、政府でも高名な学者でも作家でもない、一人の無名のインターネット利用者のはずです。若者はこの言葉を使って、自分たちの日常生活を語ったり論じたりしています。新しい言葉が生まれることで、「見えてこなかったもの」が見えてくるようになるのです。

　これと似たようなことが政治問題／社会問題についても生じます。たとえば、「ブラック（企業）」という言葉です。ブラック企業とは、一般的には労働条件が劣悪な企業を指しますが、今日、この言葉を知らない人はほとんどいないでしょう。この言葉が生まれてきた背景にはバブル崩壊後の不況、特に90年代末期の就職氷河期以降の若者の就労状況の悪化があります。そして、この言葉もインターネットで自然発生的に生まれてきたものです。一説には、既にパソコン通信の時

代(90年代)から使われていたとも言われていますが、インターネット掲示板「2ちゃんねる」の中で使われていくうちに、徐々に利用者の間で広まっていきました。さらに2000年代後半には、書籍化やそれをもとに映画化もされました[※9]。

※9『産経新聞』「ブラック企業 社会問題に"成長"したスラング」2013年7月5日
※10 厚生労働省 Web サイト「Q＆A」http://www.check-roudou.mhlw.go.jp/qa/roudousya/zenpan/q4.html

そして今、就職活動を控えた学生の多くが「ブラック(企業)には勤めたくない」と言っています。私たちが自分の生活を語る言葉も、もとをたどれば一人の市民が発した言葉です。その言葉がネット・スラングとなり、流行語を経て、社会問題を語るための言葉になったのです。

ここで、政策過程モデルを振り返ってみてください。「①課題設定」のところに「さまざまな社会問題の中から、政治の課題として対応すべきものが選ばれていく」とあります。ブラック企業が社会問題化すれば、政府がブラック企業への対応策を政策課題とするかもしれません。

ちなみに2016年の時点で、労働政策を扱う厚生労働省は、「ブラック企業」という言葉を正式には使っていません。それでも厚労省のWebサイトでは「ブラック企業」に対するQ＆Aを掲載していますし、「若者の『使い捨て』が疑われる企業等」という言葉で各種対策を試みています[※10]。この試みが十分であるかはともかく、もし世論が労働問題をもっと重視するようになったら、労働問題を重視する内閣が誕生したら、政府の対応はさらに変わってくるかもしれません。

もちろん、言葉は無名の市民だけが作るわけではありません。スローガンをつくって、大衆支配を試みた政治家は歴史の中には多数います。そういう点では、「さまざまな人たちが言葉を駆使して社会問題を語り、自分の利害を主張している」ということは、現代の政治を考えるうえでも忘れてはならない視点でしょう。

4. 生活者から市民へ、そして社会をつくる

4-1. 身近な問題・社会の問題・そして市民として考える

　前頁でも言いましたが、社会には色々な問題があります。日常的な生活の範囲で生じる問題、地域で生じる問題、国がかかえる問題、そして世界規模の問題。就職・就労という身近な問題が、国や世界規模の経済問題と関係しています。それぞれの社会で、さまざまな問題が生じ、さまざまな対立があり、そして政治がなされています。

　現代社会において、一般の人々は常に政治に関わっているわけではありません。生活者として、日常的な問題と向き合っていることの方が多いでしょう。いつも遠い世界の問題を考えることは困難です。しかし、われわれの日常生活は、実は日本社会、グローバル社会とも大きく関係しているのです。私たちが買い物のたびに消費税を支払うことは日常生活そのものですが、8パーセントという税率は、国の法律で決まったことです。さらに、2008年から2009年にかけて、海外で巻き起こった「リーマン・ショック」に端を発した世界的不況は、日本企業の業績を悪化させただけでなく、学生の就職活動も一気に苦しいものに変えてしまいました。日本以外の国の出来事が、日本の学生の人生にまで影響を与えてしまったのです。

　理想を言えば、私たちは身の回りの問題、つまり自分たちに直接関係しそうな「いま・ここの問題」だけではなく、もしかしたら自分にも関係するかもしれない遠い世界の問題、「いつか・どこかの問題」についても問題意識を持つことが求められます。

4-2. 民主主義と自由主義

　最後に、民主的な政治をよりよく実現していくために必要なことを考えてみましょう。かつて、「(住民投票の多数決が)究極の民主主義」や、「議会制民主主義というのは期限を切ったあるレベルの独裁を認めることだと思っている」などと発言した政治家たちがいます。確かに選挙、もしくは多数決というのは民主主義の一つの要素です。しかし、それはそれぞれの意見に優劣がないことが前提なのです。だから、多数決の前に十分な討論が必要ですし、討論をしてもなお意見が一致しない場合に、次善の策として「仕方なく」多数決をするのが民主主義の理念であり、理想なのです。そして気をつけなくてはならないのが、「多数者の専制」とか「多数者の独裁」と呼ばれるものです。少数者の意見や利害を、ただ「少数派だから」という理由で抑圧してはいけないのです。歴史的にも、独裁・ファシズムとされる現象は、人々の圧倒的な熱狂と支持の中で生じてきたものです。「民主主義だから良し」とするのではなく、民主主義的な政治で"何を""どんな社会を"実現していくのか、民主主義の先を考える必要があるのです[11]。

　現に日本国憲法には民主主義だけではなく、基本的人権の尊重という大原則もあります。精神の自由、身体の自由、それに社会権、これらの権利はたとえ多数決によるものだから、民主主義の決定だからといって覆すことは(少なくとも憲法を改正しない限りは)できないのです。政治を考えるということは、さまざまな社会問題をどう解決し、どのような社会を作っていきたいかということを考えることでもあるのです。では「よい社会」とはなんでしょう？　本章ではそこまでは語れませんが、それを考えるのもまた政治学にとって重要なことなのです。

[11] 有賀誠「民主主義論」『現代政治学(第2版)』法学書院, 2002, pp. 68-84.

STEP 1 　まとめ

　この章では「政治とはなにか」について基本に立ち返り、「対立を解決すること」と説明してきました。利害対立を解消し、秩序を形成しているからこそ大きな社会が成立するのですから、社会学を学ぶ者にとって政治を考えることは重要なことだと思います。

　そして現代社会の政治は、民主主義で行われることになっています。選挙が重要な参加の手段であることは言うまでもありませんが、それ以外の方法でも政治に影響を与えることもできます。その一例として、インターネットで言葉を生み出すことで政治を変える（かもしれない）という例を挙げました。これはあくまで一例です。他に、どういう政治参加の方法があるのかを模索していくことが重要でしょう。

　家族、地域、国、そして世界、社会はさまざまなレベルで形成され、さらに相互に影響を及ぼしあっています。それぞれの社会で対立や問題が生じ、政治が求められているのです。現代を生きる私たちは、理想をいえばさまざまな社会の問題を考えることが求められています。その時には、ニュースや読書を通じて自分の問題意識を広げておくことが求められます。しかし、ニュースそのものが出来事を「歪めて」伝えてしまうこともあります。政治の世界でみんなが納得する「正解」を見つけることは困難です。だからこそ、本章で説明してきた「政治がどう行われているのか？」という問いに加え、「政治でどういう社会を作っていくのか（べきなのか）」という問いも、これからの社会を生きるうえでは欠かせないものといえるでしょう。

第 11 章　政治参加と若者

STEP 2 演習課題

1. [グループワーク] 身近なところにある政治を探してみる

①各自、今までどのような社会(つながり)で生きてきたかをメモに書き出してみる。家族のつながり、地域のつながり、学校のつながりなど。

②それらの社会の中で、どのような対立があったのか、そしてその対立はどう解消されてきたのか、もしくは解消されなかったのか、メモに書き出してみる。

③グループで、それらのメモについて発表し、さまざまな社会で色々な政治があることを発表しあう。

2. [グループワーク] 民主的参加(選挙)について調べる

①日本の選挙の歴史について、Webサイト(ただしある程度信用できるもの)を使って調べる。

②時系列的な比較、国際的な比較などをして、トピックになりそうな比較を行う。

③グループで、その比較に関する発表をする。

3. [グループワーク] 民主的参加(圧力団体・社会運動)について調べる

①Webサイトを使って、圧力団体・利益集団とされている団体を調べる。

②それらの団体のサイトを閲覧して、どのような活動をしているのか

調べ、まとめる。
③グループでまとめたものを発表する。

4. [ミニレポート] 社会問題はどう政治問題になっているのか
①本書の中でとりあげられたさまざまな社会問題の中から一つ選び、それらの問題が、どの省庁で政策課題となっているのか調べる。
②省庁のWebサイトでは、その省庁が発行している白書を閲覧することができる。白書を読んで、先ほどの社会問題に対してどのような取り組みが行われているのか調べる。

5. [グループワーク] 政治問題はどう伝えられているのか
① 4. でとりあげた社会問題とそれに対する省庁の対応について、メディアはどう伝えたのかを調べる。
②どのメディアを調べるのか決める。できれば情報がデータベース化されている新聞が好ましいが、Webサイトでも良い。「2ちゃんねる」ならログをまとめたものもある(『ログ速』など)。
③政策課題がどう伝えられているのかまとめて報告する。
④できればその問題に関する「世論調査」(マス・メディアが実施したものなど)を調べ、それとマス・メディア報道の関係について議論してみるとよい。

● 演題課題の最新データは⇨ http://www.koubundou.co.jp/files/55184_11.pdf

STEP 3 読書案内

「高校現代社会」「政治経済」の教科書や資料集
(たとえば『新編テーマ別資料 現代社会 2016』東京法令出版、等)

政治について考えるためには、現代社会の諸問題について幅広く知っておく必要があります。特に重要なのはそうした諸問題に関する個別の情報を理解し解釈するための基礎知識や背景知識です。ある問題が他の問題とどのように関係しているのか、その問題はどのような歴史的経緯があるかを知っているのかどうかで、ニュースの理解の幅は大きく異なってきます。

またこういうことを言うのは気が引けますが、おそらくジャーナリストや大学教員といっても、高校の公民科(「高校現代社会」「政治経済」「倫理」)の教科書を隅々まで理解しきっている人はあまりいないと思います。もちろん、彼らは自分の専門分野に関してはとても深い知識や見識を持っていますし、それらを授業で伝えたり、著作に記したりしています。たとえば私が公害・環境問題について講義をする時には、高校の教科書では1～2行で済まされている内容を何時間もかけて説明します。大学の勉強というのはある意味でマニアック、問題の深堀をしているのです。しかしそういった勉強も、まずは基礎知識があってこそ意味をなしてくるのです。

そのうえで、大学では「高校までの教科書に書かれていない」ことをしっかり学んでいくとよいと思います。なお、私も折にふれて高校の教科書や資料集を読むようにしています。

『はじめて出会う政治学（第3版）』
北山俊哉・真渕 勝・久米郁男（有斐閣，2009）

『現代政治学（第4版）』
加茂利男・大西 仁・石田 徹・伊藤恭彦（有斐閣，2012）

政治学を学ぶ際には、いきなり具体的な政治・社会問題を扱った本を読むよりは、政治学の基礎的な教科書を読んだ方がかえって勉強がはかどると思います。そもそも政治（学）がとっつきにくく感じる人にとって、その要因は、いわゆる「政治評論」が醸し出す主張の強さやその文体・口調にあるのではないでしょうか。もちろん政治を評論することは重要ですが、そのような政治評論を政治学そのものだと思ってしまったら、それは政治学に関する誤解になってしまいます。

最近の政治学の教科書は、初学者にもわかりやすく理解してもらえるように色々工夫されています。もし、政治学の教科書を読んでも興味が持てない時は、むしろ政治学からいったん離れ、本書で紹介されている他の社会問題に関する勉強をしたあとで、もう一度読み直してみるのも方法です。本というのは、読み直してみると新しい発見があるものです。

『代議制民主主義』
待鳥聡史（中公新書，2015）

とはいえ、政治学そのものについて勉強するのであれば、まずは現代社会の基本である「代議制民主主義（間接民主主義）」について学んでおくべきだと思います。民主主義に関しては、その批判も含めてさまざまな人が論じていますが、この本はそうした議論を参考にしながら、現代社会における代議制民主主義の意義について論じています。

第12章
未来の労働と人工知能（AI）

伊達康博

1．人工知能、終わりなき「楽」へのあこがれ

1-1．身近になった人工知能

　あなたは「ロボット」という言葉から、直感的に何を想像するでしょうか。たとえば、「面倒なことを代行してくれる便利屋」、はたまた「話し相手になってくれる心の友」、「SFアニメやマンガに出てくる近未来の『とにかくすごいマシーン』」……このように実に色々なシーンが頭の中に浮かぶことと思います。

　近年のコンピュータ技術の進展に伴い、ロボットにも人工知能（AI: Artificial Intelligence）が組み込まれるようになりました。そして、こ

れまで思い描いてきた「ロボットがいるシーン」は、現実として急速に身近なものになりつつあります。同時に、人々の人工知能への関心もかつてないほどの高まりをみせています。ちなみに、本章では、「人工知能（AI）が組み込まれたロボット」をそれ以外のロボットと区別するために AI ロボットと呼ぶことにします。

※1 人々の生活で身近になりつつある AI ロボットの状況について、次の文献では、色々な事例を挙げながら紹介している。
ロボ LDK 実行委員会編『ロボットのいるくらし』日刊工業新聞社、2007.

　今日のように人工知能に多くの社会的関心が集まるようになったきっかけの一つに、産業用だけではなく、製品化された AI ロボットが私たちの生活に次々と登場してきたこと[※1]が考えられます。たとえば、1999 年から 2006 年にかけてソニーから発売されたロボット犬「AIBO（アイボ）」は、人々にとって最初の身近な AI ロボット製品です。ユーザーの一部が、メーカーの撤退で修理不能となった AIBO のために、お葬式や法事を行う様子が、新聞やテレビのニュースで報じられました。他にも、アメリカのアイ・ロボット社発売の掃除ロボット「Roomba（ルンバ）」も、身近な AI ロボットの存在を象徴するアイテムです。

　このように日常生活への普及に留まらず、心理的にも身近な領域に浸透しつつある AI ロボットに対して、私たちはどのように向き合えばよいのでしょうか。まずは、その役割から考えてみましょう。

1-2. 人工知能（AI）の役割と社会的課題の解決

人工知能（AI）の役割とは何か

　「AI ロボット」とひと口に言っても、その役割や目的に応じて数多くのジャンルに分類されます。たとえば、産業的な役割を担うロボッ

トは、歴史的に見て、最も長い成果と実績を残してきました。日本の工業社会では、1980年代以降の「オートメーション化」の中、さまざまな生産現場で多様なロボットが活躍してきました。一方で、近年はさらに新しい役割を担うAIロボットが次々に登場し、その用途はますます拡大しています。先のAIBOはエンタテインメントの役割を、ルンバは家事の役割を担う点で、新しいジャンルのロボットと言えます。また、2014年、ソフトバンクから発売されたヒト型ロボット「ペッパー（Pepper！）」は、主にサービス分野での活躍が期待されています。

※2「日本のロボット産業の市場規模推計」以外にも下記の白書では、AIロボットの現状と応用面での未来予測についても言及している。新エネルギー・産業技術総合開発機構『NEDOロボット白書2014』独立行政法人新エネルギー・産業技術総合開発機構, 2014.

右図は、2014年に経済産業省と国立研究開発法人新エネルギー・産業技術総合開発機構が共同で発表した日本のロボット産業の市場規模推計[2]を示したものです。この推計によれば、特にサービス分野のロボットは、今後ますます市場規模が拡大するジャンルとして予測されていることがわかります（図12-1）。

また、身近な事例としては、乾燥機付きの全自動洗濯機や、自動運転車なども広い意味ではAIロボットのうちに数えられます。一見すると、AIBOやルンバ、ペッパーなどのようには感情移入しにくい外見かもしれませんが、人工知能を搭載している点で、立派なAIロボットであると言えるでしょう。

では、なぜ人工知能を搭載したロボットは、全般的にAIロボットと呼べるのか。その理由として、人工知能が「人間に代わって判断をする」という役割を担っているからです。「判断をする」行為は、しばしば「〇〇さんは判断力が良い／良くない」などの表現で、その人となりが評価されるほどですから、とても人間的な行為であると言えま

図12-1　日本のロボット産業の市場規模推計

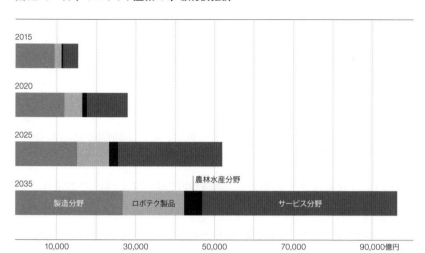

出典）新エネルギー・産業技術総合開発機構（2014）をもとに筆者作成

す。この「判断をする」という人間的なスキルを機械に代行させることで、私たちは面倒から解放されていると言えるでしょう。

　この機械に判断させるという試みは、なにも最近になって始まったことではありません。あなたも「センサー」という単語をこれまでにも見聞きしたことがあるでしょう。たとえば「センサーが〇〇に反応したのでアラームが鳴った」という表現のように、「何かを感知」し、「それに反応」して何らかの「リアクションを起こさせる」技術のことです。このような技術は、一般的に「検知機能」と呼ばれます。

知能を持った炊飯器

　もしも、「私たちの暮らしの中で、センサーの恩恵を受けているものを一つだけ挙げなさい」と言われたら、電子炊飯器が良い例ではない

でしょうか。電子炊飯器の使い方は、あなたもきっとご存知のように、内釜の中で研いだお米に目盛分の水を満たし、あとはスイッチを押すだけで、勝手に美味しいご飯が炊きあがります。

※3 機械学習の概略と機械学習の技術が普及した後に起きると考えられる予測については、次の文献で詳しく述べられている。
松尾豊『人工知能は人間を超えるか-ディープラーニングの先にあるもの』KADOKAWA, 2015.

　この単に「ご飯を炊く」という行為も、電子炊飯器を使わずに鍋とコンロで行う場合は、水の量や火力の調整、蒸らす時間の見極めなど、すべてあなた自身の判断で行わなければなりません。

　このようなセンサーの恩恵は、炊飯器に限らず、現代ではありとあらゆる電気製品に組み込まれています。特に、コンピュータの小型化が飛躍的に進んだ20世紀の終わりから21世紀にかけて、検知機能と電子技術が結びつき、さらにはIoT（Internet of Things）と呼ばれる通信技術とも結びつくことで、よりいっそうの発展を遂げています。また、機械が自ら学習し、経験に伴って進化（深化）するディープ・ラーニング（Deep Learning）[※3]と呼ばれる機械学習の技術も近年、急速な発展をみせています。この機械学習の技術によって、これまでの機械の「検知」機能はさらに進化し、検知の結果、得られた情報を自動的に組み合わせる領域にまで広がる可能性を示しています。それは、すなわち人工知能の役割を大幅に拡大させつつあることを意味しているわけです。そして現在、人工知能は社会的課題の解決へと、さらにその役割を広げつつあるのです。

人工知能が解決する社会的課題

　現代の日本のように経済的に成熟し、低成長の時代を迎えた社会にとって、少子高齢化やそれによる労働人口の減少は、避けられない深

刻な社会問題です。これに対して人工知能は、労働力そのものの不足や、人件費など固定費と呼ばれるコストの問題を一気に解決してくれる存在として、社会的に大いに期待されています[※4]。

※4 総務省の『情報通信白書』では2015年版で初めて人工知能の可能性についての言及がなされた。この白書はインターネットでも公開されている。
総務省『情報通信白書(平成27年版) ICTの過去・現在・未来』日経印刷, 2015.

　特に、日本のような経済先進国は、脱工業社会と呼ばれるように、知識・サービスの分野が経済活動の中心を占めるため、働く人々にも高度な判断力や思考力が求められます。そのため、人工知能の判断力や思考力の向上は、労働力の不足を補ってくれるという点でも歓迎すべきであると言えるでしょう。それはまさに、これまでアニメやマンガに描かれてきた未来のイメージそのものです。

　人工知能の技術の進展は、今後ますます加速度的に向上すると考えられます。それに伴い、人工知能が解決してくれる社会的課題の幅も拡大していくことでしょう。私たち人類が、AIロボットに対して期待してきたことを突きつめると、人間の「楽」への飽くなき追及の結晶として捉えることができます。省力化を目的とした工業生産ロボットが発展し、やがて社会が脱工業化する中でコンピュータも急速に進展し、人工知能の技術が向上しているのが今日の現状です。

　こうした人工知能の技術がロボットに搭載されることで、ロボットに自動制御と検知機能が備わり、さらには機械学習の技術によって、情報を自動的に組み合わせる能力をも備えようとしています。

　あるいは、AIの進展は私たちには未だ予想もつかないような厄介な問題を投げかけてくるのでしょうか。次の項では、ややネガティヴな視点で、AIロボットやその頭脳である人工知能が作り出す新たな社会の姿を考えてみることにしましょう。

2．ロボットが巻き起こす厄介なこと

2-1．成長し続けるロボットと人工知能のゆくえ

　近年、近い将来コンピュータが人間の能力を超越すると話題になっています。この現象は、シンギュラリティ（技術的特異点）[※5]と呼ばれます。この考え方は、アメリカのコンピュータ研究者であるレイ・カーツワイルによって提唱されました。

　これまでみてきたように、人工知能（AI）が社会的な話題を集めるようになった背景として、2006年にジェフリー・ヒントン[※6]らが提案したディープ・ラーニングと呼ばれる自動化された機械学習の技術の進展が挙げられます。そして、この人工知能によるディープ・ラーニングをロボットにも組み込み、融合させる動きも活発になりつつあります。こうした動きにより、あたかも知能を持ったようなAIロボットへの関心が急速に高まりを見せるようになりました。

　しかし、それ以前からも、人工知能そのものへの関心は継続的に寄せられ、1990年代末から繰り広げられてきた人間のチェス王者対人工知能の対局戦は、新聞やテレビのニュースなどでも報じられました。

　こうした人間と人工知能のゲーム対局で、今でも伝説として語られる出来事に「ディープブルーとの対局」[※7]が挙げられま

[※5] シンギュラリティ（技術的特異点）は次の文献に詳しい。
レイ・カーツワイル/井上健監訳『ポスト・ヒューマン誕生-コンピュータが人類の知性を超えるとき』NHK出版、(2005=) 2007.

[※6] ジェフリー・ヒントン
(Geoffrey Everest Hinton)
1947〜．コンピュータ科学および認知心理学の研究者。現在は、トロント大学およびグーグルに所属。

[※7] 「ディープブルーとの対局」については次の文献に詳しい。
ブルース・パンドルフィーニ/鈴木知道訳『ディープブルー vs. カスパロフ』河出書房新社、(1997=) 1998.

す。この対局は、人間の世界チャンピオンのチェス王者とスーパー・コンピュータの人工知能である「ディープブルー」とが何度も対戦し、ついに1997年、ディープブルーが勝利しました。このことは、人工知能が人間を負かした象徴的な出来事であったとされています。

　また、チェスよりもマス目の数が多く複雑と言われる囲碁でも、韓国人の9段のプロ棋士が、2016年にグーグル社の開発した「アルファ碁」という人工知能との対局で負けたというニュースが報じられ、いよいよ人間の能力に勝る人工知能の隆盛を社会的に予感させました。

2-2. シンギュラリティと技術的失業
人工知能が人間の仕事を奪う

　人間の能力を超えようとしている近年の人工知能の進展で、「これでようやく人間は本当に楽ができる」と、ただ手放しで喜んでばかりもいられません。なぜなら、人工知能の発達によって、私たちの仕事が奪われてしまうのではないかという新たな心配事が浮かび上がってきたからです。こうした事態を技術的失業[8]と言います。

　この技術的失業の概念は、技術的特異点（シンギュラリティ）を迎えつつある中で、人工知能が人類の知性を超越する時、これまでに人類が従事していた仕事が、人工知能やそれを組み込んだAIロボットなどに取って代わられるという考え方に基づいています。

　いずれにしても、そう遠くはない未来、それまで人間にしかできないと思われていた多くのことをコンピュータがこなせるようになるということは、現在のコンピュータの進化のペースから見て必然的だと言えるでしょう。このように、

[8] 人工知能の進化による失業については次の文献に詳しい。
エリック・ブリニョルフソン、アンドリュー・マカフィー/村井章子訳『機械との競争』日経BP社, (2011=)2013.

コンピュータが人間の領分を驚異的な速度と規模で浸食しはじめたのは、比較的最近のことです。そして、その経済的な影響は計り知れないものがあります。コンピュータの急速な進展において、人々の関心を集めているのは、デジタル技術の進歩が経済全体のパイを大きくするだろうということです。しかし、技術的失業の可能性を唱えるエリック・ブリニョルフソンとアンドリュー・マカフィーによれば、一部の人々、いや大勢の人々は、その大きくなるパイにありつくことはできず、むしろ、困窮する可能性が高いと言われています[※8]。

技術的失業のイメージ

　2013年にオックスフォード大学のフレイとオズボーンによって「雇用の未来──コンピュータ化に向けて職業はどのような影響を受けやすいか」[※9]という論文が発表されました。この論文は、その内容よりも、むしろ付録である「702職種におけるコンピュータ化の影響の可能性ランキング」の方に話題が集まり、世界的に大きく注目されました。

　このランキングでは、上位にある職種ほどコンピュータ化による影響を受ける可能性が低く、逆に下位にある職種ほど可能性が高くなっており、702職種のうちの半分以上の職種が近い将来コンピュータに取って代わられるという予測がなされました。ここでは紙幅の関係で、702職種のすべてを示すことができないため、上位20を人工知能による影響を「受けにくい職種」、下位20を「受けやすい職種」として、それらを表にして見てみることにしましょう（表12-1）。

[※9] この論文の原文はインターネットで公開されている。英語の論文だが、本章で取り上げた40職種以外の職業の位置づけも確認することができる。
Frey, C. B., Osborne, M. A., *The Future of Employment：How susceptible are jobs to computerisation?*" Oxford Martin School, University of Oxford, 2013. http://www.oxfordmartin.ox.ac.uk/publications/view/1314（最終アクセス：2016. 03. 07）

表12-1 人工知能による影響を「受けにくい／受けやすい」職種ランキング

順位	受けにくい職種	順位	受けやすい職種
1	レクリエーションセラピスト	702	電話営業
2	第一線の機械技術者と修理工	701	権利審査、権利抄本、権利調査
3	危機管理者	700	手縫い縫製
4	精神保健と薬物利用者のサポート	699	数理技術者
5	視覚医療従事者	698	保険代理業者
6	作業療法士	697	腕時計修理業者
7	義肢装具士	696	貨物フライトエージェント
8	精神保健福祉士	695	税務申告書代書業者
9	口腔外科医	694	写真現像・加工業者
10	消防監督者	693	新規口座受付
11	栄養士	692	図書館司書
12	施設管理者	691	データ入力
13	振付師	690	時計職人
14	セールスエンジニア	689	保険金と保険証券の事務処理
15	内科医および外科医	688	仲買店員
16	教育コーディネーター	687	注文受付
17	心理学者	686	融資担当者
18	第一線の警察管理職と刑事	685	自動車保険鑑定士
19	歯科医	684	スポーツ審判
20	小学校教諭	683	出納係

出典）Frey, C. B., Osborne, M. A. (2013)をもとに筆者作成

このように見てみると、影響を「受けにくい職種」には、人間によるその場その場の判断が求められる仕事が多いようです。反対に、影響を「受けやすい職種」の場合、どちらかといえば、定型的で正確性が求められるような仕事が多く見られます。近年では、実際に電話営業のような仕事は、自動音声などに置き換わっている場合もあります。

技術的失業に警鐘を鳴らしたブリニョルフソンらは、次のように強調しています。それは、これから重要視される能力は、物質的な生産能力よりも、知識を生みだすことにあるということです[※8]。これは、1960年代から社会学の分野に登場した情報社会論の主張とも重なります。情報社会論では、初期の頃から情報社会では「物質よりも精神」、「腕力よりも知力」、「モノよりもコト」に、より高い価値が与えられると結論付ける傾向がありました。それは、これまで続いてきた工業社会における「量を重視する経済」の観点が、困難に直面するという問題意識に基づいていると言えます。

技術的失業の将来的な方向性を理解するには、その進展が「どういった技術的特徴を利用しているのか」に注目し、その特徴に基づいて予測し続けることが重要であると考えられます。

2-3. 新しい機械の時代の中軸

では、新しい機械の時代の技術的特徴とは何を指すのでしょうか。少なくとも、現代社会の中軸技術はデジタル技術に他なりません。デジタル技術は今後、より洗練化の度合いを高め、より効率的な運用を実現しようとしています。まずは、このデジタル技術が持つ代表的な3つの特徴について見てみることにしましょう。

第1に、デジタル化されたものは複製可能であり、その品質は何ら

劣化せず、コストも限りなくゼロに近いうえ、ほぼ瞬時に届けられるということ。第2に、コンピュータの急速な進歩は、直線的な成長であると捉えられ、結果として指数関数的な発展増殖に圧倒されてしまうという事態が起こり得ること、そして、第3に、新しい機械の時代には、多くの物事において組み合せが重視されるということです。

※10 近年、大手IT企業を中心に膨大な規模で情報収集が行われている現状とその目的については、次の文献でわかりやすく述べられている。
小林雅一『クラウドからAIへ—アップル、グーグル、フェイスブックの次なる主戦場』朝日新聞出版、2013.

　これら3つの特徴を踏まえると、最近になって色々な業種で多くの企業が、個人の買い物や公共交通機関利用の履歴、SNSでの発言のような断片的な情報を収集し、それらを集積してビッグデータ[※10]と呼ばれる巨大なデータベースを構築しようとしている動機も理解できます。つまり、複製が容易で、処理速度や容量が飛躍的に高まり、組み合わせが自由自在にできるデジタル技術ならではの本質を原動力として、この新しい機械の時代は進展していると言えるでしょう。

　そして、こうしたアイデアの現実化によって生産性はより高くなるものの、一方で仕事に就ける人間の数は減少するという矛盾も起こりつつあります。確かに、現時点でも一部の分野において、人間は機械との競争に負けているのかもしれません。

　しかし、人工知能は、私たち人間から仕事を奪うために進化してきたのでしょうか。だいいち、それ自体、私たち人間が発明したり改良したりして進化を重ねてきたのではなかったでしょうか。このように考えると、技術的失業はかなり奇妙な現象として捉えられます。

　次に、こうした事柄を考えるため、「そもそもロボットは何（誰）のために存在するのか」という切り口で、思考のレベルをもう少し深めていくことにしましょう。

3. そもそもテクノロジーは何（誰）のために存在するのか

3-1. 本当にテクノロジーが社会のゆくえを決定するのか

　今までの話の流れで、あなたがもし次のことに気付いたとすれば、素晴らしい直観力を備えていると言えます。そうです。これまでの話のすべては「技術が変わると社会もそれに伴って否応なく変化する」という考え方に基づいていたということです。こうした考え方を技術決定論と言います。技術決定論には、細かな歴史的経緯や社会的背景を省いて物事を単純化する傾向があり、必ずしも事実を反映していないという欠点があります。その点で、最近、雑誌やインターネットで見かける「人工知能やAIロボットが仕事を奪う」というようなセンセーショナルな記事も、にわかには信じ難いように思われます。

　もちろん、実際にAIロボットなどに奪われてしまう職種はあるでしょうが、それは本当にAIロボット自身がその人たちから仕事を奪ったのでしょうか。その背景には社会の脱工業化といった社会変動が存在し、そうした社会変動によって徐々に仕事の中心軸が移動していったと考えることはできないでしょうか。このように考えれば、仕事を奪っているのは人工知能の進化ではなく、むしろ人間の都合によるところが大きいと言えるでしょう。

　このような技術決定論の立場に対して、1980年代以降、次第に批判的な意見が提出されるようになりました。そして、技術決定論に代わって唱えられるようになったのが、社会構成論と呼ばれる考え方です。

　社会構成論では、技術それ自体は、社会のさまざまな人々の実践の

中で構成され、組み替えられていくものであるとする立場をとります。つまり、社会構成論の立場から「技術的失業」を見た場合、人工知能が勝手に進化して人々から仕事を奪っているのではなく、むしろ、それらの進化によって何かしらの得をする人々が意図的に推し進めていると考えることもできるわけです。

　いずれにしても、そもそも人工知能が何（誰）のために存在するのかを問い続ける姿勢は、私たちの未来にとってますます重要であると言えます。そのため、次の項ではAIロボットや人工知能を中心に考えるのではなく、あえて社会を中心に据えて、テクノロジーについて少しばかり本質的な視点から考えてみることにしましょう。

3-2. 社会生活と「人間らしさ」の関係
テクノロジーの社会的定義

　テクノロジーを社会的な立場から考える場合、次の2つの問いが重要になってきます。1つは、誰がその技術と結びつき、誰が排除されるのかという問い、そして2つ目に、誰がどのようなやり方でその技術の専門家としての地位を獲得していくのかという問いです。

　たとえば、前述のチェス対局を例にお話しすると、実は現在のところ、世界のチェス王者はスーパー・コンピュータではなく、また人間でもないという状況にあります。これは、人間とスーパー・コンピュータとがともに戦うフリースタイルのトーナメントが開催されるようになったのがきっかけです。つまり、優れたチームワークで人間とコンピュータが組んだ場合、そのチームはどの単体のスーパー・コンピュータにも、そしてどの人間のプレーヤーにも勝つことができるのです。つまり、人工知能とチームを組むことは、人工知能と競争することに

勝ることを意味しています。

　こうしてみると、人間と機械を対立的に捉える視点は、必ずしも冷静なものの見方ではないように思えるのではないでしょうか。少なくとも、人間に勝るテクノロジーに人間社会の未来をすべて委ねるという考え方は、必ずしも現実的でないばかりか、人間の尊厳を自ら手放す可能性すらあると言えます。

　さらに、技術的失業に関して、より本質的な見方をすると、たとえば、株主など企業を所有する人々や、彼らから報酬を得る経営者が手にする利益の割合の増加は、一方で労働者が手にする割合の減少を意味する可能性があります。もし、そうだとするならば、これは古くから繰り返されてきた資本家と労働者の闘争的な構図[※11]と同じ問題であるかもしれません。

　いずれにしても、技術的失業に関して、私たちの目に見える範囲では、テクノロジー進展の裏側で、その流れに取り残される人々が増加するという「機械」対「人間」の構図で捉えがちです。しかし、むしろ本質的には「生産性と雇用の分離」、ないしは「富と労働の分離」という、人間による人間の支配という構図がより鮮明に表れてきます。少なくとも、社会学の立場からテクノロジーの問題を考える際には、こういったものの見方がより重要になってくると言えます。

人間が働くことには、どういう意味があるのか

　人々が繁栄を広く分かち合うために技術を進歩させるという考え方にも一理ありますが、技術が人々から仕事を奪い、同時に富をも奪い去るのであれば、それはあまりにも本末転倒な考え方であると言える

※11 資本家と労働者の関係について現代でもしばしば参照される点で、次の文献はその概要だけでも調べておく必要があると言える。
カール・マルクス著、フリードリヒ・エンゲルス編/向坂逸郎訳『資本論』1-9, 岩波文庫, (1885〜1894=)1969〜1970.

でしょう。だからといって、逆に、技術の進化そのものを衰退させようという考え方も極端であり、あまり現実的ではありません。

したがって、人間と機械の競争という図式よりも、人間と機械との協調によってあらゆる作業を処理しなければならない、という新たな課題が提示されていると捉える方が、むしろより現実的であると言えるのではないでしょうか。

つまり、人工知能やAIロボットは、あくまでも道具であると改めて認識することが大切です。そして、それらの道具で私たち人間は何を実現させたいのかということが、新たな問いとなります。

このように問いを立て直すことで、私たちは「働く」ということの本質的な意味に直面します。こうした問いは、人々の多様な行為によって生み出される社会そのものを分析対象とする社会学と本来とても相性の良いテーマであると言えます。

4. 社会学から考えるテクノロジー

4-1. 文系の社会学から、テクノロジーの問題を考える

この章では、人工知能を中心とした技術変容という問題において、人々にとって妥当な方向性とは何かという観点から考えてきました。今、私たちの社会は、次々に進展する技術変容に対して、いわば無条件で従わざるを得ない状況にあります。確かに、現代社会の技術変容の進展は、きわめて加速度的であり、社会的な受け入れの下地ないし態勢が整う前に、ある意味で既成事実として位置づけられてしまう傾

向があります。すなわち、近年の人工知能に代表される技術変容は、それらがそもそも何（誰）のために必要なものなのかということが、じゅうぶんに話し合われないまま実用化され、波及し、社会に組み込まれてしまうのです。

そして、こうした技術変容が、「雇用なき景気拡大」という深刻な懸念を生み出すことにも繋がっていることも確認しました。そのうえで、技術がそもそも何に寄与するものなのかということを常に問い続ける姿勢が、今後の私たちにとって重要な課題となってくるわけです。

技術変容の背景には、現実社会で実践的な営みを通して蓄積されてきたその社会特有の文化が常に横たわります。つまり、技術変容は私たちの社会が持つ文化の延長線上に生み出されるとも言えるのです。このように考えれば、AIへの根拠なき熱狂的な期待を抑えつつ、技術変容に関して地に足のついた予測を立てることができるでしょう。

このような取り組みは、理系の人々だけではなく、むしろ私たち文系の社会学の立場からテクノロジーを考える時、大きな意味を持ちます。その際、私たちは次の4つの視点を踏まえる必要があるでしょう。

1つ目は、技術は社会的に構築される一方で、私たちの社会的実践を条件づけているということ。2つ目は、社会の主導的な技術の変容は、私たちの社会構造の変化と結びついていること。3つ目は、テクノロジーについて考える時、むしろ社会そのものについて考えることが重要であること。そして、4つ目に、社会的に影響力のある技術は、それを生み出した社会の生き写しでもあるということを念頭に置くことです。もし、あなたが社会学的な問いから社会とテクノロジーの関わりについて考える場合、これら4つの視点を意識することで、より本質的に自らの答えを求めることができるのではないでしょうか。

4-2. 人類の幸福のためのテクノロジーを再び考える時代に向けて

　ここまで、人工知能によって人間の労働が奪われる不安を雇用の問題にとどめることなく、社会構造の変容や人間とテクノロジーとの関係の変容の問題へと深化させて考えてきました。最終的には、読者であるあなたに、「労働」とは何か、「人間」とは何かという問題を「テクノロジーと社会」の関係から考えてもらうことを念頭に置いて話を進めてきました。こうした話の背景には、現代社会が人類の幸福のためのテクノロジーを再び考える時代を迎えつつある、という問題意識があります。つまり、この意識は、人々はテクノロジーを本当に自らの幸福のために行使しているのかという問いでもあるわけです。

　こうした社会的観点からテクノロジーに焦点を当てて問題を捉え直すことは、実に多様な結論を生み出すことにもなります。なぜなら、幸福の定義は、色々な人々、色々な社会によって千差万別だからです。そのことを承知のうえで、それら多様な結論を精査しようとする態度こそが、とても社会学的なのではないかとも言えます。

　この章では、人工知能が作り出す新たな社会の姿を考える際、あえてややネガティヴな視点での分析を試みました。なぜなら、私たちが社会学の勉強を進めるうえで、社会で起こるさまざまな事柄を単にポジティヴに捉えるだけでは不均衡になるからです。ネガティヴな側面からの考察を経て、長所と短所のそれぞれの見極めが可能となります。こうした分析的なものの見方を身につけることで、私たちは社会における物事の本質に迫ることができるのではないでしょうか。

STEP 1 まとめ

　この章では、「労働」とは何か、「人間」とは何かという問題を「テクノロジーと社会」の関係から考えてもらうことを狙いとして、いくつかの話題や論点を紹介しました。この章の背景には、現代社会が人類の幸福のためのテクノロジーを再び考える時代を迎えつつある、という問題意識があります。

　この章で取り上げた「テクノロジーと社会」の関係について、それらの内容を次のように整理してみました。
(1) 人々の生活に身近になりつつある人工知能の現状
(2) 人工知能のテクノロジーが進展することで起きる社会問題
(3) テクノロジーは何（誰）のために存在するのか
(4) 社会学の立場から、テクノロジーの問題を考えることの意義

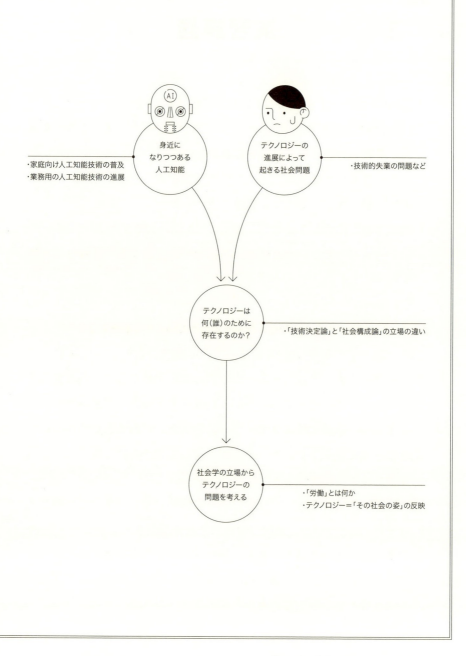

第12章 未来の労働と人工知能（AI）

STEP 2 演習課題

1.[グループワーク]「自分がほしいと思うAIロボット」について

①「自分がほしいと思うAIロボットはどういうものか?」について考え、それらの要点を各自メモに書き出す。

②各自メモを見せながらグループ内で発表する。その際、なるべく「ほしいと思う理由」についても述べる。

③発表された内容をまとめる。特に、「ほしいと思うAIロボット」には、それぞれどういった特徴があるのかに注目する。それらの特徴を整理しながら、グループで1枚の紙に書き出す。

2.[グループワーク]人工知能に仕事を奪われないために必要なこと

①表12-1のランキング表にある40の職業を分析するために、グループの人数に応じて分担を決める。自分が割り当てられた各職業について、それぞれが「どういった理由でランキングされたのか」を考える(各自で簡単なキーワードをメモしておくとやりやすい)。

②それぞれの理由について、各自が分担して考えたことをグループ内でランキングの上位から順番に発表する。

③「影響を『受けにくい』仕事」と「影響を『受けやすい』仕事」それぞれに、どういった傾向がみられたのか整理する。その際、グループで1枚の紙を用意し、中央に縦線を引いて左右対称になるようにすると良い。各自が発表した内容を整理しながら書き出し、左右でそれぞれどういった共通点があるのかをディスカッションする。

3.［グループワーク］人間と人工知能の対局ゲームに関する記事を調べる

①チェスや将棋、囲碁などの人間と人工知能との対局ゲームについて書かれた新聞や雑誌の記事を検索して探し出す。

②探し出した記事をグループ内で分担して読み、記事の内容を200字程度に要約する。

③グループ内で各自が要約した記事をそれぞれ発表し、その後、それらの共通点や特徴をメモしながら、1枚の紙に書き出してまとめる。

4.［ミニレポート］人工知能に関する言説を調べて整理する

①人工知能やAIロボットの社会進出について、どういった賛成意見や反対意見があるのかを図書館にある新聞や雑誌のデータベースなどを用いて調べる。

②その際、「賛成派」・「反対派」別に、それぞれの意見の要点をメモしながら書き出してみる。

③書き出した内容を整理し、そこに自分の考察を追加したうえで1,000字のミニレポートにまとめて提出する。

5.［個人作業］自己テーマとして人工知能にまつわる問題を考える

①本章の「読書案内」で挙げたような人工知能に関する文献を1冊（可能ならば2冊以上）選んで購読する。

②本章の特に3節と4節の部分を参照しながら、講読した文献の内容の論点を整理する。

③整理した内容に沿って、それぞれ節や項に区切りながら、最後に自分の考察をまとめ、4,000字程度の論文に仕上げる。

- 演習課題の最新データは⇨ http://www.koubundou.co.jp/files/55184_12.pdf

STEP 3 読書案内

『AIの衝撃─人工知能は人類の敵か』
小林雅一（講談社現代新書，2015）
人工知能やそれを搭載したロボットの現状を把握するうえでとても参考になります。人間社会に対して、AIがどのような影響力を持っているのかということについて考える際の入門書として最適と言えます。

『ロボット』
カレル・チャペック／千野栄一訳（岩波文庫，1920=1989）
ロボットを扱った原点とも言われる小説。ロボット工場を舞台に次第にロボットが人間の仕事を奪っていき、人間の立場が危うくなっていく様子が描かれています。かなり古い小説ですが、人工知能の技術が急速に進展し、数々のAIロボットが登場しつつある現代だからこそ、物語を楽しみながら、同時に技術的失業のイメージを参考にすることができる点でオススメです。

『ポスト・ヒューマン誕生─コンピュータが人類の知性を超えるとき』
レイ・カーツワイル／井上 健監訳（NHK出版，2005=2007）
シンギュラリティ（技術的特異点）についての社会的議論を提起した本として、最も有名な1冊です。特に、技術的特異点を超えると、人間ではなく人工知能そのものが、さらに高度な人工知能を作っていくという記述が注目ポイントです。

『機械との競争』
エリック・ブリニョルフソン，アンドリュー・マカフィー／村井章子訳（日経 BP 社，2011=2013）

シンギュラリティによって起こりうる技術的失業について、社会に問題提起した本として広く参照されています。技術的失業について考える際の必読書であると言えるでしょう。

第13章
そして、これからの社会

菅野博史

1. シェアする社会

1-1. シェアハウス

　デフレ、何とも嫌な言葉です。1997年に当時の橋本内閣が、財政構造改革の名のもとに、消費税の増税と財政支出の削減を断行して以来、日本はこのデフレと呼ばれる経済局面に入りました。これは値段を下げなければ商品が売れず、その結果として企業の利益が減り、そこから配当される従業員の給料もまた下がるという一連の流れを通じて、さらに安い値段の商品しか売れなくなるという経済現象のことです。そして、この悪循環が繰り返されると、経済全体もまた勢いを失って

しまいます。1997年以降に生まれた大学生の皆さんは、生まれてこの方、このデフレを基調とする経済の中で生活してきたと言えます。

　こうしたデフレ経済のもと、多くの若者が、将来、自分は豊かになれるのかという不安を抱えながら生きています。そうした不安感に加えて、少子高齢化、晩婚化・未婚化の進行、労働力人口の縮小、年金などの社会保障制度の先行き不透明感といった、マスコミでよく取り上げられる暗いテーマが、追い打ちをかけてきます。希望の持てない社会で暮らす若者たちは、身の丈に合った将来像を抱き、そこそこの幸せを目指して、慎ましやかな生活を夢見るべきなのでしょうか？

　この章では、いくつかの事例から社会を読み解き、今後起こるであろう社会の変化ともあわせて、皆さんと一緒に考えていきたいと思います。キーワードは、シェア、共有です。それではまず、シェアハウスについて見ていくことから話を始めることにしましょう。

　シェアハウスといえば一番のメリットは、やはり家賃の安さです。表13-1を見てください。シェアハウスでは、家賃に加えて、敷金、礼金、仲介手数料などの初期費用がとても安価なこと、家電、家具が既に部屋に備わっていることも魅力であることがわかります。

　シェアハウスのこうした経済性は、男性よりも相対的に給料が安い、多くの若い女性を引きつけているようです。もちろん、シェアハウスのよさは、安さばかりではありません。一つの家、もしくは部屋をシェアすることで、他にも多くのメリットがあります。たとえば、シェアハウスであれば憧れの街に住み、自分好みのライフスタイルを送ることができます。また、仲間と家事を分担しながら助け合って暮らし、コミュニケーションを楽しむといったことも、一人暮らしではできないことです。他にも、防犯・防災上の不安を軽減したり、人間関係か

表13-1　「一般賃貸」と「シェアハウス」の経費

	比較事項	一般賃貸住宅 ワンルーム (家賃想定：7万円)	シェアハウス 個室家賃 (家賃想定：6万円)
入居時	契約期間	2年毎の更新 更新料	(3・6・10)ヶ月の定期借家契約
	敷金	2ヶ月分(14万円)	デポジット 3万円
	礼金	1ヶ月分(7万円)	無し
	仲介料	1ヶ月分(7万円)	ネット応募の場合 無し
	連帯保証人	保証会社 2万円	無し
	共用部兼個室内の家具・家電他	10〜15万円	共用部には家具・家電が設置済み
	合計	40万円〜45万円	10万円
入居後	共益費＋水光熱費	1.5万円〜2万円／月変動	1万円〜1.3万円／月固定
	生活費 飲食・消耗品	5万円／月	共同購入3万円／月
	更新料(2年分の月額)	約3千円	無し
	合計	6.8万円〜7.3万円／月	4万円〜4.3万円／月

出典）三浦展・日本シェアハウス協会『これからのシェアハウスビジネス』住宅新報社、2014、p.16

ら刺激を受けたりする等、そのメリットをあげれば切りがありません。

　もちろん、これまでにも下宿や寮がありました。これらもシェアハウスの一種ですが、大きな違いがあります。それは現在のシェアハウスでは住む人が自身のライフスタイルに合わせ、物件から同居人まで、自由に選択できるということです。下宿や寮では、居住形態や一緒に住む人がはじめから限定されています。さらに下宿や寮は、人生の一時期を過ごすだけの住処であったのに対して、シェアハウスは基本的にすべての年齢の人たちに開かれているという違いもあります。

　「無縁社会」「孤独死」といった言葉が象徴するように、日本では高齢者の個人化が深刻化しています。けれども、高齢者がシェアハウスに住むことで、相互に助け合い、個人化を抑制する可能性があります。このように、シェアハウスには世の中を変えていく側面もあるのです。

1-2. P2P 宿泊サービス

※1 P2P：peer to peer
対等な人同士がネットでつながっていることを表す。
※2 https://www.airbnb.jp を参照

　シェアハウス普及の背景には、膨大な住宅情報をつなぐインターネット（以下、ネット）技術の進展があります。シェアハウスに住みたい人は、不動産会社へ行くことなく、ネット上の情報サイトを通じて、物件探しができます。このネット技術により世界中の住宅情報がデータベース化され、海外旅行の時の宿泊施設探しにも応用できるようになりました。そうして誕生したのが、P2P[※1]宿泊サービスという、新たなサービス形態です。P2P宿泊サービスとは、使っていない家や部屋を貸し出すサービスのことです。このサービスを運営するある大手企業のWebサイトでは、既に世界191ヶ国の34,000都市で、6000万人以上の人々が、このサービスを利用していると謳っています[※2]。予約や決済はもちろん、借りたい物件のユーザー評価の確認まで、利用者は手元のスマホにアプリ一つをインストールするだけでできます。

　この宿泊サービスのメリットも、その値段の安さにあります。つまり、借り手にとってはホテルよりも安い値段で宿泊できることが魅力なのです。それに加えて、貸し手にとっても、使っていない家や部屋を有効利用して利益が得られるというメリットがあります。借り手と貸し手をネットで直接結びつけることで、双方にメリットが生じたわけです。その他にも、自宅の一室をその住人が貸し出すようなケースでは、旅行者と住人との触れあいもまた、魅力の一つになります。

　このP2P宿泊サービスの特徴に、宿泊サービスの仲介を行うプラットフォーム運営企業は、物件をまったく所有していないという点があります。別の言い方をすれば、仲介企業は人やモノをネットでつなぎ、シェアの状態を仲介しているだけなのです。つまり、自分では何も生

み出さず、既にあるモノをつなぐことで、利益を得ているわけです。

1-3. カーシェアリング

　既にあるモノをネットにつなぎ、それをシェアする仕組みができると、商品やサービスが安い値段で提供されるだけでなく、流通するモノの量が少なくて済みます。たとえば、車というモノがたくさんあると交通渋滞を引き起こし、排気ガスが環境にマイナスの影響を与えます。しかし、シェアすれば、一人ひとりが車を所有するよりも安く済むだけでなく、環境に対する負荷も減らすことができるのです。

　図 13-1 を見てください。日本でも、カーシェアリングが普及していることがわかります。交通網が発達している都心部で毎日は乗らない車を所有し、ローンや駐車場代、さらに少なくない額の保険料や税金を支払うより、必要な時だけ近くの駐車場に停めてある車をシェアして使うほうが、断然、安上がりです。こうしたカーシェアリングのサービスには、スマホ一つで誰でも面倒な手続きなしに、好きな時に車を利用できる利便性があります。若者が車を買わなくなったと言われます。けれども、車が生活に欠かせない地域を除き、必要な時にシェアすれば事足りるのであれば、車を買わない生活を選択するほうが合理的だとも考えられるのです。そして多くの人々がこうしたライフスタイルを選ぶようになれば、世の中は大きく変わるはずです。

　消費者や企業がモノを所有するのではなく、複数の人びとでそれをシェアするようになれば、モノの値段が安くなるばかりでなく、一人ひとりのライフスタイルの変化を通じて、世の中を大きく変える力が生じます。それはたとえば、シェアハウスで高齢者が助け合って暮らすことや、過疎化した地域が旅行者に人気のスポットになること、は

図13-1 わが国のカーシェアリング車両台数と会員数の推移

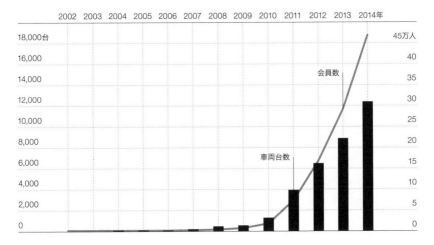

出典:公益財団法人交通エコロジー・モビリティ財団のWebサイトより
http:www.ecomo.or.jp/environment/carshare/carshare_graph2014.2.html

たまた車のシェアで交通渋滞や環境への負荷が緩和されることかもしれません。いずれにせよ、「シェア」することはデフレ経済に適した消費のあり方であるとともに、人々のライフスタイルの変化を生み出し、最終的には世の中を変える力をもっているのです。

2. シェアリング・エコノミー

2-1. 大量生産=大量消費社会の限界

　これまで私たちは、モノを所有するのは良いことだという考えを前提にしてきました。企業は大量にモノを生産し、消費者はそれを消費

する。モノが売れることで経済が潤い、所得も向上し、さらに多くのモノが生産され、消費されていく。こうした消費社会の論理が当たり前のものとして、私たちの価値観の中心に据えられてきたのです。

※3 見田宗介。
1937〜。社会学者。現代日本の社会構造、社会意識の分析を専門とする。真木悠介の筆名を持つ。著書に『現代日本の精神構造』(弘文堂)、『時間の比較社会学』(岩波書店)等。
※4 見田宗介『定本見田宗介著作集Ⅰ』岩波書店, 2011, pp. 69-70.
※5 金子 勝『資本主義の克服』集英社新書, 2015, p. 154.

　大量生産と大量消費によって成り立っている現代社会には、その暗黙の前提として、資源の大量採取と不要物の大量廃棄という過程がどうしても必要です。つまり、大量生産と大量消費という活動の前後に存在する、**資源の大量採取→大量生産＝大量消費→不要物の大量廃棄**という、太字の過程が必要であるのに、社会からは隠されているのです。見田宗介[※3]が言うように[※4]、現代の大量生産＝大量消費の資本主義社会は、私たちの無限の欲望に基づいて形成される無限の時空間を前提としているにもかかわらず、実際には資源的／環境的にその両端を限定された有限なシステムでしかないのです。そしてこの有限性が現れている両端の部分は、私たちには見えない外部の場所へと、とりわけ遠方の国々へと押しやられて、不可視化されてきました。環境問題や南北問題はそのわかりやすい例です。

　資源的／環境的に限定されている先進諸国、たとえば日本社会は、このままの形で発展を続けることはできません。なぜなら、資源的／環境的な制限の存在に加えて、経済が発展し続けるための前提条件である、人口の増大や、経済成長による家計所得の上昇、生産された製品に国際競争力が存在すること、といった条件のいずれもが、現在では満たされなくなったからです[※5]。大量生産＝大量消費の資本主義社会は、現在、多くの先進国で袋小路に陥っていると考えられます。

2-2. ポスト資本主義

　大量消費を支えるのは人々の欲望です。そして、この欲望には生存の必要を満たすための基本欲求と、他人と同じか、それ以上に良い生活がしたいという優越願望の二つがあります。このうち、基本欲求は先進諸国では既に満たされており、今後この欲求が増大することは、よほどの社会変化でも起きない限り、あり得ないと言えます。また、もう一方の優越願望についても、先進諸国の人々に、新商品を買い続け、企業に大量生産を促すだけの購買力を認めることは既にできな

図13-2　資本主義の進化と展望

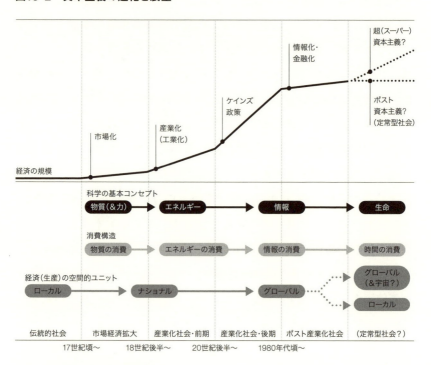

出典）広井良典『ポスト資本主義』岩波書店、2015、p.55

なりました。商品に買い手がつかないために、過剰生産に陥り、モノの価値が下がるデフレ経済に陥ったのは必然の結果と言えます。

こうした状況では、企業にお金を投資するよりも、そのお金を投機に使ったほうが利益をあげられます。金融資本主義の登場です。けれども、2008年のリーマン・ショックで、こうした金融資本主義もうまく機能しなくなってしまいました。残る選択肢は、経済的に発展している国、たとえばBRICs[※6]の人々の欲望増大に期待する、つまりそうした国でモノを大量に消費してもらうことですが、先進諸国の停滞がすぐに他国にも影響を及ぼすような現在のグローバルな経済社会では、そのような期待を抱くことは現実的とは言えないでしょう。

大量生産＝大量消費の資本主義社会は、資源／環境的限界ばかりでなく、消費者の欲望の量的限界にもつきあたっています。言い方を変えれば、現在の資本主義のあり方自体が問われているわけです。資本主義の次の社会、つまりポスト資本主義に向けて変動している段階が、現在の状況であると考えることもできます。ポスト資本主義がどういう社会になるのか、論じる人によってまちまちですが、その多くは、広井良典[※7]が主張する「定常型社会[※8]」のように、経済成長を第一とする価値観からの離脱を特徴とする社会としてイメージされています。果たしてそれはどんな社会なのでしょうか？

※6 BRICs（ブリックス）
2000年代以降、急速に経済成長したブラジル、ロシア、インド、中国の総称。

※7 広井良典
1961〜。京都大学こころの未来研究センター教授。専攻は公共政策、科学哲学。著書に『人口減少社会という希望』（朝日選書）、『コミュニティを問いなおす』（ちくま新書）他多数。

※8 定常型社会
経済成長を絶対的な目標としなくても、十分な豊かさが実現される社会のこと。

2-3. シェアリング・エコノミー

※9 IoT: Internet of Things
モノのインターネットの略称

　商品やサービスをシェアするとその値段が安くなること、そしてその背景には情報技術の進展があることを見てきました。それはたんにデフレ経済に適応した仕組みであるばかりでなく、社会を変える力をもっているということも指摘しました。そこで、このようにモノをシェアすることで成立する経済のあり方をシェアリング・エコノミーと名づけ、その可能性について考えてみましょう。

　シェアリング・エコノミーを支える情報技術は、一般にIoT[9]と呼ばれます。これはあらゆるモノをネットに接続し、センサーなどを使ってデータをネット上に集積し、そうした大量のデータを人工知能（AI）によって処理することで、モノの使用方法やその動作を管理するという新しい技術のことです。たとえば、顧客のスマホからのリクエストとその位置情報によって、最も効率的にタクシーの配車を行うサービスや、車に設置されたセンサーやカメラの情報を使ってAIの力だけで運転を制御する自動運転車、端末の情報をもとに病気の診断を行う医療診断システムなどをその例として挙げることができます。

　IoTの技術が行き渡った社会では、モノを買ってそれを所有したら終わりということにはなりません。モノがネットにつながっているため、常に企業からのフィードバックがあるからです。コンピュータのソフトウェアやスマホのアプリを考えてみてください。ネットにつながることで、常にアップデートを勧められ、最新の状態に保つためのサービスを受けられますよね。このようにモノを購入した企業と顧客との関係が、企業からのサービスを通じて長く続くわけです。

　消費者が買ったモノへのフィードバックを、さまざまなサービスを

通じて行う企業は、そこから継続的に利益を得られます。そのため、モノの値段を安くしたり、スマホのように月々のサービス料にモノの値段を組み込んでしまったり、そもそもモノ自体をレンタルするようにできるのです。つまり、企業はモノを売って得られる利益よりも、消費者とネットでつながることの方を大切にしながら、ネットを通じて収集したさまざまな情報を分析して、ニーズに応じたサービスを提供することで、利益を得るようになっていくのです。社会のIoT化が進むと、こうした事例はどんどん増えていきます。

　たとえば、かつてはCDの売り上げを伸ばすためのプロモーションとして、コンサートやライブ活動を提供していた音楽業界は、今では楽曲のダウンロードや定額制配信の料金だけで利益をあげるのが難しくなり、消費者の動向を探りながら、コンサートやライブ活動を積極的に行ったり、イベントを開催したりして消費者にサービスをフィードバックする必要があります。まだネット上のつながりを十分に確保していない点では初期的な段階だと言えますが、こうした例からも企業が消費者とのつながりを保つ必要があることを確認できるのではないでしょうか。

　IoT社会ではモノを所有することではなく、それをどのように使うのかがより重要になってきます。モノをシェアする考え方が拡がれば、大量生産＝大量消費の社会のあり方が大きく変わり、資源的／環境的な制限も解消されるかもしれません。今あるモノをみんなでシェアして使う、シェアリング・エコノミーの考え方がIoTの発展とともに人びとに浸透すれば、これまでの資本主義のあり方を根本的に変えてしまう可能性もあるのです。

3. 誰がシェアリング・エコノミーをコントロールするのか

3-1. AIを使う人、AIに使われる人

　IoT社会では、最初に膨大な情報を集めてそれを集積した企業が、あとから参入しようとする企業よりも、絶対的に優位な立場に立ちます。つまり、企業がこれまでの利益追求型の行動様式を変えずに自らに優位な立場を独占しようとする限り、これまでの資本主義社会のあり方があまり変わらない可能性も高いのです。人工知能、AIの発達ともからめながら、こうした問題について見ていきましょう。

　第12章でも取り上げましたが、AIは論理的推論と確率・統計という数学的言語をプログラム化したコンピュータの能力に基づいています。現在では、IoTで集められた大量のデータ、いわゆるビックデータをAIに学習させることで、これまでは難しかった認識や判断といった人間のもつ能力を、AIが身につけるようになってきました。囲碁を行うAI、アルファ碁が、2016年に韓国の李九段に4勝1敗で勝ち越したのは、これを示す象徴的な事件でした。そして、そうした能力をAIが獲得した結果として、プログラム化することが容易な事務処理といったルーチン・ワークに加えて、定型的な判断からなる会計処理や、法律文書の作成などといった高度な知的作業も、AIが行えるようになってきたのです。この流れは不可逆的なものであるため、これからはさまざまな仕事がAIによって代替されるようになるでしょう。間違えることなく、文句も言わずに、タダで働き続けるAIは、人間とは比べものにならないくらい優秀な労働力だからです。

けれども、AI によって代替できない職種もあります。一つはモノを新たに作り出すクリエイティブな仕事や、コミュニケーション能力を必要とする仕事、それに柔軟な状況判断能力を必要とする仕事です。これらは一部の専門家によって担われることになるでしょう。もう一つは、誰にでもできるけれども AI にとっては難しい仕事です。たとえば、郵便物に書かれた郵便番号の読み取りは、プログラム化された機械がその大部分を行っていますが、機械が読み取ることができずにはじかれてしまった郵便物については、最終的に人間がその読み取りを行っています[※10]。

これからの社会では、プログラム化された機械、すなわち AI に使われる人たちが出現することになるでしょう。賃金の高い仕事が AI に代替されていくと同時に、AI の補助的な作業を安い賃金で行う仕事は最後まで人間に残されるのです。こうして AI の技術を使った商品やサービスの維持や開発にかかわる労働者を別にすれば、AI を使って仕事をする一部の専門家と、AI に使われる低賃金労働者に、労働人口が二極化されることになります。

Amazon.com が 2005 年に始めたメカニカルタルクというサービスは、AI を使って行うことが現段階では非常に難しいけれども、人間であれば簡単にできるような仕事を外注するためのサービスです[※11]。その Web サイト[※12]によれば、それはレシートの分類や商品のカテゴリー化、製品のブランド名を指摘するといった簡単な仕事からなり、1 件ごとに 1〜7 セント程度の報酬を受け取ることができるものです。まさにこれは、AI に使われる低賃金労働の典型と言えるでしょう。

その一方で、AI の開発にしのぎを削る企業は、さまざまな顧客デー

※10 新井紀子『コンピュータが仕事を奪う』日本経済新聞出版社, 2010, pp. 191-192.
※11 新井, 同掲書, pp. 111-112.
※12 https://www.mturk.com/mturk/

タをネット上で集積します。そうした企業は、集めたデータの量が膨大であればあるほど、色々なサービスを提供できるようになるからです。たとえば、Amazon.comでモノを買うと、おすすめの商品が紹介されるというサービスも、そうした例の一つです。そして色々なサービスを提供できる企業は、さらにデータの蓄積を進めてサービスの質を高めることで、市場を独占していく傾向があるのです。

3-2. 誰が情報を支配するのか

　シェアリング・エコノミーが資本主義社会を変えていくには、IoTを通じて集められた情報とそのインフラを誰が握るのかが重要です。大企業が自らの利益のためにそれを独占すれば、世の中はあまり変わりばえがしないばかりか、これまで以上に多くの低賃金労働者や失業者が生み出されることになるでしょう。その一方で、モノを使用する人々自身が情報をシェアする方法を選べば、一極集中型ではなく分散型にネットワーク化された、新しい社会が実現します。

　ここで電力について考えてみましょう。日本には地形的に太陽光や風力ばかりでなく、小水力や地熱などの再生可能エネルギーを利用できる環境が豊富に存在しています。そして、こうした再生可能エネルギーを使って各地域で発電した電力を、双方向的な送配電網であるスマートグリッド[※13]で結びつけてネットワーク化すると、各施設の発電情報がコントロールセンターに集められ処理されることで電力の調整が行われ、その安定供給が実現できるようになります。それに加え、固定価格買取制度によって、それぞれの地域に売電収入も入ることになります。そうした収入を地域に還元しつつ、自らの地域に安い価格

※13 **スマートグリッド**
電力の流れを供給側と需要側の双方を制御することによって最適化させることができる、次世代送配電網のこと。

で電力を供給できれば、地域の発展に貢献することにもつながります。

　電力会社 10 社が電力事業を独占している現在の状況をシェアリング・エコノミーに変えるには、発送電を分離して発電事業を自由化するだけでなく、送配電網としてスマートグリッドのネットワークを張り巡らしたうえで、それを各施設でシェしていく必要があります。そうしたことが実現できなければ、電力事業は相変わらず電力会社 10 社に独占されたままにとどまるでしょう。情報とそのインフラ（ここではスマートグリッド）を誰が握るのか、それが大切になるのです。

4. シェアする社会の可能性

4-1. 資本主義は変わるのか

　これまで市場を席巻してきた大企業は、生産と流通を統合して他の企業を排除しつつ、自らが大規模化することで効率化とコスト削減を実現してきました。資本主義においては、大企業が大量生産をすればするほどモノの値段は安くなり、満たされない欲望を抱えた消費者が商品を大量購入するという状況だったのです。けれども時代は変わり、モノを大量に安く生産しても売れなくなるような、供給過剰、デフレ基調が現在では普通の状態になってしまっています。

　こうした状況に加えて、AI がさまざまな分野における人間の労働を代替できるようになり、人間の代わりにより安く速く、疲れも知らず不平を漏らすこともなく、生産活動に従事するようになってきました。その結果、既に述べたように、AI 技術者を含む、AI を使って仕事

をする少数の専門家と、AIに使われる大多数の低賃金労働者に、人間の労働力が二極化することになります。こうした二極化の状況では、大部分の労働者の所得が下がり、同時に人々の購買力も低下する一方で、AIによってモノの生産能力だけが大幅に高まるため、供給過剰の状態がさらに激しくなってきます。これでは資本主義社会の将来は、今まで以上に暗くなってしまいます。どうすれば良いのでしょうか。

　小売り業界の例で考えてみましょう。大量にモノを仕入れ、安い値段でそれを売るスーパーマーケット業界は、消費者がモノを大量に購買して消費してくれれば、大きな利益を手にすることができます。しかし、顧客の購買力が落ち、多くの売れ残りが生じるようになると、利益が減少してしまいます。そこで、さらにモノの値段を安くして売ろうとすれば、利益率が下がるばかりか、安売り競争のどこかで収支が赤字になってしまいます。

　それに対してコンビニ業界では、ネットでつながれたPOSシステム（Point Of Sales System）を使って、レジで誰がいつ何を買ったのかを読み取って情報として集積し、それを分析することで消費者のニーズを把握してきました。これにより、店舗ごとの消費者ニーズが明らかになり、在庫管理を効率良く行ったり、売れ筋の商品を適切に各店舗に搬入したりすることが可能になったわけです。定価販売が原則のコンビニ業界で、POSシステムのネットワーク上で集められた情報から消費者ニーズを把握し、大量にモノを仕入れることなしに、安定的に利益を上げられるようになったのです。

　ネットを通じてモノが売買され、モノがネットにつながるIoT社会では、消費者のニーズに応じて、モノが生産・流通業者から直接、消費者に、必要な時に必要な分だけ提供されるようになります。その結

図13-3　POSシステムの仕組み

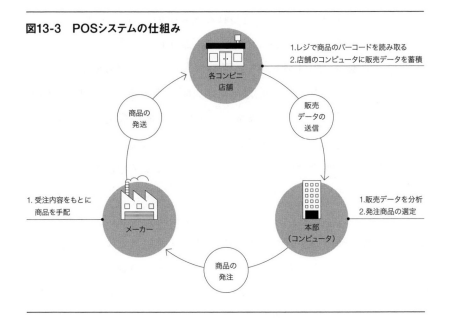

果、モノの生産は最小限で済み、資本主義社会が抱える資源的／環境的な限定の問題にもうまく対処できる可能性があるのです。

　しかし、ここで重要なのは、消費者のニーズを把握する情報とそのインフラを誰が手にするのかという先ほど指摘した問題です。これまで通り、それぞれの分野の大企業がこうした情報とそのインフラを独占するならば、利益は一部の人たちの手に渡り、これまで以上に格差社会が助長されることになるでしょう。その場合、資本主義社会はそのネガティブな面をそのままに、これまで通り生き延びることで、私たちの未来は決して明るくないものになる可能性が高くなります。

4-2. シェアと社会関係資本

　シェアするとは、本来、自分が自由に使えるものを他人の便宜のた

めに差し出すような、利他的な行為です。シェアハウスに一緒に住んだり、旅行客を家に泊めたり、車をシェアしたりすることで生じる、安さや利益といった経済的要因以外のさまざまなメリットも、元をただせばそこから生じていると考えられます。つまり、シェアする人もされる人も、経済的要因以外のことに目を向けて行動する時、世の中が変わる可能性が生まれるのです。

※14 ロバート・パットナム/柴内康文訳『孤独なボウリング』柏書房, 2006, p. 14.

　第1章で取り上げた社会関係資本という概念は、「個人間のつながり、すなわち社会的ネットワーク、およびそこから生じる互酬性と信頼性の規範※14」というものでした。つまり、人と人とがつながり、お互い様という意識で相互に信頼し合う時、社会関係資本が存在するばかりでなく、さまざまな種類の富を生み出す可能性が生じるのです。

　IoT社会では、ネットを通じてモノと人が結びつくとともに、人々もネット上でつながっています。人々がそうしたつながりを活かして、モノをシェアする意識をもつようになれば、社会関係資本が増大するようになり、さまざまな社会的な富を増大させることで、より幸せな社会の実現に貢献できます。

　しかし、ネット上に集積される私たちの情報とそのインフラを大企業が独占し、人々の横のつながりを断ち切れば、社会関係資本は増大することはありません。私たちがつながりを取り戻すには、ネット上に集積される、私たちの情報とそのインフラを、お互いに対等な資格で、私たち自身でシェアし合う、シェアリング・エコノミーの社会を実現しなければならないのです。それがどのような社会になるのか、まだはっきりとした絵は見えていませんが、社会の大きな変化は始まっています。未来の社会は、皆さんの手にかかっているのです。

STEP 1 　まとめ

　この章では、シェアという言葉を軸にして、これからの社会がどのようなものになる（可能性がある）のかを、見てきました。

（1）まずシェアの具体例を3つ取り上げ、シェアの実践がモノを安くするだけでなく、社会を変える可能性をもつことを指摘しました。
（2）次に資本主義社会が曲がり角を迎えており、これまでの大量生産＝大量消費型の社会ではやっていけないことを説明しました。
（3）資本主義社会の次に来る、ポスト資本主義社会の有力候補として、シェアリング・エコノミーを実現できるIoT社会を挙げました。
（4）最後に、シェアリング・エコノミー実現のためには、IoT社会の情報とそのインフラについても、シェアする必要があるということを述べました。

　以上を図に表すと、次頁のようになります。

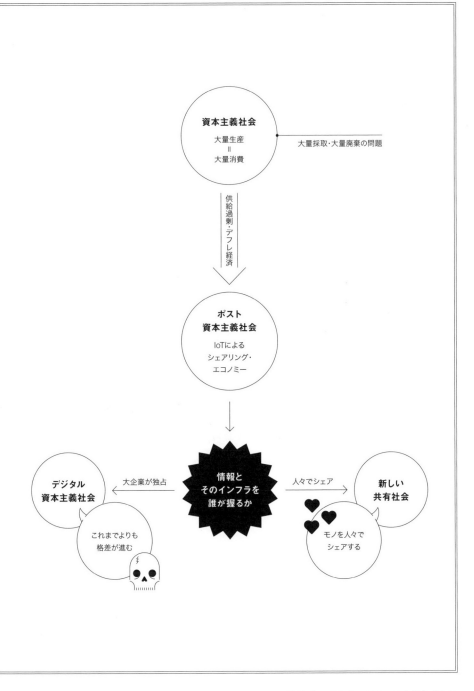

STEP 2　演習課題

1．[グループワーク] IoT 社会で生き残るために必要な能力

①第 12 章の表 12-1（p. 285）なども参考にしながら、AI によって代替されない仕事にはどんなものがあるかを、各自、メモに 5 つ書き出してみる。

②数名ずつのグループに分かれて、メモの内容を発表し合い、どの仕事が最も残りそうかを、グループごとに 3 つずつ決める。

③それらの仕事に就くためにはどんな能力が必要であり、それを身につけるためには何をすればよいかを話し合い、選んだ仕事 3 つとそれに必要な能力について、クラス全体に向けて発表する。

2．[グループワーク] ネット時代の教育

数名ずつのグループに分かれたうえで、「ネット上で講義の動画などのコンテンツを使って学び、その学習内容についてはスカイプなどを使って、これもまたネット上で生徒同士と教員が確認し合って評価すれば、大学に通う必要はなくなる」という考え方に対して、グループごとの意見（賛成点、反対点）をまとめて、クラス全体に向けて発表する。

3．[グループワーク] 規制緩和の問題点

P2P 宿泊サービスが行っている「民泊」には、本来、旅館業法のルールに従い、防災基準や最小面積などの要件を満たして、都道府県から

の営業許可を取らねばならないという法的規制がある。そのため、法的な規制緩和が行われない限り、P2P宿泊サービスの登録物件の多くが、法律違反ということになる。こうした問題に関して、安さや宿泊施設の数を増やすという理由のために規制緩和が行われた場合に、何が失われることになるのかについて、数名ずつのグループに分かれて話し合い、その結果をクラス全体に発表する。

4．[グループワーク] シェアリング・エコノミーの実現可能性
①各自、ジュレミー・リフキン／柴田裕之訳『限界費用ゼロ社会』(NHK出版, 2015) を読んだうえで、日本におけるシェアリング・エコノミーの具体的事例として、何が挙げられるかを考える。
②数名ずつのグループに分かれ、それぞれの事例について意見を出し合い、最も実現可能性が高い具体例を、グループごとに決める。
③グループごとの結果をまとめて、シェアリング・エコノミーの具体的事例とその実現可能性を詳しく、クラス全体に発表する。

5．[レポート] コモンズについて
各自、コモンズとは何かを調べたうえで、コモンズにおいて見られる人々の行動様式が、これからの社会にどのようなかたちで取り入れられる可能性があるかを、3,000字程度のレポートにまとめる。

● 演習課題の最新データは⇨ http://www.koubundou.co.jp/files/55184_13.pdf

STEP 3　読書案内

『限界費用ゼロ社会』
ジュレミー・リフキン／柴田裕之訳（NHK出版，2015）
まずは何と言っても、この本。ネット社会の未来に希望が湧いてくる必読の1冊です。

『現代社会の理論』
見田宗介（岩波新書，1996）
大量生産＝大量消費の資本主義社会の後に、どんな社会が来るのでしょうか。透徹した論理の先に見えてくる社会とは？

『ポスト資本主義―科学・人間・社会の未来』
広井良典（岩波新書，2015）
ポスト資本主義の社会について、広い視野から綱領的に論じられた1冊。その分、具体的なイメージの彫琢は、読者に委ねられています。

『儲かる農業論―エネルギー兼業農家のすすめ』
金子 勝・武本俊彦（集英社新書，2014）
農家が集まり小規模の発電所を経営する「エネルギー兼業」が、地域分散・ネットワーク型の新たな社会を生むという、刺激的な本です。

索引

あ〜お

IoT (Internet of Things)	280
IPCC	103
アソシエーション	138
圧力団体	263
アニメ聖地巡礼	129
アノミー	032
暗数	208
生きる力	078
位置情報	130,132
逸脱	203,218
インダストリアリゼーション	156
ウルリッヒ・ベック(Ulrich Beck)	018,143
AI(人工知能)	276,309,311
AIロボット	277
NPO	088
エミール・デュルケーム (Émile Durkheim)	032,143,213
オープンイノベーション	131
オープンガバメント	131
オープンデータ	129
温室効果	103
温暖化懐疑論	118

か〜こ

カーシェアリング	304
核家族	182
格差社会	316
拡大家族	182
家族	182
家族周期段階	177
家族生活周期段階	177
家族発達課題	177
家族ライフコース	178
神々のラッシュアワー	033
気候変動枠組み条約	103
技術決定論	003,288
技術的失業	283
技術的特異点(シンギュラリティ)	282
規制的方法	115
基本所得(ベーシックインカム)	243
キャリア	092
共同意識	213
京都議定書	104
共有	301
均等待遇	242
金融資本主義	308
苦難の神義論	031
くまモン	166
クラウドファンディング	128
クリエイティブコモンズ	167
グローバル化	135,137,142,143
経済的方法	116
刑法犯	204
ゲオルク・ジンメル(Georg Simmel)	143
ゲゼルシャフト	138,158
結合型(社会関係資本)	010
ゲマインシャフト	138,158
検挙件数	205
検挙率	205
好意の返報性	007
工業化	156
工業化・脱工業化(サービス化)	017
工業社会	286
公職選挙法	252
高齢者の個人化	302
国民国家	143
国民国家ー機能分化	143
心直し	033

互酬性	011,317
個人化	018,020
個人主義	215
個人情報	132
コスモポリタン	135
ご当地キャラクター	154
『孤独な群衆』	157
コミュニケーション能力	078,312
コミュニティ	138,158
雇用の流動化	017
コワーキングスペース	138

さ～そ

産業化	156
シェア	301
シェアハウス	301
シェアリング・エコノミー	309,317
ジェンダー	237
自主的方法による削減（自主的削減）	109
社会運動	263
社会関係資本（Social Capital）論	010,191,317
社会決定論	003
社会構成論	288
社会構造	017,080
社会的ジレンマ	115
社会的反作用	213
社会問題	267
就業力	078
集合意識	213
就職活動	076
囚人のジレンマ	115
主観的定義	176
巡礼	041
承認欲求	011
情報社会	286
情報社会論	286
ジョシュア・メイロウィッツ（Joshua Meyrowitz）	136
ジョック・ヤング（Jock Young）	214
所得の再配分	241
シルバー・デモクラシー（老人のための民主主義）	259

シンギュラリティ（技術的特異点）	282
人工知能（AI）	276,309,311
新宗教	027
スケープゴート	216
スピリチュアリティ	039
政策過程モデル	261,267
政治参加	262,265
生殖家族	184
生存賃金	242
青年海外協力隊	089
世俗主義	134
世帯	182
セラピー文化	034,035
選挙権	253,257
相対的剥奪	032
ソーシャルメディア	003,137
存在論的な不安	215

た～と

多数者の専制	269
多数者の独裁	269
脱工業社会	281
タルコット・パーソンズ（Talcott Parsons）	143
単独世帯	182
治安悪化	212
地域団体商標	152
知的複眼思考法	093
直系家族制	184
定位家族	184,185
ディープ・ラーニング（Deep Learning）	280
デイヴィッド・リースマン（David Riesman）	157
定常型社会	308
デポジット制	116
デモクラシー（民主主義）	255
伝統	040
投影	216
投票率	257
都市化	156

な〜の

内閉的な家族観 — 191
ニート — 079
認知件数 — 204
認知欲求 — 007
ネットワーク — 140,141

は〜ほ

排除型社会 — 215
橋渡し型（社会関係資本） — 010
パリ協定 — 104,119
犯罪 — 202
P2P宿泊サービス — 303
ピーター・L. バーガー（Peter L. Berger） — 032
ビッグデータ — 287
貧・病・争 — 033
貧困世代（プア・ジェネレーション） — 081
不安 — 214,301
夫婦家族制 — 183
フェルディナント・テンニース
　（Ferdinand Tönnies） — 018,138,158
複合家族制 — 184
プライバシー — 132,133,134,137
プライバシー擁護 — 133
ブラック企業 — 055,266
ブラックバイト — 055
フリーター — 079
ベーシックインカム（基本所得） — 243
防衛機制 — 216
包摂型社会 — 215
ポスト資本主義 — 308

ま〜も

マーク・グラノベッター（Mark Granovetter） — 139
マーティン・オルブロウ（Martin Albrow） — 143
マイノリティー — 086
マクドナルド化 — 057,061

マスメディア — 004,264
マックス・ヴェーバー（Max Weber） — 031
ミドルメディア — 004,137
民主主義（デモクラシー） — 255

や〜よ

ゆるキャラ® — 154
ユルゲン・ハーバーマス
　（Jürgen Habermas） — 011,136
世論 — 005,264
弱いつながり（紐帯） — 139,141

ら〜ろ

ライフ・キャリア — 092
ライフ・キャリア・レインボー — 092
ライフ・ロール — 092
ライフ・イベント — 178
ライフ・コース — 177,178
ラベリング論 — 224
利益集団 — 263
リキッド・モダニティ — 077,094
リチャード・セネット（Richard Sennett） — 134,135
レギオカルテ — 116
老人のための民主主義（シルバー・デモクラシー） — 259
ロスト・ジェネレーション — 081
ロナルド・S. バート（Ronald S. Burt） — 141
ロバート・N. ベラー（Robert N. Bellah） — 034
ロバート・M. マッキーバー
　（Robert M. MacIver） — 138,158

わ

ワークキャリア — 092
ワークシェア — 240

編者

田所承己（たどころ・よしき）　　　　　　　　　　　第6章

帝京大学文学部社会学科専任講師。早稲田大学大学院文学研究科社会学専攻博士後期課程単位取得退学。専門は社会学、情報・メディア論、都市論。編著に『〈つながる／つながらない〉の社会学―個人化する時代のコミュニティのかたち』（弘文堂、2014）。共著に『道空間のポリフォニー』（音羽書房鶴見書店、2007）、『テレビだヨ！全員集合―自作自演の1970年代』（青弓社、2007）など。

菅野博史（かんの・ひろし）　　　　　　　　　　　第13章

帝京大学文学部社会学科准教授。慶應義塾大学大学院社会学研究科社会学専攻後期博士課程単位取得退学。専門は理論社会学、コミュニケーション論。共著に『社会学入門』（弘文堂、2010）など。論文に「リキッド・モダン社会における道徳の可能性―バウマン社会理論の抱えるディレンマについて」（『三田商学研究』54巻5号、2011）など。

著者

吉野ヒロ子（よしの・ひろこ）　　　　　　　　　　　第1章

帝京大学文学部社会学科専任講師。早稲田大学大学院文学研究科社会学専攻後期博士課程単位取得退学。専門はメディア論、広報論。論文に「国内における『炎

上」現象の展開と現状―意識調査結果を中心に」(『広報研究』第20号、2016)など。

平野直子（ひらの・なおこ） 第2章
明星大学人文学部日本文化学科等非常勤講師。早稲田大学大学院文学研究科社会学専攻博士後期課程単位取得退学。専門は宗教社会学。共著書に、『宗教と社会のフロンティア』(勁草書房、2012)、『共生の社会学』(太郎次郎社エディタス、2016)など。

居郷至伸（いごう・よしのぶ） 第3章
帝京大学教育学部教育文化学科専任講師。東京大学大学院教育学研究科博士課程単位取得退学。専門は教育社会学、労働社会学。論文に「コンビニエンス・ストアの自律と管理」佐藤俊樹編『自由への問い⑥ 労働』(岩波書店、2010)、「雇用社会の変容と疑似自営化―利便性の追求と提供を下支えする働き手の記述を踏まえて」仁平典宏・山下順子編『労働再審⑤ ケア・協働・アンペイドワーク』(大月書店、2011)など。

李 永淑（LEE Youngsook） 第4章
帝京大学文学部社会学科専任講師。大阪大学大学院人間科学研究科博士後期課程単位取得満期退学。博士（人間科学）。著書に『小児がん病棟と学生ボランティア―関わり合いの人間科学』(晃洋書房、2015)など。論文に「大学生の就業力育成カリキュラムの検討―社会起業家へのインタビューを手がかりに」(『帝京社会学』28、2015)など。

大浦宏邦（おおうら・ひろくに） 第5章

帝京大学文学部社会学科教授。京都大学大学院人間・環境学研究科博士課程修了。専門は社会的ジレンマ、一般的信頼、進化ゲーム理論。著書に『人間行動に潜むジレンマ―自分勝手はやめられない？』（化学同人、2007）、『社会科学者のための進化ゲーム理論』（勁草書房、2008）。共著に『多摩学』（学文社、2015）など。

浦野慶子（うらの・やすこ） 第7章

帝京大学文学部社会学科准教授。慶應義塾大学文学部卒業。東京大学大学院新領域創成科学研究科環境学専攻修士課程修了。ハワイ大学マノア校社会学部博士課程修了。Ph.D. in Sociology。専門は観光学、都市社会学、保健医療社会学。共著に『多摩学』（学文社、2015）など。

渡辺秀樹（わたなべ・ひでき） 第8章

帝京大学文学部社会学科教授。東京大学大学院教育学研究科博士課程単位取得退学。専門は家族社会学。著書に『モデル構成から家族社会学へ』（慶應義塾大学出版会、2014）、共編著に『越境する家族社会学』（学文社、2014）、『勉強と居場所』（勁草書房、2013）、『講座社会学2 家族』（東京大学出版会、1999）、共著に『いま、この日本の家族』（弘文堂、2010）など。

山口 毅（やまぐち・たかし） 第9章

帝京大学文学部社会学科准教授。東京大学大学院教育学研究科博士課程単位取得退学。専門は逸脱の社会学、教育社会学。共著に『多摩学』（学文社、2015）、『犯罪・非行の社会学』（有斐閣、2014）、『現代日本の少年院教育』（名古屋大学出版会、2012）など。

佐藤斉華（さとう・せいか） 第10章

帝京大学文学部社会学科教授。東京大学大学院総合文化研究科博士課程単位取得退学、博士（学術）。専門は文化人類学、ヒマラヤ地域研究、ジェンダー論。論文に「『労働者』という希望―ネパール・カトマンズの家事労働従事者の現在」（『文化人類学』75巻4号、2011）、著書に『彼女達との会話―ネパール・ヨルモ社会におけるライフ／ストーリーの人類学』（三元社、2015）など。

山口 仁（やまぐち・ひとし） 第11章

帝京大学文学部社会学科准教授。慶應義塾大学大学院法学研究科政治学専攻後期博士課程単位取得退学、博士（法学）。専門はジャーナリズム論、マス・コミュニケーション論、政治社会学。共著に『戦後日本のメディアと市民意識』（ミネルヴァ書房、2012）、『「水俣」の言説と表象』（藤原書店、2007）など。

伊達康博（だて・やすひろ） 第12章

帝京大学文学部社会学科専任講師。東洋大学大学院社会学研究科社会学専攻博士後期課程修了。博士（社会学）。専門は情報社会論、メディア・コミュニケーション論。著書に『IT社会における情報社会論―情報化社会の歴史的変化に基づいて』（学文社、2010）、共著に『現代メディア社会の諸相』（学文社、2003）、共訳書に『アメリカ―コミュニケーション研究の源流』（春風社、2005）など。

つながりをリノベーションする時代
——〈買わない〉〈恋愛しない〉〈働けない〉若者たちの社会学

2016（平成28）年12月30日　初版1刷発行

編　者　田所承己・菅野博史
発行者　鯉渕友南
発行所　株式会社　弘文堂　101-0062　東京都千代田区神田駿河台1の7
　　　　　　　　　　　　　　TEL 03(3294)4801　　振替 00120-6-53909
　　　　　　　　　　　　　　http://www.koubundou.co.jp

ブックデザイン　浜名信次＋濱本富士子（Beach）
タイトル協力　阿部広太郎（コピーライター）
印　刷　三報社印刷
製　本　井上製本所

Ⓒ2016 Yoshiki Tadokoro et al., Printed in Japan

[JCOPY]〈(社)出版者著作権管理機構　委託出版物〉
本書の無断複写は著作権法上での例外を除き禁じられています。複写される場合は、そのつど事前に、(社)出版者著作権管理機構（電話03-3513-6969、FAX03-3513-6979、e-mail: info@jcopy.or.jp）の許諾を得てください。
また本書を代行業者等の第三者に依頼してスキャンやデジタル化することは、たとえ個人や家庭内での利用であっても一切認められておりません。

ISBN978-4-335-55184-0